Fermentação
selvagem

Fermentação
selvagem

Sabor, nutrição e prática
dos alimentos de cultura viva

Edição revista e atualizada

Sandor Ellix Katz

SESI-SP editora

SESI-SP editora

Conselho Editorial
Paulo Skaf (Presidente)
Walter Vicioni Gonçalves
Neusa Mariani

Editor-chefe
Rodrigo de Faria e Silva

Coordenação editorial
Monalisa Neves

Preparação
Elisa Martins

Revisão
Betina Leme
Fernanda Marão

Produção gráfica
Camila Catto
Sirlene Nascimento
Valquíria Palma

Produção editorial, adaptação de capa e diagramação
Crayon Editorial

SESI-SP EDITORA
Avenida Paulista, 1.313, 4º andar
01311-923, São Paulo - SP
Tel. 11 3146-7308
editora@sesisenaisp.org.br
www.sesispeditora.com.br

© SESI-SP Editora, 2018

Título original: *Wild Fermentation. The Flavor, Nutrition, and Craft of Live-Culture Foods*
© 2016 Sandor Ellix Katz
Publicado originalmente em 2016 pela Chelsea Green Publishing, White River Jct.
Este livro foi negociado por meio da agência literária Ute Köerner (www.uklitag.com)

Dados Internacionais de Catalogação na Publicação (CIP)

Katz, Sandor Ellix, 1962-
    Fermentação selvagem : sabor, nutrição e prática dos alimentos de cultura viva / Sandor Ellix Katz. – ed. rev. atual. -- São Paulo : SESI-SP editora, 2018.
    320 p. il.

    978-85-504-0975-7

    1. Alimentação saudável 2. Fermentação de alimentos 3. Nutrição 3. Microbiologia alimentar I. Título.

CDD: 664.001579

Índice para Catálogo Sistemático
1. Microbiologia alimentar: Fermentação de alimentos
2. Alimentação saudável : Fermentação de alimentos

Bibliotecária responsável: Enisete Malaquias CRB-8 5821

Dedicado a Jon Greenberg (1956-1993)

Esse querido colega da ACT UP foi o primeiro a abrir
meus olhos para a ideia de uma coexistência pacífica
– em vez de uma guerra – com os micróbios.
Dedico o mais profundo respeito a Jon e a todos
os outros céticos, rebeldes e iconoclastas que questionam
o pensamento convencional e as autoridades vigentes.
Acredite no futuro e mantenha a mudança em constante
estado de fermentação.

sumário

Prefácio de *Sally Fallon*	9
Prefácio da nova edição	11
Agradecimentos	15
Introdução. *Contexto cultural: os bastidores do fetiche da fermentação*	17
1. Reabilitação cultural: *Os vários benefícios dos alimentos e bebidas fermentados*	23
2. Teoria cultural: *Os seres humanos e o fenômeno da fermentação*	35
3. Homogeneização cultural: *Padronização, uniformidade e produção em massa*	43
4. Manipulação cultural: *Faça você mesmo*	57
5. Vegetais fermentados	71
6. Bebidas levemente fermentadas	105
7. Laticínios fermentados *(e alternativas veganas)*	129
8. Cereais fermentados *(mingaus, refrigerantes naturais, sopas e pães)*	161
9. Leguminosas fermentadas	207
10. Vinhos *(incluindo hidromel, sidra e outras bebidas alcoólicas feitas a partir de açúcares simples)*	233
11. Cervejas	261
12. Vinagres	279
13. Renascimento cultural: *A fermentação nos ciclos de vida, fertilidade do solo e mudanças sociais*	291
Apêndice: Onde encontrar *starters*	303
Notas	305
Imagens	309
Índice remissivo	311
Sobre o autor	319

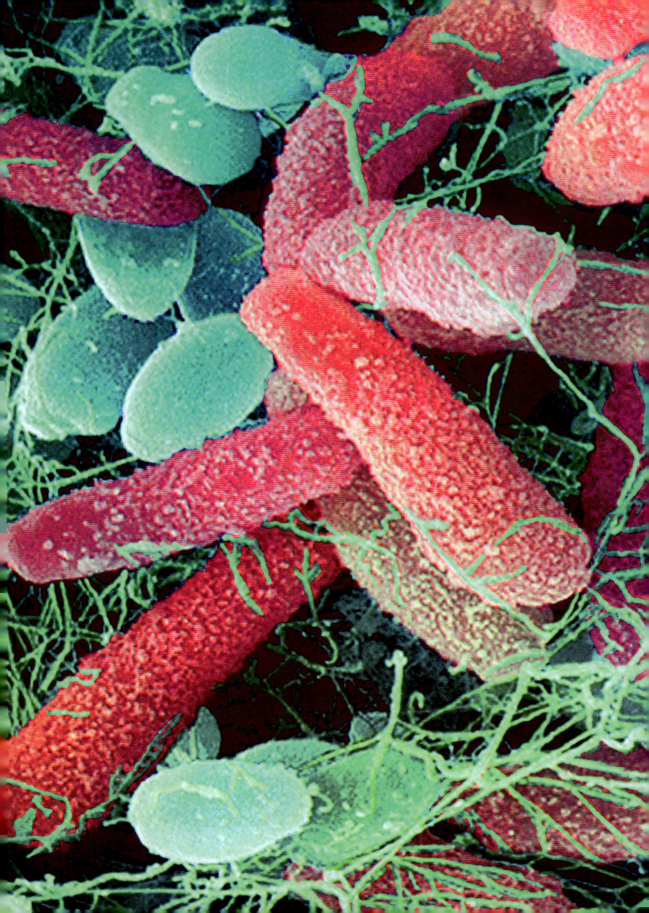

Prefácio

O processo de fermentação de alimentos – para conservá-los e ainda torná-los de fácil digestão e mais nutritivos – é tão antigo quanto a própria humanidade. Desde os trópicos – onde a mandioca é enterrada para amaciar e adoçar – até o Ártico – onde os peixes são comidos "podres", com a consistência de um sorvete de creme –, os alimentos fermentados são valorizados por fazer bem à saúde e por seus sabores complexos.

Infelizmente, os alimentos fermentados praticamente desapareceram da dieta ocidental, e os prejudicados com isso são nossa saúde e nossa economia. Os alimentos fermentados são grandes aliados na digestão e na proteção contra doenças. E como a fermentação é, por natureza, um processo artesanal, o desaparecimento desses alimentos acelerou a centralização e a industrialização do suprimento de alimentos em detrimento dos pequenos produtores e economias locais.

A apreciação de alimentos fermentados costuma ser um gosto adquirido. Nem todo mundo se imaginaria comendo um tofu fermentado cheio de vermes, muito apreciado em algumas regiões do Japão, ou bebendo uma cerveja de sorgo, cujo cheiro lembra o conteúdo do nosso estômago, mas que é consumida avidamente em algumas regiões da África. E poucos africanos ou asiáticos apreciariam os fedorentos pedaços de leite podre (chamados de queijo) tão agradáveis ao paladar ocidental. Para quem está acostumado, os alimentos fermentados oferecem a mais sublime das experiências alimentares – e muitos deles – agradarão ao paladar ocidental, mesmo no caso de quem não passou por um longo período de familiarização.

Como todo grande reformista e artista, Sandor Katz trabalhou muito para disponibilizar esta grandiosa obra a uma população faminta de se reconectar à verdadeira comida e à vida como um processo. Os alimentos fermentados não só são agradáveis de comer como também são imensamente satisfatórios de preparar. Desde o primeiro lote de *kombucha* até o sabor intenso de um bom chucrute caseiro, a prática da fermentação é uma parceria com a vida microscópica. Essa parceria leva a uma reverência por todos os processos que contribuem para o bem-estar da humanidade, desde a produção de enzimas por bactérias invisíveis até a dádiva do leite e da carne concedidos pela vaca sagrada.

A ciência e a arte da fermentação constituem a base da cultura humana: sem processos de inoculação por culturas não existiria a cultura. As nações que ainda consomem alimentos inoculados com culturas, como a França com seus vinhos e queijos, e o Japão com seus picles e missô, são reconhecidas como nações que têm cultura. A cultura começa no sítio, não na ópera, e liga um povo à terra e a seus artesãos. Muitos dizem que os Estados Unidos são uma nação carente de cultura, mas como podemos ser inoculados com qualquer cultura quando só comemos alimentos enlatados, pasteurizados e embalsamados? É irônico que o caminho para a cultura na nossa sociedade tecnológica e germofóbica requeira, antes de tudo, uma relação alquímica com bactérias e fungos e a inclusão de alimentos e bebidas preparados por magos e não por máquinas.

Fermentação selvagem é uma tentativa de tirar esses preciosos processos do esquecimento e um guia para um mundo melhor, um mundo de pessoas saudáveis e de economias justas, um mundo que valoriza pessoas iconoclastas e de mente aberta, as poucas qualificadas para realizar a alquimia dos alimentos fermentados.

Sally Fallon Morell

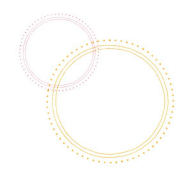

Prefácio
da nova edição

Esta nova edição é um livro que eu não poderia ter escrito quando escrevi *Fermentação selvagem* 15 anos atrás, porque este livro mudou minha vida.

Quando *Fermentação selvagem* foi publicado, em 2003, eu já morava havia uma década na comunidade a que me refiro nestas páginas (não moro mais lá, porém minha casa atual fica bem perto). O livro é fruto de minha experiência nessa comunidade. Por muitos anos, meus dias foram dedicados à terra, às pessoas, aos animais e às plantas dessa comunidade, e me tornei um estudante fervoroso da manutenção de uma propriedade rural. Explorar os recursos da fermentação surgiu como um elemento desse estudo.

Eu também cuidava da horta. Aprendi sobre a floresta dos arredores, as plantas que podiam ser colhidas, secas e transformadas em tintura. Aprendi a cozinhar para grandes grupos e fazia muitas compras de comida para a comunidade. Aprendi a usar uma motosserra e cortei, transportei, parti e queimei muita madeira. Eu enlatava e conservava alimentos. Aprendi a construir e fizemos uma casa por menos de US$ 10 mil usando materiais em grande parte de demolição ou coletados das redondezas. Ordenhava cabras, bebia seu leite cru e fazia iogurte e queijo. Eu fazia pão de fermento natural. Comecei a fazer chucrute e hidromel. Foi nesse contexto que minha obsessão pela fermentação se desenvolveu.

No começo, era só uma obsessão pessoal, mas sempre compartilhada com amigos, vizinhos e parentes (ou imposta a essas pobres pessoas). Em 1998, fui convidado para ensinar a fazer chucrute na região e o *workshop* acabou se transformando num ritual anual. Enquanto isso, eu lutava com problemas de saúde. Embora eu tivesse me mudado da cidade de Nova York para o estado do Tennessee em busca de uma vida mais saudável no campo, os sintomas relacionados ao HIV não tinham desaparecido e estavam se agravando. Depois de uma crise de saúde entre 1999 e 2000, comecei a tomar medicamentos antirretrovirais e minha saúde se estabilizou e começou a melhorar. Foi no ano seguinte que comecei a escrever *Fermentação selvagem*. "Este projeto me devolveu a noção de um futuro cheio de possibilidades", escrevi. E que futuro! Eu jamais seria capaz de imaginar tudo o que viveria desde a publicação da primeira edição.

O que começou como uma série de turnês improvisadas para divulgar o livro acabou não parando mais em razão de todo o interesse, de todas as oportunidades e de toda a diversão que encontrei. Fiz centenas de *workshops*, em sítios, feiras, universidades, museus, bibliotecas, escolas de culinária, galerias, cafés, restaurantes, cervejarias, vinícolas, centros comunitários, conferências, festivais, domicílios e igrejas, em grandes cidades e áreas rurais, principalmente nos Estados Unidos, mas também no exterior. Acho que me tornei professor e palestrante internacional sobre o amplo tema da fermentação justamente numa época em que a fermentação começou a virar moda como a mais recente tendência alimentar – como se pão, queijo, cerveja, vinho, chocolate, café, iogurte, salame, vinagre, azeitonas, chucrute e *kimchi* fossem invenções recentes.

Em fevereiro de 2015, o projeto de revisão deste livro me fez refletir sobre um ano que me levou a quatro continentes, com apresentações na Austrália, na Nova Zelândia, na Irlanda, no Reino Unido, na Bélgica, na Suécia, no Canadá, na Índia, no México, na Costa Rica e em uma dúzia de estados dos Estados Unidos. Adoro viajar, conhecer lugares diferentes, ver a fermentação no contexto em que ela é feita, provar a comida e a bebida locais e conhecer as pessoas maravilhosas e apaixonadas que encontro por toda parte. É um enorme privilégio ver o mundo dessa maneira extraordinária, criando tantos laços e compartilhando um conhecimento tão importante pelo qual as pessoas estão, literalmente, famintas. Sinto-me realizado ao saber que meus livros estão fazendo a diferença e pela chance de ajudar o movimento revivalista da fermentação.

Mas nem tudo são flores em minha jornada. É uma curtição viajar tanto e conhecer tantas pessoas. Mas viajar implica ficar longe de minha casa, de minha cozinha, de meu jardim, da floresta, de minha linda família e de meus amigos. Meu interesse pela fermentação surgiu da vida no campo e de viver dos frutos da terra. Minha vida como um revivalista da fermentação viajando para tantos lugares me afasta de tudo isso. Como eu disse, este livro mudou minha vida.

A vida é cheia de decisões e não me arrependo de nada. Nem tenho como dizer o quanto aprendi sobre a fermentação depois de conversar com pessoas de tantos lugares diferentes e de saborear e aprender a construir um repertório cada vez mais amplo de alimentos fermentados e suas variações. Hoje sei muito mais do que sabia em 2001, quando escrevi a primeira versão deste livro, e decidi que era hora de atualizar e melhorar a primeira edição. Eu queria fazer um livro melhor e mais claro sobre os fundamentos da fermentação, com base em tudo o que aprendi, mas sem incluir tudo (para isso, vocês podem ler *A arte da fermentação*, em que me aprofundo nos conceitos e processos).

Reorganizei um pouco esta nova edição. Renovei ou revi muitas das receitas originais. Excluí algumas receitas (e digressões) que hoje me parecem supérfluas, para abrir espaço a outras mais relevantes. Espero que este livro contenha as informações que você procura e lhe dê a confiança para fazer seus próprios experimentos na fermentação. Seja muito bem-vindo ao movimento revivalista da fermentação!

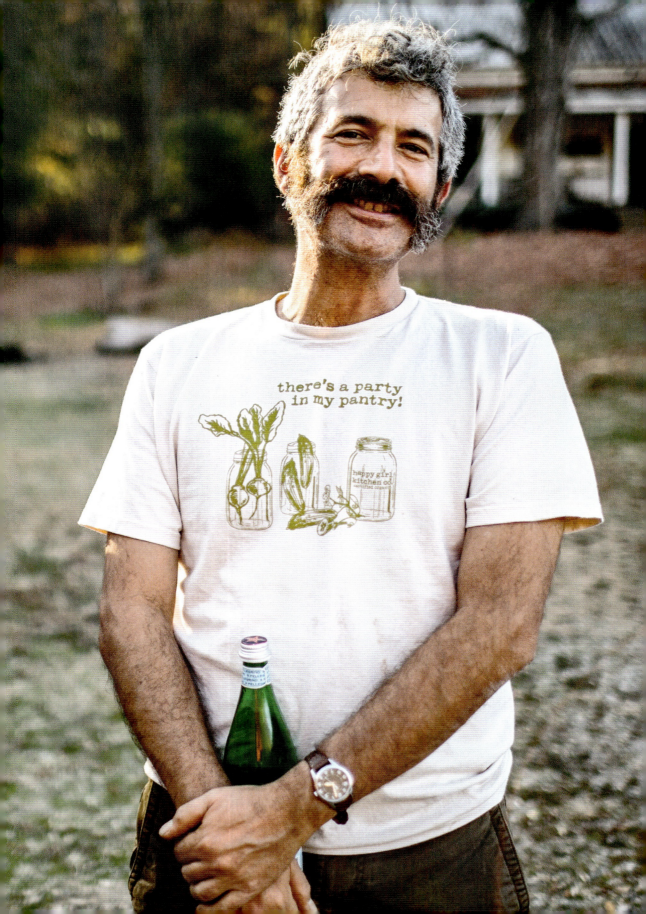

Agradecimentos

Às vezes me pergunto se minha vida não passa de um grande e elaborado sonho. Será que minha obsessão pela fermentação realmente poderia ter se transformado em livros de sucesso e convites para dar palestras pelo mundo? Será que esse interesse, considerado, no começo, hermético, esquisito ou até repugnante por muitos amigos, poderia ter atraído tantas pessoas? Será que um dia vou acordar e descobrir que tudo não passou de um sonho, bom demais para ser verdade? De qualquer maneira, me sinto privilegiado. Gostaria de deixar isso claro aqui e mostrar que, às vezes, dedicar-se a algum interesse bizarro pode acabar sendo a melhor coisa a fazer. Espero que isso aconteça com você também!

Esta edição revista e melhorada de *Fermentação selvagem* só foi possível em virtude de todas as pessoas incríveis que conheci trabalhando como um revivalista da fermentação. Passei quase um quarto de século aprendendo e em 2001, quando escrevi *Fermentação selvagem* pela primeira vez, jamais poderia ter escrito este livro que está nas suas mãos hoje. Obrigado a todos que compartilharam comigo comidas e bebidas caseiras, histórias, conhecimentos, receitas, métodos e perguntas que me fizeram refletir e ir atrás de mais informações. Não tenho como arrolar todos que contribuíram com meu processo de aprendizagem, porque a lista teria milhares de nomes, desde meus primeiros mentores até pessoas que conheci em viagens mais recentes. O leitor vai conhecer algumas dessas pessoas nestas páginas, mas há muitas outras. Sou grato a todas as pessoas generosas que encontrei pelo caminho, por estenderem meu conhecimento de fermentação.

Agradeço àqueles que compartilharam suas fotos e obras de arte e permitiram que fossem incluídas neste livro: Kate Berry, Barry Blitt, Bread and Puppet Press, Noah Church, Milos Kalab, Jessieca Leo, Alison LePage, Catherine Opie, Eileen Richardson, Joseph Shuldiner, e especialmente Shane Carpenter e Jacqueline Schlossman pelas belas imagens.

Sou grato à minha maravilhosa editora, a Chelsea Green. Sempre achei que tivesse encontrado um bom nicho com eles, e eles não pararam de melhorar desde que me deram uma chance em 2001. Apoio a transição deles para uma cooperativa de trabalhadores e sou grato à equipe toda, agora e desde o início, especialmente Margo Baldwin, Ben Watson, Shay Totten e minha editora, Makenna Goodman. Também gostaria de agradecer a minha agente literária, Valerie Borchardt.

Serei eternamente grato a minha família biológica, que me deu o amor pela comida e tem sido uma fonte inesgotável de tranquilidade, amor e devoção. E sempre serei grato por ter sido acolhido pela minha família de amigos. Faço parte de uma vibrante comunidade de homossexuais que se estende por dois condados rurais e que apelidamos de *gayborhood*. É um enorme privilégio poder morar em uma área rural com uma cultura *queer* tão vibrante, cercado de velhos e queridos amigos e com a possibilidade de conhecer tantas pessoas interessantes. Valorizo os produtores e compradores de alimentos entre nós que cultivam, criam, ordenham e colhem os frutos da terra (e resgatam o que há de melhor nas lixeiras). Porém, sou ainda mais grato simplesmente pelo amor, carinho e consideração que temos uns pelos outros e pela disposição que temos de cuidar uns dos outros mesmo diante de doenças, da morte e de outras dificuldades que a vida nos impõe. Para construir uma comunidade é preciso passar meses, anos e décadas cuidando uns dos outros, ou pelo menos tentando.

Todas as pessoas com quem eu posso contar em meu dia a dia fazem parte dessa comunidade. Agradeço a Caeleb por me ajudar a dar conta de tanta coisa. Sou grato a Kassidy e a toda a incrível equipe da Walnut Ridge por criar um espaço tão agradável para fermentar, ensinar, escrever e simplesmente estar. Gostaria de agradecer a Dashboard, Mati, MaxZine e Simmer por dedicarem seu tempo e sabedoria à Foundation for Fermentation Fervor. E sou grato a Spiky pelas longas conversas técnicas sobre fermentação, formatos e muito mais. Devo agradecimentos a Lisa e Tom por compartilhar suas culturas comigo e a Lisa por me ensinar seus métodos de fermentação de bebidas gaseificadas. Agradeço a Surprise por ter entrado comigo no mundo maluco dos experimentos culinários. Sou grato a Shopping Spree por seu otimismo implacável e por cuidar tão bem de mim. Serei eternamente grato a Leopard por estar sempre em minha vida.

E agradeço a você, por seu interesse em meu livro.

Introdução
Contexto cultural: os bastidores do fetiche da fermentação

Este livro é minha canção de louvor e devoção à fermentação. Para mim, a fermentação é uma dieta saudável, uma arte gourmet, uma prática de preservação de alimentos, uma aventura multicultural, uma forma de ativismo e até um caminho espiritual, pois está sempre confirmando a interconectividade de tudo. Minha rotina diária gira em torno dos ritmos desses processos de vida transformadores.

Às vezes me acho um cientista louco cuidando de uma dúzia de diferentes experimentos de fermentação borbulhantes ao mesmo tempo. Às vezes me sinto como o apresentador de um programa de jogos de auditório: "Você gostaria de provar o que está no Pote Número 1 ou trocar pelo que está enterrado no Pote Número 2?". Às vezes me sinto como um fervoroso evangelizador espalhando a palavra sobre os gloriosos poderes curativos dos alimentos fermentados. Meus amigos zombam desse fervor quase religioso enquanto provam minhas guloseimas fermentadas. Um amigo, Dashboard, chegou a compor uma canção sobre minha obsessão:

> Venham, meus amigos, quem tem olhos que veja
> Eu lhes explicarei a ligação entre o vinho e a cerveja
> E o iogurte, o missô, o chucrute e o queijo,
> Eles têm algo em comum e até merecem um beijo.
> Ah, os micro-organismos,
> Ah, os micro-organismos...

A fermentação está por toda parte, sempre. É um milagre cotidiano, o caminho da menor resistência. Fungos e bactérias microscópicas

estão em tudo que respiramos e comemos. Por mais que tentemos – e muitos tentam – erradicá-los com sabonetes antibacterianos, cremes antifúngicos e antibióticos, é impossível fugir deles. São agentes de transformação onipresentes, banqueteando-se na matéria em decomposição, sempre alterando as forças dinâmicas da vida de uma criação milagrosa e horrenda para a próxima.

As bactérias são essenciais para os processos mais básicos da vida. Organismos de todo tipo dependem dos micro-organismos para sua manutenção e proteção. Nós, seres humanos, vivemos numa relação simbiótica com essas formas de vida unicelulares e não existiríamos sem elas. Essa microbiota – como a entidade coletiva de trilhões de micróbios associados ao nosso corpo é conhecida – transforma a comida em nutrientes que podem ser absorvidos pelo nosso corpo, sintetiza nutrientes essenciais, nos protege de organismos perigosos, ensina o nosso sistema imunológico a funcionar e regula muitos dos nossos sistemas fisiológicos de maneiras que só estamos começando a desvendar. Não só dependemos de micro-organismos como descendemos deles: muitos cientistas concordam que todas as formas de vida na Terra tiveram uma origem bacteriana. Os micro-organismos são nossos ancestrais e nossos aliados. Eles mantêm o solo fértil e são uma parte indispensável do ciclo da vida. Sem eles, não poderia haver qualquer outra vida.

Alguns micro-organismos podem realizar extraordinárias transformações culinárias. Esses seres invisíveis nos oferecem sabores incríveis e variados. A fermentação nos dá muitos dos nossos alimentos mais básicos, como pão e queijo, e nossos regalos mais prazerosos, como chocolate, café, vinho e cerveja. Culturas ao redor do mundo desfrutam de incontáveis e exóticas iguarias fermentadas. A fermentação também é usada para conservar os alimentos e torná-los mais digeríveis e nutritivos. Alimentos vivos, não pasteurizados e fermentados contêm bactérias probióticas que beneficiam o nosso sistema digestivo, ajudando a repor e diversificar a nossa microbiota.

Neste livro, explico métodos simples para fazer comidas e bebidas fermentadas. Passei mais de duas décadas em explorações e experimentações no reino da fermentação, e quero compartilhar com você o que aprendi. Verdade seja dita: sou mais um generalista que um especialista. Os especialistas consideram minhas técnicas primitivas. E são mesmo. A fermentação é fácil. Qualquer um pode fazer, em qualquer lugar, com ferramentas básicas. Os seres humanos já fermentavam antes de escrever, fazer objetos de cerâmica ou cultivar o solo. A fermentação não requer instalações de ponta, conhecimentos especializados nem condições laboratoriais. Você não precisa ser um cientista capaz de distinguir organismos específicos e suas transformações enzimáticas nem um técnico capaz de manter ambientes estéreis e temperaturas exatas. Você pode fermentar na sua cozinha usando equipamentos que já tem.

Este livro é focado nos processos básicos de transformação, que envolvem criar condições para os organismos selvagens se desenvolverem e se proliferarem naturalmente. A fermentação pode ser *low tech*. São rituais antigos que os humanos vêm realizando há muitas gerações. Eles me conectam à magia do mundo natural e aos nossos ancestrais, cujas sábias observações nos possibilitam desfrutar dos benefícios dessas transformações.

Meu fascínio por esse fenômeno natural nasceu nas papilas gustativas. Sempre fui louco por picles e chucrute. Sou descendente de imigrantes judeus da Polônia, Rússia e Lituânia. Esses alimentos e seus sabores característicos fazem parte de minha herança cultural. Em iídiche, esses vegetais em conserva são conhecidos como *zoyers*. Os sabores azedos resultantes da fermentação se destacam nos alimentos do Leste Europeu (e de muitas outras regiões do mundo) e foram incorporados à identidade culinária de Nova York, onde cresci. Morávamos em Manhattan, pertinho do empório Zabar's, um ícone da

culinária nova-iorquina, e minha família se deleitava com os *zoyers* de lá. Um dia desses descobri que na tradição lituana venera-se Roguszys, um deus dos alimentos em conserva. E posso dizer que minhas papilas gustativas ainda salivam no templo de Roguszys.

Comecei a refletir sobre os benefícios dos alimentos ricos em bactérias quando tinha uns 25 anos, quando minhas explorações alimentares me levaram à macrobiótica, um movimento dietético com raízes na simplicidade da culinária zen budista japonesa que enfatiza o consumo regular de missô, chucrute vivo e não pasteurizado e outros picles vivos para ajudar na digestão. Notei que, sempre que eu comia picles ou chucrute, sentia minhas glândulas salivares esguichando saliva, preparando meu sistema digestivo.

Sem que eu soubesse, na mesma época em que comecei a comer alimentos fermentados regularmente também contraí HIV. Fui diagnosticado em 1991, muito antes da criação de tratamentos médicos eficazes. Eu queria aumentar minha resistência e minhas chances de sobrevivência, e a nutrição se tornou muito importante para mim. Os alimentos fermentados faziam meu corpo se sentir bem nutrido e me dediquei a seu consumo regular.

Devo deixar claro que os alimentos fermentados não são uma cura para o HIV ou qualquer outra doença. Eles podem ajudar, dependendo das condições, e ouço muitas histórias de tratamentos eficazes que

incluíram alimentos e bebidas fermentados. Mas como saber se foram os alimentos fermentados que fizeram a diferença ou uma combinação de fatores? Quem poderia saber sem ensaios controlados? O problema é que, no mundo de hoje, esses ensaios em geral são voltados ao lucro e não incluem alimentos e bebidas tradicionais.

Quanto à minha saúde, apesar da esperança de me manter saudável com uma vida equilibrada, incluindo alimentos fermentados, mas não me limitando a eles, devo dizer que passei por quedas angustiantes e recuperações milagrosas. Tenho muita sorte de estar vivo e relativamente saudável e me surpreendo com o poder de recuperação de meu corpo. Tomo medicamentos antirretrovirais todos os dias, mas muitos fatores diferentes, incluindo o consumo regular de alimentos fermentados, contribuem para meu estado robusto e relativamente vigoroso. Os alimentos fermentados podem melhorar a digestão, a função imunológica, a saúde mental e talvez muito mais, contribuindo para a saúde em geral, mesmo se não curarem doenças específicas.

O que me levou a começar a fazer chucrute em casa foi menos minha saúde e mais a praticidade de preservar a generosidade de minha horta. Assim que me mudei de Nova York para o Tennessee rural em 1993, comecei a cultivar uma horta. No primeiro ano, aprendi a fazer chucrute com os repolhos que colhia. Achei um velho pote de cerâmica no celeiro, cortei os repolhos, salguei, enfiei tudo no pote e esperei. Não dá para descrever o sabor vivo e nutritivo daquele primeiro chucrute! Aquele sabor acentuado provocou um frenesi em minhas glândulas salivares e me transformou num viciado em fermentação. Nunca parei de fazer chucrute, o que me rendeu o apelido de Sandorkraut, o "Sandor do Chucrute". Depois, aprendi como era fácil fazer iogurte e queijo com o suprimento constante de leite fresco do nosso pequeno rebanho de cabras. E a isso se seguiram pão de fermento natural, cerveja, vinho e missô.

Nunca parei de fazer experimentos. Minha cozinha vive cheia de potes borbulhantes. Alguns projetos são concluídos em horas, alguns demoram meses ou até anos e outros nunca terminam, enquanto eu alimento e agito os frascos de conserva, criando uma dança simbiótica com esses organismos fermentadores.

Um fetiche, segundo o dicionário, é qualquer coisa "que supostamente tem poderes mágicos" e, portanto, é digna de "devoção especial". A fermentação é um processo mágico e místico e sou profundamente dedicado a ela. Entreguei-me a esse fetiche misterioso (e ele se entregou a mim). O resultado é este livro. A fermentação tem sido uma importante jornada de descobertas para mim, e convido o leitor a entrar comigo neste caminho efervescente, tão percorrido milhares de anos atrás, mas em grande parte esquecido, contornado pelas grandes rodovias da produção industrial de alimentos.

1. Reabilitação cultural

Os vários benefícios dos alimentos e bebidas fermentados

Os alimentos e bebidas fermentados fervilham sabor e nutrição. Seus sabores tendem a ser intensos e pronunciados. Pense nos queijos maturados malcheirosos, no chucrute acidulado, no missô terroso, nos vinhos suaves e sublimes. Nem todo mundo gosta de todos os sabores da fermentação, mas os seres humanos sempre apreciaram os sabores especiais e irresistíveis resultantes do poder transformador dos fungos e bactérias microscópicas.

Um benefício prático da fermentação é preservar os alimentos. Os organismos fermentadores produzem álcool, ácido láctico e ácido acético, "bioconservantes" que retêm os nutrientes e evitam a deterioração e o crescimento de organismos patogênicos. Vegetais, frutas, leite, peixes e carnes são altamente perecíveis, e nossos ancestrais inventaram técnicas para armazenar os alimentos em épocas de abundância para consumir depois. Desde os trópicos até o Ártico, a fermentação tem sido usada para preservar alimentos.

O capitão James Cook, explorador inglês do século XVIII que ajudou a expandir o Império Britânico, combateu o escorbuto (deficiência de vitamina C) em seus navios levando chucrute em suas expedições. Entre as muitas terras "descobertas" por Cook estavam as ilhas havaianas. O interessante é que o povo polinésio que cruzou o Oceano Pacífico e povoou o Havaí mais de mil anos antes da chegada do Capitão Cook também se sustentou durante a longa jornada com comida fermentada, no caso o *poi*, um mingau espesso de raiz de *taro*, um tipo de inhame, que continua popular no Havaí e por todo o sul do Pacífico.

A fermentação não só preserva os nutrientes como os decompõe em formas mais facilmente acessíveis. A soja é um bom exemplo disso. Esse alimento riquíssimo em proteínas é praticamente indigesto (e alguns diriam tóxico) sem a fermentação. A fermentação decompõe a densa e complexa proteína da soja em aminoácidos facilmente digeríveis (e quebra as potenciais toxinas), produzindo alimentos tradicionais de soja fermentada, como molho de soja, missô e *tempeh*.

Muitas pessoas têm dificuldade de digerir o leite. As bactérias ácido-lácticas transformam a lactose, o açúcar do leite que tantas pessoas não toleram, em ácido láctico, de digestão mais fácil. O glúten submetido à fermentação bacteriana (em oposição à fermentação de levedura pura usada nos pães industrializados) é decomposto e mais fácil de digerir do que o glúten não fermentado. Segundo a Organização das Nações Unidas para Alimentação e Agricultura, que promove a fermentação como uma fonte de nutrientes, a fermentação melhora a biodisponibilidade dos minerais presentes nos alimentos.[1] Bill Mollison, autor do livro *The permaculture book of ferment and human nutrition*, considera a fermentação de alimentos "uma forma de pré-digestão".[2]

Esse processo de pré-digestão também decompõe alguns compostos tóxicos encontrados nos alimentos em formas benignas, como no caso da soja. Outro exemplo é a mandioca, o tubérculo nativo das Américas tropicais que também se tornou um alimento básico na África Equatorial e na Ásia. A mandioca cultivada em certos tipos de solo contém altos níveis de cianeto e é venenosa se a toxina não for removida. Um método comum é a simples fermentação por imersão – descascar e picar os tubérculos e deixá-los de molho na água por uns cinco dias –, o que quebra o cianeto e torna a mandioca segura e nutritiva.

Nem todas as toxinas alimentares são tão agressivas quanto o cianeto. Sementes e grãos contêm ácido fítico, que se liga ao zinco, cálcio, ferro, magnésio e a outros minerais, bloqueando sua absorção e podendo levar a deficiências. Fermentar os grãos deixando-os de molho na água antes de cozinhá-los decompõe o ácido fítico, e eles se tornam muito mais nutritivos.[3] Nitritos, ácido prússico, ácido oxálico, nitrosaminas e glicosídeos são outros compostos potencialmente tóxicos encontrados em alimentos e que podem ser reduzidos ou eliminados pela fermentação.[4]

A fermentação também cria novos nutrientes. Ao percorrer seu ciclo de vida, as culturas microbianas produzem vitaminas do complexo B, incluindo ácido fólico, riboflavina, niacina, tiamina e biotina.

(Algumas pessoas acreditam que as bactérias da fermentação produzem vitamina B12, ausente nos vegetais; mas outras argumentam que o que foi identificado como vitamina B12 na soja e em vegetais fermentados na verdade não passam de "análogos" inativos conhecidos como *pseudo*vitamina B12).[5]

Alguns alimentos e bebidas fermentados atuam como antioxidantes, eliminando precursores do câncer – conhecidos como radicais livres – das células do nosso corpo.[6] Bactérias ácido-lácticas produzem ômega-3, essencial para o funcionamento das membranas celulares e do sistema imunológico.[7] A fermentação de vegetais produz isotiocianatos e indol-3-carbinol, considerados anticarcinogênicos.[8] Uma empresa de "suplementos naturais fermentados" afirma que "o processo de fermentação gera enormes quantidades de ingredientes naturais como o superóxido dismutase, picolinato de cromo, compostos desintoxicantes como a glutationa, fosfolipídios, enzimas digestivas e beta 1,3 glucanos".[9] Sinceramente, esse tipo de ladainha científica não me impressiona. Ninguém precisa de uma análise molecular para saber quais alimentos são saudáveis. Confie em seus instintos, em suas papilas gustativas e em suas sensações. Em resumo: a fermentação torna os alimentos mais nutritivos.

Talvez um dos maiores benefícios dos alimentos fermentados sejam as próprias bactérias, que são probióticas, podendo melhorar a nossa saúde. Muitos alimentos fermentados são comunidades microbianas densas e biodiversas, que interagem com o nosso microbioma de maneiras que só agora estamos começando a desvendar. Essa interação pode melhorar a digestão, a função imunológica, a saúde mental e muitos outros aspectos do nosso bem-estar.

Fazendo chucrute com um grupo de freiras em Tecate, México.

Nem todos os alimentos fermentados, contudo, ainda estão vivos quando os comemos. Alguns alimentos não podem conter culturas vivas. Os pães, por exemplo, precisam ser assados, matando os organismos. Mas muitos alimentos fermentados podem ser consumidos vivos – a maneira mais nutritiva de comê-los.

Leia os rótulos e veja que muitos alimentos fermentados comercialmente disponíveis são pasteurizados ou termicamente tratados – o que prolonga sua validade, mas mata os micro-organismos. O rótulo dos alimentos e bebidas fermentados que continuam vivos em geral inclui algo como "contém culturas vivas". Se você quiser alimentos fermentados de cultura viva neste mundo de alimentos pré-embalados e produzidos em massa, precisa ir atrás deles ou fazê-los você mesmo.

Os alimentos fermentados vivos podem ajudar a controlar doenças digestivas como a diarreia e a disenteria. Constatou-se que os alimentos de cultura viva melhoram as taxas de sobrevivência infantil. Um estudo da Tanzânia comparou as taxas de mortalidade de bebês alimentados com diferentes "mingaus de desmame", alguns fermentados e outros não. Os bebês que comeram mingaus fermentados tiveram metade do número de "episódios de diarreia" em comparação com os outros.[10] A fermentação láctica inibe o crescimento de bactérias relacionadas à diarreia.[11] Outro estudo, publicado na revista *Nutrition*, concluiu que uma microbiota saudável previne doenças porque as bactérias ácido-lácticas "competem com [...] patógenos potenciais por pontos de recepção nas superfícies das células da mucosa" do intestino e propôs um tratamento de "ecoimunonutrição".[12]

Adoro a palavra *ecoimunonutrição*. O termo reconhece que a função imunológica de um organismo ocorre no contexto de um ecossistema de diferentes culturas microbianas e que é possível criar e desenvolver essa ecologia cultural por meio da dieta. Comer alimentos ricos em bactérias é uma maneira de fazer isso, e comer muitas fibras vegetais (prebióticos) é outra. Incontáveis pesquisas confirmam que as bactérias desempenham um papel importante na nossa proteção contra doenças.

Um argumento a favor da coexistência microbiana

A cultura ocidental tem pavor de germes e é obcecada pela higiene. Vivemos em guerra às bactérias e o nosso corpo é um grande campo de batalha. Aprendemos a temer a exposição a todas as formas de vida microscópica. Cada novo micróbio assassino nos dá mais razões para nos defendermos com unhas e dentes. Não existe exemplo melhor que o sabonete antibacteriano. Algumas décadas atrás, era raro ver sabonetes antibacterianos à

venda. E, de repente, parece que todos os sabonetes passaram a ser bactericidas. Mas será que menos pessoas estão adoecendo? "Nenhum dado confirma a eficácia ou a necessidade de agentes antimicrobianos contidos nesses produtos, e um número crescente de estudos sugere que as bactérias estão ficando mais resistentes", alerta o Conselho de Assuntos Científicos da Associação Médica Americana. "É prudente evitar o uso de agentes antimicrobianos em produtos de consumo."[13]

Os compostos antibacterianos contidos nesses sabonetes – na maioria dos casos o triclosano – matam as bactérias mais suscetíveis, porém *não* as mais fortes. "Esses micróbios resistentes podem incluir bactérias [...] que podem conquistar a dominância graças à destruição de micróbios concorrentes", explica o Dr. Stuart Levy, diretor do Centro de Adaptação Genética e Resistência a Drogas da Universidade de Tufts.[14] É importante manter a higiene. Lave as mãos com frequência com sabão e água, se possível, quente. Mas não precisamos de mais produtos químicos para garantir a nossa segurança. O sabonete bactericida é só mais um produto exploratório e potencialmente perigoso que se aproveita do medo das pessoas.

Os micro-organismos que o nosso corpo hospeda são muito mais numerosos que as nossas células. Eles estão presentes em números espantosos, constituindo complexas comunidades que variam com o nicho ecológico, habitando nossa pele de acordo com suas diversas condições de umidade, todos os nossos orifícios, em maior concentração no nosso trato intestinal, e cada vez mais os encontramos em lugares onde antes acreditávamos que eles estariam ausentes, como o útero.

Esses organismos nos prestam uma incrível variedade de serviços. As bactérias, por exemplo, nos possibilitam digerir nossa comida e assimilar seus nutrientes. Eles sintetizam nutrientes essenciais para que não precisemos obtê-los por meio de alimentos. Já sabemos que a serotonina e outras substâncias que afetam nossos pensamentos e sentimentos são reguladas por bactérias intestinais. Nosso sistema imunológico é em grande parte o trabalho de bactérias, e as bactérias com as quais entramos em contato estimulam nossa imunidade.

Cada vez mais pesquisadores estão encontrando evidências para confirmar a "hipótese da higiene", que atribui o grande aumento da ocorrência de asma e outras alergias à falta de exposição a diversos micro-organismos. Quanto mais "livres de germes" tentamos ser, mais vulneráveis ficamos. É importante ter higiene, mas é impossível evitar a exposição a micróbios. Eles estão por toda parte.

Grande parte da medicina ocidental visa a erradicar organismos patogênicos. A estratégia dos medicamentos contra o HIV é chamada de terapia antirretroviral altamente ativa. Eu me beneficiei dos milagres dos medicamentos de alta tecnologia e não estou em posição de argumentar contra o valor dessa abordagem. Mas acredito que a guerra microbiana não tem como se sustentar e que jamais venceremos a guerra contra as bactérias. "As bactérias não são germes, mas germinadores – e as bases – de toda a vida na Terra", escreve Stephen Harrod Buhner em *The lost language of plants*. "Ao declarar guerra contra elas, declaramos guerra à estrutura viva que fundamenta o planeta, a todas as formas de vida que podemos ver e a nós mesmos."[15]

A saúde e a homeostase requerem que os seres humanos coexistam com os micro-organismos. Os cientistas que se limitam a contar bactérias quantificaram esse fato simples, estimando que o corpo humano abriga uma população bacteriana superior a 100 trilhões e observando que "as interações desses micróbios colonizadores com o hospedeiro são absolutamente complexas".[16]

Seres humanos e todas as outras formas de vida evoluíram desses organismos e com eles – e não podemos viver sem eles. "A natureza parece maximizar a cooperação e a coordenação mútua de objetivos", escreve o etnobotânico Terence McKenna. "Ser indispensável aos organismos com quem se compartilha um ambiente, essa é a estratégia que garante a reprodução e a sobrevivência de uma espécie."[17]

As células bacterianas são "procariotas", sem núcleo, e seu material genético flutua livre dentro delas. "Genes do meio fluido, de outras bactérias, de vírus ou de outros lugares entram por conta própria nas células bacterianas", escrevem as biólogas Lynn Margulis e Karlene V.

Schwartz.[18] Ao incorporar o DNA de seu ambiente, os procariontes assimilam traços genéticos. Acredita-se que eles tenham evoluído para se transformar em células estruturadas com membranas nucleares e, com o tempo, para se tornar organismos complexos como nós. Mas nunca deixaram sua prole, que nos acompanha sempre.

"Os procariontes são os engenheiros da nossa complexidade", explica meu empolgado amigo, o cientista Joel Kimmons, um doutor em nutrição. Em nosso corpo, principalmente no intestino, as bactérias absorvem informações genéticas que orientam nosso funcionamento e são uma parte integrante da nossa experiência senciente. "Comemos, logo sabemos", diz Joel. Os seres humanos vivem em relações mutuamente benéficas e dependentes com muitos micróbios diferentes. Somos simbióticos, inextricavelmente entrelaçados em um padrão complexo que não temos como desvendar por completo.

A microbiodiversidade e a incorporação do natural

Ao consumir uma variedade de alimentos fermentados vivos, promovemos a diversidade microbiana em nosso corpo. As bactérias vivas desses alimentos não aquecidos após a fermentação entram em nosso corpo, onde algumas sobrevivem ao estômago e entram em nosso intestino já densamente povoado. Lá, elas ajudam a digerir os alimentos e assimilar nutrientes, além de estimular reações imunológicas. Não existe uma cepa específica com benefícios especiais. O maior benefício de ingerir bactérias está na biodiversidade. Poucas bactérias que ingerimos se instalam em nosso intestino, mas elas têm complexas interações com as bactérias que encontram lá e com as células do nosso corpo, de maneiras que só agora estamos começando a desvendar.

Reconhecemos cada vez mais que a biodiversidade é fundamental para a sobrevivência de grandes ecossistemas. A Terra e todos seus habitantes constituem uma matriz de vida única e ininterrupta, interconectada e interdependente. As repercussões assustadoras da extinção de espécies ilustram como a perda da biodiversidade afeta o nosso planeta. A sobrevivência da nossa espécie depende da biodiversidade.

A biodiversidade também é importantíssima no nível micro: a microbiodiversidade. O nosso corpo é um ecossistema mais eficaz quando povoado por diversos micro-organismos. Podemos até comprar suplementos "probióticos" contendo cepas específicas. Mas ao consumir alimentos e bebidas fermentados tradicionais, especialmente os que nós mesmos fazemos com micro-organismos naturais presentes no ambiente, ficamos mais interconectados com as forças vitais do mundo

ao nosso redor. Nós nos transformamos em nosso ambiente ao convidar as populações microbianas com as quais compartilhamos a Terra a entrar em nossa dieta e em nossa ecologia intestinal.

A fermentação selvagem é uma maneira de incorporar a natureza ao nosso corpo, nos unindo ao mundo natural. Os alimentos naturais, inclusive as culturas microbianas, têm uma grande força vital que pode reduzir nossa suscetibilidade a doenças e nos adaptar às mudanças. Esses micro-organismos estão por toda parte e as técnicas para fermentar com eles são simples e flexíveis.

Será que os alimentos fermentados vivos são a resposta para uma vida longa e saudável? Muitas tradições associam a longevidade a alimentos como iogurte e missô. Pesquisadores encontraram evidências para confirmar essa relação causal. Elie Metchnikoff, um imunologista russo pioneiro e ganhador do Prêmio Nobel, estudou centenários que tinham por hábito comer iogurte nos Bálcãs no início do século XX e concluiu que as bactérias ácido-lácticas "postergam e melhoram a velhice".[19]

Eu, pessoalmente, não gosto de reduzir o segredo da vida longa e da boa saúde a um único alimento ou prática. A vida envolve muitas variáveis e nenhuma vida é igual à outra. Mas a fermentação sem dúvida contribui para o bem-estar da humanidade. Os métodos de fermentação são muitos e variados, e ela é praticada em todos os continentes, de milhares de maneiras diferentes. Neste livro, você vai ver como é simples se beneficiar dos poderes nutritivos e curativos dos alimentos e bebidas fermentados que os seres humanos desfrutam há milhares de anos.

2. Teoria cultural

Os seres humanos e o fenômeno da fermentação

Conhecemos a magia e o poder da fermentação desde os primórdios da humanidade. O hidromel costuma ser considerado o mais antigo prazer fermentado. Os arqueólogos acreditam que os seres humanos já coletavam o mel antes de cultivar o solo. Pinturas rupestres em locais tão dispersos quanto Índia, Espanha e África do Sul retratam imagens de pessoas coletando mel 12 mil anos atrás.

Quando, por acaso ou intencionalmente, o mel é misturado com água, a fermentação ocorre. O mel já contém leveduras; porém, mas quando o mel é puro, as leveduras estão dormentes e precisam ser ativadas com água. Adicione um pouco de água ao mel e as leveduras recém-despertas se banqueteiam com o mel e se reproduzem rapidamente, transformando a solução de mel com água em um meio borbulhante de vida. Em pouco tempo, a mistura se transformará em hidromel, com seus açúcares convertidos em álcool e dióxido de carbono pela ação de minúsculos seres.

De acordo com o vasto levantamento realizado por Maguelonne Toussaint-Samat em *A history of food*, "O filho do mel, a bebida dos deuses, o hidromel, era universal. Pode ser considerado o ancestral de todas as bebidas fermentadas".[1] Nossos antepassados caçadores e coletores, pelo menos alguns deles e por algum tempo, desfrutaram do hidromel. A produção de hidromel não requer calor e pode ter feito parte da vida humana por ainda mais tempo que o fogo controlado. Imagine o maravilhamento dos nossos ancestrais quando encontraram mel com água fermentando no buraco de uma árvore. Será que eles se assustaram com o borbulhar ou só ficaram curiosos? Eles devem ter provado um pouco e se sentido mais leves, talvez mais felizes. Aquela bebida e aquele estado eufórico só podiam ser um presente de algum espírito divino.

O antropólogo e teórico cultural Claude Lévi-Strauss sugere que a produção do hidromel marca a passagem da humanidade da natureza à cultura. Ele ilustra essa distinção descrevendo o papel transicional de uma árvore oca, "que, como um receptáculo para o mel, faz parte da natureza se o mel for fresco e encerrado dentro dela; e faz parte da cultura se o mel for posto para fermentar em um tronco artificialmente oco".[2] O desenvolvimento de técnicas e ferramentas para produzir o álcool pela fermentação é uma característica definidora da cultura humana, possibilitada pela onipresença das leveduras selvagens. "Parece-me claro", escreve Stephen Harrod Buhner em *Sacred and herbal healing beers*, "que o conhecimento da fermentação surgiu independentemente em todas as culturas humanas, que cada cultura atribuiu seu surgimento à intervenção divina e que seu uso está intimamente ligado ao nosso desenvolvimento como espécie".[3]

Os estados alterados induzidos pela fermentação têm sido associados à contação de histórias, a tradições míticas e à poesia em muitas culturas. O povo *papago* do deserto de Sonora, no norte do México e sul dos Estados Unidos, fermenta uma bebida chamada *tiswin* com o fruto do cacto saguaro. Buhner cita a canção tradicional que os *papagos* cantam ao beber o *tiswin*:

> A zonzeira me segue!
> Me segue de perto.
> Ah, mas eu gosto.
> Para além, para além
> Na terra plana ela me leva.
> Zonzeira eu vejo.
> Lá do alto eu vejo.
> Eu gosto muito.
> Para além eles me levam.
> E me dão a zonzeira para beber.
>
> No sopé da pequena Montanha Cinzenta
> Estou sentado e me inebriando.
> Belas canções irei revelar.[4]

Essa mesma qualidade inspiradora costuma ser atribuída ao álcool fermentado em diversas culturas. A embriaguez é o estado "sobre o

qual os hinos de todos os povos primitivos falam", descreveu Friedrich Nietzsche em tom de condescendência.[5] A linguagem, a faculdade distintiva da nossa espécie, foi desenvolvida, exercitada e elaborada "sob a influência da embriaguez". Hidroméis, vinhos e cervejas foram sagrados em muitas tradições por milhares de anos. Apesar das proibições, as bebidas alcoólicas fermentadas sempre foram adoradas, imbuídas de importantes simbolismos e oferecidas a divindades.

Os sumérios, cervejeiros com receitas escritas remontando a 5 mil anos atrás, adoravam uma deusa da cerveja, Ninkasi, cujo nome significa "você que enche minha boca".[6] Os egípcios enterravam grandes barris de cerâmica com vinhos e cervejas ao lado da realeza mumificada nas pirâmides; em O livro egípcio dos mortos, as orações pelas almas dos mortos são dirigidas às "fontes de pão e cerveja".[7] Cerimônias maias antigas envolviam uma bebida fermentada de mel chamada *balché*, aplicada por via retal para maximizar seu efeito inebriante. Talvez suspeitando desse modo de consumo incomum, os conquistadores viram o demônio espreitando no *balché* para "se transformar em cobras e vermes que corroíam a alma dos maias"[8] e a bebida foi banida em nome da cristandade. Mesmo assim, na magia católica da transubstanciação, o vinho se transforma no sangue de Cristo. Na tradição judaica, repetidas recitações da oração "Bem-aventurado é o criador do fruto da videira" são acompanhadas do consumo sacramental do vinho.

Outras formas de fermentação parecem ter se desenvolvido com a domesticação de plantas e animais à medida que as culturas humanas evoluíam. Não é por acaso que a palavra *cultura* tem uma conotação tão ampla, com raízes no latim *colere*, "cultivar". As culturas de fermentação são tão cultivadas quanto as plantas e não menos que os "padrões de comportamento socialmente transmitidos, artes, crenças, instituições e todos os outros produtos do trabalho e do pensamento humano" que constituem uma das definições de *cultura* no dicionário.[9] As várias culturas estão inextricavelmente interligadas.

A agricultura em si não seria tão útil sem a fermentação, dados os ritmos sazonais naturais de escassez e superabundância. Os habitantes de regiões temperadas com estações de cultivo limitadas não teriam energia para investir na plantação e na colheita em algumas épocas do ano se não tivessem técnicas para conservar a produção para o consumo no decorrer do ano. Ao longo da história, e até hoje, o meio mais popular de fazer isso é a fermentação. Ela nos possibilita preservar as safras do verão e do outono para podermos sobreviver no inverno e transformar as frutas abundantes em bebidas alcoólicas. Ela nos permite digerir e assimilar melhor os nutrientes de cereais, leguminosas e muitos outros alimentos. Permite que o leite perecível se transforme no iogurte e no quefir, mais estáveis, e em queijos, sendo que alguns podem ser preservados por anos. A fermentação preserva carnes em salames e incontáveis outros produtos curados.

As práticas de fermentação têm longas e ilustres histórias que remontam à pré-história e parecem ter evoluído com o cultivo de plantas e a domesticação de animais. Por exemplo, o pão e a cerveja nasceram da fermentação de cereais, e os historiadores ainda não sabem qual veio primeiro. Costuma-se acreditar que as pessoas passaram a cultivar cereais para produzir alimentos seguros e armazenáveis. "Devemos acreditar que as bases da civilização ocidental foram criadas por pessoas malnutridas num estado perpétuo de intoxicação parcial?", perguntou o botânico Paul Manglesdorf, incrédulo, em um simpósio de 1953 sobre a questão, organizado pela *American Anthropologist*. Considerando que as cervejas indígenas são suspensões amiláceas bastante nutritivas e em geral não muito fortes, a cerveja não poderia ter sido um incentivo mais atraente do que a comida para povos migratórios bem nutridos se estabelecerem?[10] De um jeito ou de outro, a fermentação é uma parte importante da história.

Nem a ciência sabe dizer

Embora muitos povos ao longo da história tenham considerado a fermentação uma força vital mística, na tradição científica ocidental ela esteve envolta em confusão. Desde pelo menos o Império Romano, historiadores como Plínio, o Velho, descreveram o que chamavam de "gerações espontâneas". A teoria da geração espontânea via certas formas de vida como fenômenos que ocorrem independentemente de

Entusiastas europeus da fermentação que conheci no Terra Madre, evento internacional *slow food* em Torino, Itália, em 2008. Servimos os vegetais fermentados levados por eles e fizemos esta lista de como o chucrute é chamado em diferentes idiomas.

qualquer processo reprodutivo. Essa crença não se restringia à ação borbulhante da fermentação. Os cientistas quebraram a cabeça para desvendar a geração espontânea de ratos até o século XVII, quando Jean Baptista van Helmont relatou que "se colocarmos uma camisa suja na abertura de um recipiente contendo grãos de trigo, a fermentação da camisa suja não altera o aroma do grão, mas provoca a transmutação do trigo em ratos após cerca de 21 dias".[11] Ele também tinha uma receita para criar escorpiões, abrindo um buraco em um tijolo, enchendo-o com manjerição seco e deixando-o ao sol.

Enquanto Van Helmont investigava a geração espontânea, um holandês, Anton van Leeuwenhoek, inventou o microscópio e observou os micro-organismos em 1674:

> Vi com clareza pequenas enguias, ou vermes, todas juntas e se contorcendo; como se você visse, a olho nu, um tubo cheio de água e minúsculas enguias, com as enguias se contorcendo umas sobre as outras, e a água parecia estar viva com esses variados animálculos. Foi para mim, entre todas as maravilhas que descobri na natureza, a mais maravilhosa de todas; jamais entrou em meus olhos nenhuma visão mais bela do que esses vários milhares de seres vivos numa pequena gota d'água, movendo-se uns contra os outros, sendo que cada uma das várias criaturas tinha o próprio movimento [...][12]

Enquanto isso, o filósofo francês René Descartes expôs sua teoria revolucionária de que todos os fenômenos naturais poderiam ser reduzidos a processos mecânicos. Descartes inaugurou um período de investigação científica focada na descrição de processos naturais por mecanismos causais. O campo da química viu um grande avanço nos séculos XVIII e XIX e uma espécie de reducionismo químico entrou em voga, sustentando que todos os processos fisiológicos eram redutíveis a uma série de reações químicas. Químicos da época rotulavam de "retrógrada" a ideia de que a fermentação era causada por organismos vivos.[13]

Os químicos estavam cientes dos "animálculos" revelados pelo microscópio, mas insistiam em repudiar sua importância e criaram teorias elaboradas para explicá-los. O químico Justus von Liebig, um pioneiro do século XIX no desenvolvimento de fertilizantes químicos, foi um grande proponente da fermentação como um processo químico, não biológico. Von Liebig acreditava que a importância da levedura no processo de fermentação estava em sua decomposição. Em um tratado de 1840, ele escreveu: "É a parte morta da levedura, a parte que não está mais viva e sofrendo alteração, que age sobre o açúcar".[14]

Louis Pasteur e o advento da microbiologia

Entra em cena Louis Pasteur, um químico francês que se voltou aos processos de fermentação a pedido do dono de uma destilaria de álcool de beterraba que estava tendo resultados inconsistentes e cujo filho era

Mural inspirado na fermentação feito por meu talentoso amigo Noah Church.

aluno de Pasteur na faculdade. O estudo metódico de Pasteur para investigar a fermentação da beterraba o convenceu de que a fermentação era um processo biológico. Seu primeiro estudo sobre a fermentação, "Memoire sur la fermentation appelée lactique", foi publicado em 1857: "A fermentação é naturalmente relacionada à vida e à produção de glóbulos e não à morte ou à putrefação".[15] Pasteur resolveu o problema aquecendo o suco de beterraba para destruir as bactérias ácido-lácticas naturais e inoculando o suco com levedura produtora de álcool. Foi a primeira aplicação do processo de aquecimento creditado a ele e que hoje se encontra em todas as caixas de leite do mundo: a pasteurização.

As descobertas de Pasteur contradiziam o que se acreditava na época e ele passou o resto da vida estudando o ciclo de vida de vários micro-organismos, dando origem ao campo da microbiologia. Enquanto os químicos acadêmicos se mantinham na defensiva, as novas indústrias de fermentação receberam de braços abertos as inovações de Pasteur. Suas descobertas deram um grande impulso à produção em massa de alimentos e bebidas fermentados. Esses produtos eram consumidos há milhares de anos, feitos com processos aprendidos pela observação e experimentação e transmitidos através das gerações, não raro acompanhados de orações, rituais e oferendas a divindades. E agora, com precisão científica e sem qualquer ritual elaborado, eles podiam ser fabricados com segurança em grandes quantidades.

A microbiologia levou a uma espécie de colonialismo em relação aos micro-organismos, uma ideia de que eles, como outros elementos da natureza e outras culturas humanas, devem ser dominados e explorados. Um livro que demonstra bem essa atitude foi *Bacteria in relation to country life*, publicado em 1908, a meio caminho entre a pesquisa de Pasteur e o desenvolvimento de antibióticos.

> A situação atual da existência humana nos força a estudar as bactérias e outros micro-organismos. Uma vez que são perigosos para nossa saúde e felicidade, devemos aprender a nos defender, a destruí-los ou torná-los inofensivos. Na medida em que são benéficos, devemos aprender a controlá-los e tornar suas atividades úteis à sociedade humana.[16]

O *homo sapiens*, que tende a se achar superior e capaz de dominar tudo e todos, faria bem em refletir sobre as sábias palavras atribuídas ao próprio Louis Pasteur: "A última palavra será dos micróbios".[17]

3. Homogeneização cultural

Padronização, uniformidade e produção em massa

> *Parte do prazer que as batatas fritas [do McDonald's] me davam era a perfeição com a qual elas se conformavam à imagem e à expectativa que eu tinha de batatas fritas – ao ideal que o McDonald's conseguiu implantar na cabeça de bilhões pessoas ao redor do mundo.*
>
> – Michael Pollan, *The botany of desire*

Culturas do mundo todo evoluíram como fenômenos locais específicos. Isso se aplica tanto às culturas microbianas quanto às humanas. Em locais variados, com climas, fatores geográficos, recursos naturais e linhagens migratórias diferentes, as práticas culturais como línguas, crenças e alimentos (incluindo a fermentação) são muito diversificadas. Mas essa rica diversidade é ameaçada pela expansão comercial em um mercado globalizado. Antigamente a cerveja, o pão e o queijo eram produtos regionais especiais que variavam de um lugar ao outro, mas nós, os privilegiados consumidores do século XXI, podemos comprar produtos fermentados industrializados que têm a mesma aparência e o mesmo sabor em todos os lugares. A produção em massa e a globalização exigem a uniformidade. A identidade, a cultura e os sabores locais são reduzidos a um mínimo denominador comum cada vez menor, enquanto o McDonald's, a Coca-Cola e outros gigantes corporativos dominam a mente das pessoas do mundo levando-as a desejar seus produtos.

homogeneização da cultura

Trata-se da homogeneização da cultura, um processo triste que leva línguas, tradições orais, crenças, conhecimentos e práticas a desaparecer rapidamente, enquanto a riqueza e o poder se concentram cada vez mais. A fermentação selvagem é o contrário da homogeneização e da uniformidade, um pequeno antídoto que você pode aplicar na sua cozinha, cultivando comunidades diversificadas de organismos para produzir alimentos fermentados sem igual. O que você fermenta usando os organismos ao seu redor é uma manifestação de seu ambiente específico e sempre será um pouco diferente. Seu chucrute ou missô caseiro pode até ficar perfeitamente de acordo com a imagem e a expectativa que você tem dele, como as batatas fritas do McDonald's. Porém é mais provável que eles tenham alguma diferença peculiar que o forçará a ajustar sua imagem e expectativa. A fermentação do tipo "faça você mesmo" não tem nada que ver com as *commodities*. Ironicamente,

Alejandro Solano-Ugalde, do Mashpi, uma fazenda agroecológica do Equador, me mostrando frutos de cacaueiro maduros.

algumas das primeiras *commodities* comercializadas em escala global foram alimentos fermentados. O chocolate, o café e o chá foram alguns dos primeiros produtos agrícolas comercializados ao redor do mundo – e todos envolvem a fermentação em seu processamento.

Em 1985, passei vários meses viajando com um amigo pela África. Em Camarões, conhecemos nativos que nos levaram em uma caminhada pela selva onde eles moravam. Usamos varas de bambu como apoio para andar enquanto entrávamos até os joelhos no pântano. Essas pessoas tinham uma longa tradição de subsistência naquela selva. Na nossa caminhada, passamos por várias colônias de produção de cacau. Um trabalhador com quem conversamos contou que nunca tinha provado chocolate! Ficamos sabendo que o governo estava tentando forçar essas pessoas a se instalar e cuidar das monoculturas de cacau. Seu estilo de vida migratório estava sendo proibido, por não ter valor para um Estado em busca de arrecadação fiscal e divisas estrangeiras, e substituído por assentamentos forçados que produziam uma *commodity* de exportação que eles nem sequer podiam desfrutar.

Quando as culturas tradicionais são banidas, a cultura é homogeneizada. É uma velha história que poderia ser contada por qualquer nativo americano ou por meus avós, que fugiram dos *pogroms* e viram o *yiddishkeit* do Leste Europeu disperso em uma única geração. Quando as pessoas são forçadas a mudar sua cultura, muito se perde – incluindo as práticas de fermentação. Práticas locais específicas de fermentação, manifestações da peculiaridade regional, desaparecem todos os anos. Mas, ironicamente, os estimulantes fermentados foram algumas das primeiras *commodities* transportadas pelo mundo, formando as bases da economia globalizada.

Estimulantes fermentados e a ascensão da globalização

O chocolate é feito com as sementes de uma árvore nativa da floresta amazônica, a *Theobroma cacao* (*theobroma* é "comida dos deuses", em grego). As sementes se desenvolvem em vagens e são envoltas em uma polpa doce e deliciosa. Após a colheita, as sementes e a polpa são retiradas das vagens e deixadas para fermentar espontaneamente, com organismos presentes na natureza, antes de serem processadas. A fermentação digere a polpa e altera a cor, o sabor, o aroma e a química dos grãos de cacau. O sabor especial e irresistível do chocolate só é obtido pela fermentação. Após a fermentação, os grãos de cacau são secos, torrados, descascados, moídos e prensados para se transformar em manteiga e, depois, em chocolate.

Os seres humanos conhecem o cacau há milhares de anos. Talvez acostumados a comer a fruta selvagem por causa de sua polpa doce e suculenta, os povos amazônicos aprenderam a usar o cacau torrado e moído para fazer bebidas estimulantes, como as culturas maia e asteca que levaram o cacaueiro à América Central e ao México. O cacau é muito amargo e nessas culturas era consumido não adoçado, misturado com pimenta malagueta e/ou milho, sob a forma de bebidas espessas e espumosas. A palavra *chocolate* tem origem na palavra asteca *xocolatl*, uma combinação de *xococ* (amargo) e *atl* (água). O cacau era usado em cerimônias religiosas maias e astecas. Grãos de cacau também eram usados como moeda.

Assim que os espanhóis encontraram o cacau, em 1519, começaram a exportá-lo para a Espanha. Também na Europa, o cacau era consumido apenas como bebida até o século XIX, embora fosse adoçado. Hoje, as vendas globais de chocolate se aproximam de US$ 100 bilhões anuais. O cacau cresce nos trópicos e as principais regiões de cultivo ficam na África, no sudeste da Ásia e na América do Sul e Central.[1]

O cacaueiro é nativo da floresta tropical, densa e biodiversa. Em uma visita ao Equador, tive a chance de colher e fermentar cacau na fazenda agroecológica Mashpi, um projeto de restauração florestal onde o cacaueiro cresce entre palmeiras, bananeiras e uma incrível variedade de nativas e exóticas árvores frutíferas. O cacau, em geral, é cultivado em monoculturas com "sombreamento zero" e muita pulverização química. A indústria do cacau está em crise, com doenças ameaçando a produção. Pesquisadores estão usando a modificação genética para criar cepas resistentes dessa *commodity* tão valorizada, que logo serão vendidas no mercadinho de seu bairro.[2]

Outros estimulantes tropicais globalizados também envolvem a fermentação: os frutos vermelhos, vigorosos e suculentos da *Coffea arabica* fermentam espontaneamente para digerir a polpa e libertar os grãos individuais. Após a fermentação, os grãos de café são secos e torrados. Você já deve conhecer o resto do processo.

O café é nativo da Etiópia. De lá, ele se espalhou pelo Mar Vermelho até a Península Arábica e depois por todo o mundo islâmico até o fim do século XV.[3] Na Europa, o café surgiu em Veneza e era conhecido como um alimento e um remédio antes de se tornar uma bebida popular. O café como bebida foi lançado em Paris em 1643, e em 30 anos a cidade já tinha 250 estabelecimentos especializados em servi-lo.[4] Hoje, as principais nações produtoras de café são o Brasil, a Colômbia, o Vietnã, a Indonésia e o México.[5]

Abrindo o cacau para remover sementes e polpa.

O chá é outro estimulante que pode ser fermentado. O chá verde é feito com as folhas secas da *Camellia sinensis*. O chá preto é curado a seco, o que intensifica suas propriedades estimulantes. Esse processo de cura costuma ser descrito como um tipo de fermentação. Mas, apesar de alguma fermentação ocorrer durante a secagem, a maioria das mudanças resulta da oxidação e não da ação de micro-organismos. O *puer* é um chá especificamente fermentado, em cujo processo folhas de chá úmidas são compactadas e fermentadas por um bom tempo antes da secagem. O chá é consumido na Ásia há milhares de anos. Na Europa, surgiu pela primeira vez em Lisboa na década de 1550 e levou 100 anos para chegar a Londres, onde se popularizou rapidamente.

Todo o chá destinado à Europa e à América do Norte era exportado do porto chinês de Cantão até o início do século XIX. Os comerciantes não podiam desembarcar e as técnicas de cultivo e fermentação do chá eram guardadas a sete chaves. Os chineses, autossuficientes e munidos de tecnologia avançada, não queriam nada que os ingleses tinham a oferecer, exceto ouro, prata e cobre, até que

Sementes de cacau em sua polpa.

os britânicos descobriram o ópio (outro produto que muitas vezes envolve a fermentação). A Companhia das Índias Orientais, a franquia mercantil da Coroa Britânica, estabeleceu uma indústria de produção de ópio na Índia e introduziu o ópio na China em troca de chá, dando origem ao tráfico global de drogas. Foi só no século XIX que os ingleses aprenderam as técnicas de cultivo do chá e começaram a cultivá-lo na Índia, na África Oriental e em outras colônias.[6] Hoje, a China é a maior produtora de chá do mundo, seguida de Índia, Quênia, Sri Lanka e Turquia.[7]

Nunca é demais enfatizar a enormidade das mudanças econômicas e culturais impostas ao mundo inteiro pela produção em massa e pelo comércio global de chocolate, café e chá. Esses estimulantes, que hoje sabemos ser viciantes, eram "as drogas ideais para a Revolução Industrial", segundo o etnobotânico Terence McKenna. "Eles davam uma injeção de energia e as pessoas podiam continuar trabalhando em tarefas repetitivas que exigiam concentração. A pausa para o chá e o café é o único ritual envolvendo drogas que nunca foi criticado por quem lucra com o sistema industrial moderno."[8]

A outra *commodity* importante nesse contexto é o açúcar. O chocolate, o café e o chá surgiram na Inglaterra quase ao mesmo tempo, por volta de 1650. Embora os três estimulantes fossem consumidos sem ser adoçados em seus contextos culturais originais, a Europa os combinou ao açúcar e eles se tornaram um importante parceiro de marketing dessa nova *commodity* de massa. Isso marcou o nascimento do marketing, o primeiro caso de criação da demanda por uma *commodity* até então desconhecida. Hoje em dia parece que todas as empresas tentam nos convencer de que não temos como viver sem seus produtos, mas é importante saber que esse conceito nem sempre existiu.

"A moda dessas bebidas quentes tornou-se um importante fator para o aumento da demanda de açúcar", observa o historiador Henry Hobhouse em seu livro *Seeds of change*.[9] Entre 1700 e 1800, o consumo de açúcar *per capita* na Grã-Bretanha aumentou mais de quatro vezes, de uma média de 1,8 para 8 quilos por ano. "O açúcar deixou de ser um luxo e uma raridade para se tornar a primeira necessidade exótica produzida em massa de uma classe trabalhadora proletária", escreve Sidney W. Mintz em *Sweetness and power*.[10] As pessoas comuns usavam cada vez mais açúcar e o desejavam mais do que podiam pagar, enquanto "os processos de produção, transporte, refino e tributação do açúcar tornaram-se uma fonte proporcionalmente mais eficaz de poder para os poderosos".[11] O consumo de chocolate, café e chá aumentou de maneira parecida.

A cana-de-açúcar, *Saccharum officinarum*, é nativa da Nova Guiné e se espalhou 8 mil anos atrás para outros trópicos asiáticos.[12] O açúcar já era conhecido, comercializado e utilizado há muito tempo no Oriente Médio e, em menor escala, na Europa. Raro e muito caro, o açúcar era usado como remédio e como tempero – mas não como alimento, como é hoje.[13] Primeiro os portugueses e então os espanhóis estabeleceram seus primeiros postos avançados coloniais em 1418 como plantações de cana no Arquipélago da Madeira, nas Ilhas Canárias, em São Tomé e em Cabo Verde. A localização das plantações de açúcar nas ilhas do Atlântico estabeleceu e institucionalizou a costa oeste da África como a principal fonte de trabalho escravo.

Ao colonizar as terras caribenhas e tropicais das Américas, os impérios europeus estabeleceram plantações de açúcar muito maiores usando o trabalho escravo africano. A trágica prática da escravidão existiu em muitos contextos culturais distintos e foi praticada de muitas maneiras diferentes. Segundo relatos contemporâneos, a escravidão pode ser encontrada até hoje nas plantações de cacau da Costa do Marfim e em outros lugares.[14]

Mas foi o comércio de açúcar que estabeleceu o racismo global sistemático da escravidão africana. Enquanto as inovações no refino do açúcar levavam a um produto cada vez mais branco, seu sistema produtivo desumanizava as pessoas com base na pele escura. Assim, o açúcar deu origem à ordem mundial racista, que sobrevive até hoje e continua a privilegiar sistematicamente a pele branca e a penalizar a pele escura, desvalorizando vidas negras a tal ponto que ativistas são forçados a declarar o óbvio, que Black Lives Matter (Vidas Negras Importam).

O açúcar e as outras *commodities* estimulantes a ele associadas também deram origem ao domínio colonial em escala global, com a agricultura baseada na exportação. Não faz qualquer sentido para nenhum povo (ou nenhuma terra) cultivar grandes quantidades de estimulantes para exportação em vez de diversos alimentos nutritivos para o consumo local. Isso só é feito expulsando as pessoas da terra que lhes dava sustento. No começo, isso foi feito pela escravidão e pela administração colonial direta. Hoje, o domínio passou para instrumentos mais sutis de capital global, como acordos de livre comércio, o Fundo Monetário Internacional, o Banco Mundial, corporações transnacionais e a Organização Mundial do Comércio. Se as pessoas que trabalham no campo tivessem qualquer controle sobre a terra, elas plantariam lavouras de subsistência e não estimulantes de luxo para pessoas de outros continentes.

"A primeira xícara de chá quente adoçado a ser bebida por um trabalhador inglês foi um evento histórico importantíssimo, por prenunciar a

Semente de cacau secando depois da fermentação.

Suco de cacau incrivelmente doce, delicioso, fresco e fermentado, drenado de cacau recém-colhido.

transformação de toda uma sociedade, uma reconstrução completa de sua base econômica e social", escreve Mintz. "É nosso dever conhecer as consequências desse e de outros eventos similares, pois sobre eles foi erigida uma concepção completamente diferente da relação entre produtores e consumidores, do sentido do trabalho, da definição de quem somos, da natureza das coisas. O que são as *commodities* e o que elas implicam são conceitos que passaram por grandes mudanças depois disso."[15]

Nós, consumidores abastados, não damos o devido valor ao fluxo constante de produtos vindos de terras distantes, a um custo enorme em termos de recursos preciosos como combustíveis fósseis (para o transporte), terra (que poderia ser usada para cultivar alimentos), mão de obra (que poderia ser direcionada às necessidades locais) e biodiversidade.

Resistindo à comodificação da cultura

Não tenho um plano grandioso para resistir aos pérfidos processos da globalização, comodificação e homogeneização cultural. O criador de ovelhas francês José Bové, que se tornou um herói internacional depois de ter destruído um McDonald's em 1999, propõe um modelo possível. "O McDonald's não passa de um símbolo do imperialismo econômico", escreve Bové. "Representa a globalização anônima, com pouca relevância para a verdadeira alimentação [...] Podemos ver ondas de oposição a essa comodificação em todos os cantos do mundo." O que provocou seu protesto contra o McDonald's foram as sanções comerciais impostas pelos Estados Unidos à Europa, proibindo a importação de carne de bois tratados com hormônios. "Rejeitamos o modelo de comércio globalizado ditado pelas multinacionais", exorta Bové. "Vamos voltar à lavoura [...] As pessoas têm o direito de poder se alimentar."[16]

Hoje em dia, se você repetisse o protesto de Bové nos Estados Unidos, provavelmente seria rotulado de terrorista. Não temos como suplantar a homogeneização da cultura. Mas também não devemos nos resignar a ela. A resistência está nas margens, onde as pessoas que conseguem evitar sucumbir às correntes culturais dominantes se reúnem. Nas margens, criamos e reforçamos diversas culturas alternativas que expressam nossas variadas necessidades e desejos.

A resistência ocorre em muitos planos. Podemos até ser sensacionalistas e fervorosos, mas a maioria das nossas decisões é cotidiana e privada. O que comer é uma escolha que fazemos várias vezes ao dia, se tivermos sorte. As escolhas cumulativas que fazemos sobre a comida têm profundas implicações.

A comida nos dá muitas oportunidades de resistir à cultura do marketing de massa e da comodificação. A ação dos consumidores pode assumir muitas formas criativas e eficazes, mas não precisamos nos restringir ao papel de consumidores escolhendo entre vários produtos sedutores. Podemos combinar nosso apetite com o ativismo e nos envolver como cocriadores dos alimentos. A comida sempre foi uma das nossas ligações mais diretas com as forças vitais da Terra. As colheitas abundantes sempre foram motivo de celebração e gratidão ao divino.

Na nossa sociedade urbanizada, a grande maioria das pessoas vive isolada do processo de cultivo de alimentos e até dos produtos agrícolas não processados. A maioria dos americanos está acostumada a comprar e consumir alimentos que já foram processados em uma fábrica. "Tanto o que come quanto o que é comido estão exilados da realidade biológica", escreve Wendell Berry. "O resultado é uma espécie de solidão, sem precedentes na experiência humana, na qual o que come pode ver o ato de comer como uma mera transação comercial entre ele e um fornecedor e como uma transação puramente apetecível entre ele e sua comida."[17] A comida industrializada é morta. Ela rompe a nossa conexão com as forças vitais que nos sustentam e nos priva do nosso acesso à magia do mundo natural. "Chegou a hora de resgatar a colheita roubada", escreve a ativista indiana Vandana Shiva, "e celebrar o cultivo e a colheita de boa comida como a maior dádiva e a ação mais revolucionária."[18]

Nem todo mundo pode ou deve ser um lavrador. Há muitas maneiras de cultivar um vínculo com a Terra e resistir à tendência de uniformização e padronização do mercado globalizado. Um jeito pequeno, porém concreto, de resistir à homogeneização da cultura é o cultivo de culturas microbianas selvagens. Redescubra e reinterprete a vasta gama de técnicas de fermentação usadas pelos nossos antepassados. Reforce e diversifique a ecologia cultural de seu corpo enquanto mobiliza e reverencia as forças vitais que o cercam.

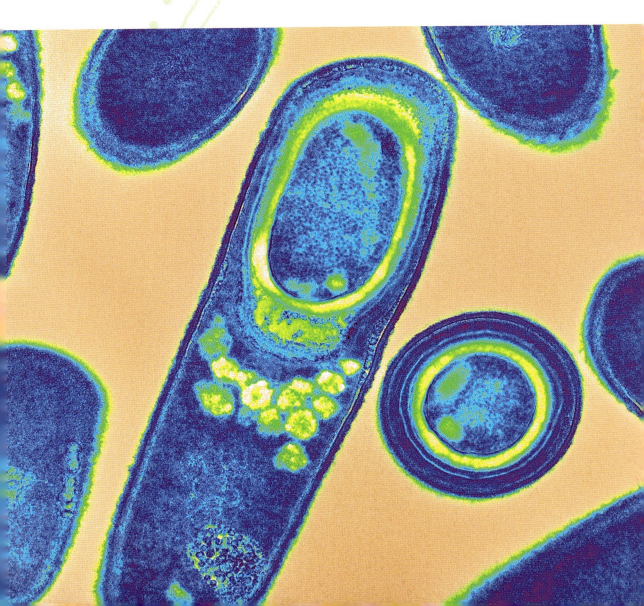

4. Manipulação cultural
Faça você mesmo

Aprendemos a temer as bactérias, e é fácil projetar esse medo na fermentação e achar que esses micro-organismos devem ser perigosos. Com isso, muitas pessoas têm medo de fazer alimentos e bebidas fermentados em casa. Como costumamos pensamos nos micro-organismos como causadores de doenças, tendemos a achar que a fermentação deve ser perigosa e que, para que esses processos sejam seguros, é necessário ter um grande conhecimento especializado, uma meticulosa esterilização química, rigorosos controles do ambiente e cepas específicas criadas em laboratório.

Só que, na verdade, os micro-organismos (em geral) são fundamentais para todos os sistemas vivos, e comunidades saudáveis de micro-organismos constituem a nossa maior proteção. A fermentação é uma estratégia para garantir a segurança alimentar, e a maioria dos alimentos fermentados tem um longo histórico de consumo seguro. De acordo com o Departamento de Agricultura dos Estados Unidos, não houve casos documentados de intoxicação alimentar ou doenças associadas a vegetais fermentados.[1] As pessoas podem projetar seu medo do botulismo nos alimentos fermentados, mas esse temor é infundado e se deve principalmente ao risco de botulismo no processo do enlatamento, que é real. Não há casos de botulismo associados a vegetais, frutas, cereais ou leite fermentados; os casos documentados só ocorreram com carnes, peixes e tofu fermentados (não incluídos neste livro), e as medidas para evitar o problema são conhecidas e fáceis.

Não tenha medo. Não se deixe intimidar. Rejeite o culto à expertise. Lembre que todos os processos de fermentação precedem a tecnologia que possibilitou que eles se tornassem mais complexos. A maior parte da fermentação não requer equipamento especializado. Há belíssimos potes de cerâmica para fermentar vegetais, mas um vidro de conserva qualquer já vai dar conta do recado. Garrafões e válvulas *airlock* possibilitam fermentar vinhos e hidromel por muito mais tempo, produzindo bebidas mais fortes e secas, mas você pode fermentar bebidas levemente alcoólicas em qualquer jarra, tigela, pote ou balde. A fermentação é fácil e empolgante. Qualquer um pode fazer. Os micro-organismos são flexíveis e adaptáveis. É verdade que os processos de fermentação têm suas sutilezas, que você aprenderá com o tempo. Mas os processos básicos são simples e diretos. E você mesmo pode fazer.

Faça você mesmo

O movimento do "faça você mesmo" se baseia na autocapacitação e abertura ao aprendizado. Você pode plantar uma horta, cozinhar "do zero", fazer roupas e artesanato, construir e consertar coisas e praticar artes curativas – para citar apenas alguns exemplos. Esse espírito é encontrado entre pessoas mais velhas que aprenderam essas habilidades na infância e entre rebeldes e outros refugiados da cultura tradicional.

Foi o trabalho de cuidar de um sítio que me levou aos primeiros experimentos com a fermentação. Na comunidade isolada onde morei, criávamos e mantínhamos a nossa infraestrutura, incluindo eletricidade solar, linhas telefônicas e sistemas de captação de água. Criávamos cabras e galinhas, cultivávamos grande parte do nosso alimento e construíamos e mantínhamos nossas habitações. Algumas pessoas compunham música, teciam e tingiam, tricotavam, faziam crochê, costuravam e consertavam carros. Morar num sítio é perfeito para quem quer ser um generalista, aprendendo conhecimentos que estão em risco de extinção. Para mim é gratificante e empoderador aprender técnicas para fazer qualquer coisa.

A fermentação do tipo "faça você mesmo" é uma jornada de experimentação e descoberta. Na verdade, redescoberta, porque, como o fogo ou as ferramentas simples, esses são alguns dos processos transformativos mais básicos que nossos ancestrais usaram, constituindo as bases da cultura humana. Cada processo de fermentação leva a resultados únicos, determinados não só pelos ingredientes, mas pelo ambiente, pela estação do ano, pela temperatura, pela umidade e por quaisquer outros fatores que afetem o comportamento dos micro-organismos cujas ações possibilitam essas transformações. Algumas fermentações são concluídas em poucas horas. Outras requerem anos.

Em geral, a fermentação demanda pouca preparação ou trabalho. A maior parte do tempo é passada esperando. A fermentação do tipo "faça você mesmo" é o contrário do *fast food*. Muitos alimentos fermentados melhoram com o tempo. Use esse tempo para observar e refletir sobre as ações mágicas dos nossos aliados invisíveis. O povo *chorote* da América do Sul vê o tempo da fermentação como "o nascimento do bom espírito".[2] Eles atraem o bom espírito com música e cantoria, exortando-o a se estabelecer no lar que prepararam para ele. Você também pode preparar um ambiente aconchegante para o espírito, os organismos, o processo, ou o termo que preferir. A força está com você. Ela virá.

Tara Whitsitt da Fermentation on Wheels a bordo de seu ônibus de educação em fermentação com Austin Durant do Fermenters Club.

Adoro quando meus potes começam a borbulhar e as forças da vida se revelam. Mas, inevitavelmente, mesmo depois de décadas de experiência, às vezes o processo não ocorre como planejado: os vinhos azedam, as leveduras se exaurem, larvas infestam potes em maturação. Às vezes você só sabe que levou o processo longe demais depois que passou do ponto. Nada disso é *perigoso*; tudo faz parte do processo e é impossível deixar de ver; prestar atenção aos nossos sentidos e observar o progresso da fermentação nos ajuda a identificar os desvios e a aprender com eles. O clima pode estar quente ou frio demais para os organismos cujos sabores estamos buscando. Lidamos com forças vitais voláveis, em alguns casos por um bom tempo, e, apesar das nossas tentativas de criar condições favoráveis, vale a pena lembrar que estamos longe de estar no controle. Quando alguns de seus experimentos derem errado, o que será inevitável, veja o que pode aprender e não desanime. Leia, pesquise na internet ou encontre mentores para ajudá-lo a descobrir o que deu errado. E lembre que o pão gourmet de fermento natural ou o refinado *blue cheese* do empório mais sofisticado têm suas raízes em fermentações selvagens feitas em uma cozinha ou no sítio. Quem sabe quais sabores curativos e irresistíveis podem estar flutuando na sua cozinha?

"A nossa perfeição está na nossa imperfeição" é um de meus mantras nesta vida. Meu amigo Triscuit me ensinou essa lição muitos anos atrás quando, com outros novatos, nos metemos a construir nossa casa comunal. Usamos a madeira da demolição de uma antiga fábrica da Coca-Cola, que apoiamos em postes feitos de árvores da floresta. Fomos aprendendo à medida que avançávamos. Se quiséssemos uniformidade, teria sido melhor comprar alguns contêineres. Mas queríamos viver numa casa rústica de madeira e foi o que construímos (e depois passamos para outros moradores da comunidade). Nosso mantra sem dúvida também se aplica à fermentação. "A nossa perfeição está na nossa imperfeição." Se você quiser uma comida perfeitamente uniforme e previsível, este é o livro errado para você. Mas se estiver disposto a colaborar com seres minúsculos com hábitos um tanto caprichosos e grandes poderes transformadores, continue lendo.

Fronteiras vagas

Todo alimento pode ser fermentado, mas nem todo alimento tem uma tradição de fermentação. Processos de fermentação envolvendo carnes ou peixes estão além do escopo deste livro, embora o mundo esteja repleto deles. Salames e molhos de peixe são dois exemplos que se destacam, entre vários outros. Um molho de peixe fermentado chamado *garum* ou *liquamen* foi um importante condimento na Roma antiga, não muito diferente (menos salgado e mais malcheiroso) dos molhos de peixe fermentados populares nas cozinhas asiáticas do Sudeste da Ásia. Nas regiões árticas, as pessoas enterram peixes inteiros no chão e os deixam durante meses para fermentar até atingir uma consistência parecida com creme de queijo. A palavra *sushi* tem origem na tradição japonesa de fermentar peixe e arroz juntos. (Veja meu livro *A arte da fermentação* para saber mais sobre a fermentação de carnes e peixes.)

A ideia de fermentar carnes e peixes (na verdade, qualquer coisa) costuma levantar a questão da distinção entre um alimento fermentado à perfeição e um alimento podre. Essa distinção pode ser muito subjetiva. Você já reparou que algumas pessoas adoram queijos fedidos e outras simplesmente não os suportam? Os alimentos fermentados podem causar essa reação de amor ou ódio.

Muitos anos atrás, quando eu estava começando a explorar a fermentação, decidi tentar fermentar parte da carne de uma cabra. Cortei em cubos alguns pedaços da carne e os coloquei num grande vidro de conserva, que preenchi com uma mistura de todos os fermentos vivos que eu tinha por perto: vinho, vinagre, missô, iogurte e caldo de chucrute. Cobri o vidro e o deixei num canto do porão. A mistura borbulhou e o cheiro ficou ótimo. Duas semanas depois, despejei a carne e a marinada num pote com tampa e coloquei no forno para assar.

A cozinha foi tomada pelo cheiro de um queijo superintenso que só o mais ousado aventureiro gastronômico teria coragem de provar. Teve gente que perdeu o fôlego e quase desmaiou e muitos ficaram enjoados e tiveram de sair. Muita gente reclamou do cheiro. Tivemos de abrir as janelas, apesar do frio do inverno. Só uns seis gatos pingados provaram a carne. Ficou bem macio para uma carne de cabra, e o sabor era muito mais suave que o cheiro. Meu colega Mish simplesmente se encantou com a invenção. Ele passou um bom tempo ao lado do pote beliscando a carne, elogiando o aroma intenso e se vangloriando do refinado "gosto adquirido" que raríssimas pessoas sabiam apreciar.

Muitas culturas têm pratos fermentados, com sabores e aromas tão fortes ou texturas tão incomuns que se tornam símbolos importantes de sua identidade cultural – ainda mais porque os *outsiders* geralmente os consideram repulsivos. Tive a chance de provar o arenque fermentado sueco chamado *surströmming*, apesar dos relatos de muitos não suecos de que o sabor é horrendo. Achei o cheiro bem ruim, mas o sabor bastante agradável, principalmente se acompanhado de pão sírio, cebola e creme azedo. Já provei a iguaria várias vezes e não vejo a hora de meu próximo encontro com o *surströmming*. Embora muitos alimentos

asiáticos de soja tenham ganhado popularidade no Ocidente, o viscoso *natto* japonês parece ter um apelo mais limitado. O marido da mulher que me ensinou a fazer *natto*, Betty Stechmeyer – que tentou convencê-lo a comer *natto* por motivos de saúde –, chamava a iguaria de "ranho de soja". Betty também me ensinou a palavra *organoléptico*, que os cientistas dos alimentos usam para descrever as sensações da comida na boca (e as sensações subjetivas dos outros órgãos sensoriais). A fermentação não raro transforma as qualidades organolépticas dos alimentos, e às vezes pode ser mais uma qualidade organoléptica do que o sabor o que define nosso amor ou ódio por alimentos específicos.

O maior orgulho gastronômico de uma cultura pode ser o pior pesadelo de outra. "O conceito de 'podridão' [...] pertence à esfera cultural e não à biológica", observa Annie Hubert, diretora do Centro Nacional de Pesquisa Científica da França. "A palavra define o ponto em que um alimento se torna inadequado para o consumo de acordo com critérios associados ao sabor, à apresentação e ao conceito de higiene em diferentes sociedades humanas."[3]

Essa fronteira é fluida e os alimentos fermentados tendem a aumentar essa fluidez. Vejamos o dualismo da vida e da morte. A fermentação é a ação da vida sobre a morte: os organismos vivos consomem planta e matéria animal mortas, liberando nutrientes para o sustento da vida. As bactérias são, por sua própria natureza, fluidas, podendo incorporar e descartar material genético conforme necessário. As bactérias são metamorfos, capazes de rápidas e infinitas adaptações.

As pessoas também podem ser metamorfos. Penso em meus amigos transexuais, que tiveram de forjar uma nova identidade a despeito das normas e expectativas familiares e sociais. Nossa sociedade costuma tratar o sexo como fixo e binário, mas sempre há pessoas que não se adequam perfeitamente a um ou outro sexo ou padrões sexuais. O sexo é um conceito fluido que pode mudar com o tempo, e a identidade sexual é um direito de todos. Os transexuais estão se organizando, se manifestando e ganhando visibilidade e eu os vejo como uma força positiva de mudança no nosso mundo. Sou a favor da liberdade e do direito de escolha e acolho de braços abertos todas as nuances de gênero. Como todas as pessoas marginalizadas, eles merecem e precisam de respeito e apoio.

Assim como acontece com o espectro da identidade e da expressão de gênero, é a fluidez da fermentação – a variada ecologia microbiana em diferentes locais, temperaturas, umidades e condições – que faz cada lote ser um pouco diferente do outro. Não é fácil padronizar a fermentação. Muitas receitas de fermentação incluem a instrução misteriosa de "fermentar até o sabor ficar maduro". Cabe a você decidir quando parar de fermentar. Recomendo provar seus alimentos fermentados de tempos em tempos para aprender sobre o espectro da fermentação, descobrir o grau de maturação mais agradável para você e experimentar os sabores do outro lado da nebulosa fronteira da podridão.

As pessoas me perguntam se os alimentos indevidamente fermentados podem causar intoxicação alimentar. Nunca passei por isso nem ouvi qualquer relato de outros entusiastas da fermentação. Como eu já disse, de acordo com o Departamento de Agricultura dos Estados Unidos, não há casos documentados de doenças associadas a vegetais fermentados. Os casos sobre os quais li ocorreram principalmente com carnes, peixes e tofu fermentados – sendo que nenhum deles foi incluído neste livro – e, em menor escala, com queijos (normalmente no contexto da produção em massa). Em geral, os ambientes ácidos ou alcoólicos criados pela fermentação são inóspitos às bactérias associadas à intoxicação alimentar. Mas não posso afirmar com absoluta certeza que a intoxicação alimentar não tem como resultar de alguma falha no processo de fermentação.

Minha sugestão é: se o aspecto ou o cheiro for nojento, use na compostagem. Em geral, noto que a parte esquisita ou malcheirosa se restringe à camada superior, onde formas de vida aeróbicas, como leveduras e bolores, entram em contato com o ar rico em oxigênio. Se o bolor for branco ou acinzentado, ele não vai fazer mal. Basta retirar o máximo que puder. Se o bolor se dissipar e restarem pequenos pedaços, remova o que puder e não se preocupe. Depois de remover o bolor, analise a textura dos vegetais próximos à superfície; se estiverem amolecidos devido ao bolor, remova e descarte. Vá retirando tudo o que for necessário. Quanto mais tempo você deixar o bolor crescer na superfície do alimento fermentado, mais seus micélios penetram no alimento. Os bolores podem levar a vegetais amolecidos e com baixa acidez, e os vegetais podem acabar pegando o sabor do mofo, um sabor de que eu não gosto. Em caso de dúvida, confie em seu nariz. Se ainda estiver em dúvida, prove um pouquinho. Misture com sua saliva e agite por todo o interior da boca, como se estivesse degustando um vinho. Confie nas suas papilas gustativas. Se não for bom, não coma.

A única causa de alarme é se bolores de outras cores começarem a crescer, mas nunca vi isso acontecer. Se ocorrer com você, descarte o projeto todo, pois certos bolores de cores mais vivas podem ser extremamente tóxicos.

Equipamentos e ingredientes básicos

Os equipamentos básicos necessários para a maioria das fermentações são os recipientes para armazená-las. Cabaças são muito usadas, bem como

No Schumacher College na Inglaterra com Frank Cook, um colega entusiasta da fermentação e especialista em cultivo de plantas.

membranas de animais, recipientes de cerâmica, barris de madeira e potes de vidro. Um recipiente de boca larga facilita fazer conservas e muitas outras fermentações, permitindo colocar toda a mão no interior. Gosto de usar antigos potes de cerâmica pesada. Infelizmente, eles são caros, frágeis e podem ser difíceis de encontrar. Os potes de cerâmica vêm em várias formas e tamanhos. Em geral, uso simples potes cilíndricos e só cubro com um pano. Alguns potes mais sofisticados vêm equipados com dispositivos *waterlock* para impedir a entrada do ar e permitir que a pressão interna seja liberada. Todo *design* tem seus prós e contras. As pessoas podem realizar o processo simples da fermentação de muitas maneiras diferentes. Eu diria que nenhum recipiente é melhor que os outros.

Se você encontrar potes de cerâmica usados, veja bem se eles não estão rachados e, especialmente se o esmalte no interior for de uma cor vívida, use um kit de teste de chumbo, disponível em lojas de ferragens, para ver se ele não tem chumbo em sua composição. Você pode dar sorte e encontrar um pote novo em alguma antiga lojinha de bairro. Tente encontrar os potes na sua região ou negocie um frete grátis, porque eles são pesados e caros para enviar. Eu fermento muitas coisas em vidros de conserva de boca larga e às vezes uso barris de madeira de 200 litros.

Baldes e barris de plástico para alimentos funcionam muito bem e são fáceis de encontrar. Muitas empresas de fermentação de vegetais que visitei usam recipientes plásticos para fermentar os alimentos. Eu, pessoalmente, prefiro evitar e não acho difícil os produtos químicos do plástico acabarem se infiltrando na comida, mas vivemos num mundo de plástico e acaba sendo complicado escapar dele. A maior parte da comida que você compra vem embrulhada nesse material. Se você usar plástico, verifique se ele é de qualidade alimentar. Não use baldes de plástico que foram utilizados para armazenar materiais de construção, por exemplo. E não fermente em recipientes metálicos, que podem reagir com o sal e com os ácidos produzidos pela fermentação.

Recipientes de gargalo estreito (como jarros ou garrafões maiores) podem ser importantes para os estágios posteriores da fermentação de bebidas alcoólicas. O gargalo estreito reduz a área de superfície e facilita a proteção contra o oxigênio. Em geral, o recipiente de gargalo estreito é usado com uma válvula *airlock*, um dispositivo que permite liberar a pressão do garrafão ao mesmo tempo que protege seu conteúdo do ar externo, rico em oxigênio. Falarei mais sobre o tema na seção "Garrafões e válvulas *airlock*" (p. 242).

Um termômetro é uma boa ferramenta para qualquer processo de fermentação que requer manter as temperaturas em uma faixa específica ou resfriar os ingredientes cozidos a uma temperatura moderada antes de introduzir as culturas. Até é possível aprender a reconhecer as temperaturas usando os sentidos, como os fermentadores antigos faziam, mas um termômetro ajuda muito nessa tarefa.

Outro equipamento que lhe dará muita versatilidade ao fermentar cereais e leguminosas é um moedor de grãos. Moer seu próprio grão garante que seus ingredientes sejam frescos, vivos e capazes de germinar – ao contrário dos grãos pré-moídos, que perdem nutrientes pela oxidação e podem ficar rançosos. Moer seu próprio grão também lhe possibilita controlar a textura. A moagem grosseira, rústica, é linda e deliciosa. Os modelos básicos e mais baratos são ótimos para quebrar cereais e leguminosas em pedaços irregulares; os modelos maiores são melhores se você pretende moer farinha fina regularmente. Você poderá encontrar muitos modelos básicos em lojas especializadas.

Os revivalistas da fermentação não podem deixar de ter fita crepe e pincéis atômicos em sua cozinha. Não deixe de etiquetar os seus experimentos! Anote o que você está fermentando, a data de produção e a data prevista de conclusão. Também é uma boa ideia manter um diário para anotar detalhes e observações sobre as suas experiências, mas é indispensável rotular os vidros e potes. Veremos outros equipamentos à medida que avançamos.

Manipulação cultural

O ingrediente mais comum usado nas receitas deste livro é a água. Não use água clorada para projetos de fermentação. O cloro é usado na água justamente por matar micro-organismos. Se você sentir cheiro ou sabor de cloro na água da torneira, filtre-a, ferva-a ou deixe-a em um recipiente aberto durante a noite para evaporar o cloro antes de usá-la para fermentar. Ou use água não clorada de outra fonte.

Outro ingrediente frequente é o sal. O sal inibe determinados organismos, mas (até certo ponto) é bem tolerado pelas bactérias ácido-lácticas e leveduras. Gosto de usar sais marinhos não refinados, mas você pode usar qualquer sal marinho, sal conservante ou sal *kosher*. A maioria dos fermentadores evita o sal comum com adição de iodo porque o iodo é antimicrobiano, como o cloro, e pode inibir a fermentação. Dito isso, eu já fiz conservas usando sal iodado e deu certo. Lembre que, se você estiver usando sal grosso, o mesmo volume de sal vai pesar um pouco mais e você vai precisar de um volume um pouco menor que o sal fino que as receitas deste livro presumem.

Abordaremos outros ingredientes à medida que avançamos. Eu encorajaria o leitor a usar alimentos orgânicos na fermentação, pensando em seu menor impacto sobre o planeta e os produtores rurais e por serem mais nutritivos e saborosos – e, se a produção for local, eles também serão mais frescos. Os alimentos locais são melhores por muitas razões, fora o frescor e o sabor ou até o impacto ambiental das pegadas de carbono. Comprar alimentos locais gera empregos, expande o conhecimento e ajuda a criar maior autossuficiência e soberania alimentar na região. Melhor ainda, cultive os próprios alimentos. Assim, você sabe que o produto não poderia ser mais fresco, além do prazer de participar do milagre das plantas (e de outras vidas do solo). Mas não se preocupe muito com a fonte dos ingredientes dos alimentos fermentados. Os micro-organismos não são muito exigentes. Eles vão usar o que você lhes der.

Novas fronteiras de experiência e conhecimento

Quando escrevi este "guia faça você mesmo" em 2001, eu estava aprendendo outra nova habilidade rural. Depois de anos desfrutando do leite cru, nutritivo e fresco do nosso rebanho de cabras, sem me envolver na manutenção e nos cuidados, comecei a aprender a ordenhar os animais e fiz amizade com Sassy, Lydia, Lentil, Lynnie, Persephone, Luna e Sylvia. A ordenha fortaleceu minhas mãos e aprendi a tirar todo o leite. Acabei descobrindo que a técnica se baseava em encontrar um ritmo.

A fermentação não é muito diferente. Você acaba conhecendo os micro-organismos ao trabalhar com eles e encontra um ritmo com eles. Antes das revoluções relativamente recentes da refrigeração e produção em massa de alimentos, os processos de fermentação eram todos caseiros ou, pelo menos, locais. Eles eram considerados tradições sagradas, realizadas de forma comunal e muitas vezes ritualística. Ao reviver essas práticas de fermentação na sua casa, você poderá evocar não só uma nutrição extraordinária, mas também incorporar vida e magia à comida que você ingere e compartilha.

Este é um livro de receitas focado nos processos. Em outras palavras, o que importa são as técnicas descritas aqui. Os ingredientes específicos são de certa forma arbitrários e a ideia é variá-los. Muitas receitas de iguarias fermentadas de lugares distantes são recriações de descrições escritas. Dois livros que foram muito úteis em minhas pesquisas são *The permaculture book of ferment and human nutrition*, de Bill Mollison, e *Handbook of indigenous fermented foods*, de Keith Steinkraus. Esses autores acumularam um enorme cabedal de informações práticas. Também consultei muitos outros livros, sites e pessoas e lhes dou os créditos sempre que posso. Um problema das informações é que elas costumam ser vagas e, quando você começa a consultar outras fontes, elas não raro são conflitantes. Não posso garantir a autenticidade de muitas dessas reconfigurações culinárias, mas posso dizer que as receitas dão certo e são deliciosas. Desvie-se das receitas; investigue tradições de seu interesse; incorpore seus próprios ingredientes favoritos, ou os mais abundantes, seja da sua horta, de um produtor local, de uma oferta irresistível que encontrou no mercado ou sacolão ou de missões para recuperar recursos no lixo. Feliz fermentação!

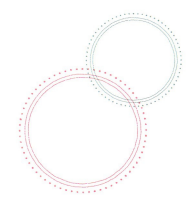

5. Vegetais fermentados

A fermentação de vegetais é a maneira ideal de começar a fermentar. Não requer nenhum equipamento especial e você pode usar um vidro de conserva que já deve ter em casa. Você também não vai precisar de culturas *starter*, já que todas as bactérias necessárias já estão nos vegetais. Não é preciso usar soro de leite, inoculantes bacterianos ou outros *starters* no chucrute, pois as bactérias ácido-lácticas estão presentes em todas as plantas e tendem a dominar o ambiente submerso. Vou repetir: os vegetais fermentados são tão seguros que é mais seguro comê-los assim do que crus. Os vegetais fermentados são probióticos, melhoram a digestão e têm sido reconhecidos por benefícios variados, desde a prevenção do câncer até a redução da ansiedade social.

Os vegetais fermentados podem complementar qualquer refeição. Seus sabores penetrantes acentuam o restante da comida, estimulam a digestão e limpam o paladar. Eles não podem faltar em muitas tradições culinárias. Os coreanos, por exemplo, são tão dedicados ao *kimchi* que o incorporam a todas as refeições. Gosto de comer alguns vegetais fermentados todos os dias. Leva só 15 minutos para picar ou rasgar os vegetais e encher um pote que você pode deixar fermentando e depois passará semanas usufruindo. Os deliciosos e nutritivos vegetais fermentados estarão disponíveis sempre que você quiser, sem precisar fazer mais nada. Tenha alguns potes de estilos diferentes para variar os vegetais. É muito fácil.

A maior diferença entre vegetais podres e vegetais deliciosamente fermentados é o fato de eles serem expostos ao ar ou submersos em líquido. O bolor acaba crescendo em vegetais expostos ao ar, mas o líquido os protege do ar e dos bolores. Esse ambiente submerso de fermentação costuma ser salgado, mas nem sempre, e a proporção de sal

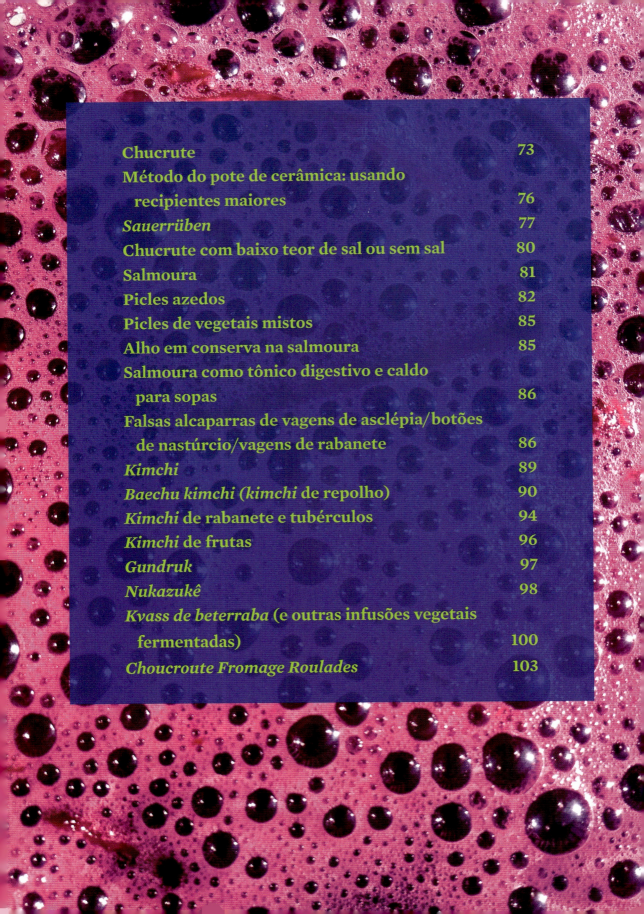

Chucrute	73
Método do pote de cerâmica: usando recipientes maiores	76
Sauerrüben	77
Chucrute com baixo teor de sal ou sem sal	80
Salmoura	81
Picles azedos	82
Picles de vegetais mistos	85
Alho em conserva na salmoura	85
Salmoura como tônico digestivo e caldo para sopas	86
Falsas alcaparras de vagens de asclépia/botões de nastúrcio/vagens de rabanete	86
Kimchi	89
Baechu kimchi (*kimchi* de repolho)	90
Kimchi de rabanete e tubérculos	94
Kimchi de frutas	96
Gundruk	97
Nukazukê	98
Kvass de beterraba (e outras infusões vegetais fermentadas)	100
Choucroute Fromage Roulades	103

pode variar muito. Uma fermentação mais prolongada ou feita em um clima quente precisa de mais sal do que uma fermentação mais rápida ou feita em um clima mais frio.

chucrute

Para mim, tudo começou com o chucrute. Sempre gostei de chucrute, desde a infância em Nova York, quase tanto quanto eu adorava comer picles. Quando minha horta no Tennessee produziu muitos repolhos, fiz o primeiro lote de chucrute. Acredita-se que ele tenha se originado na China e se espalhado no Ocidente graças aos nômades da Ásia Central. É preparado em incontáveis estilos regionais. Na Croácia e em outras regiões do sudeste da Europa, o repolho, em geral, é fermentado inteiro, em grandes barris. Uma variação russa usa maçãs ou *cranberries* para adoçar a conserva. É tão forte a associação dos alemães com o chucrute que eles ganharam o apelido depreciativo de *Krauts* ("conserva" em inglês); e quando os americanos estavam em guerra com a Alemanha, o chucrute era chamado de "repolho da liberdade".

A fermentação do chucrute não é obra de um único micro-organismo. Como a maioria das fermentações, envolve uma sucessão de organismos diferentes, mais ou menos como a vida numa floresta, em que uma série de árvores diferentes se sucedem como espécies dominantes, cada uma alterando as condições para favorecer a próxima. A fermentação envolve uma ampla comunidade de bactérias, com uma sucessão de micro-organismos dominantes diferentes, determinados pela crescente acidez. Não se deixe intimidar pela complexidade biológica da transformação. Basta criar as condições que ela acontece sozinha. É muito fácil fazer chucrute.

O método também é chamado de salga seca, porque em geral não é preciso adicionar água e os vegetais ficam imersos nos próprios sucos. Esse método é o mais simples e direto e resulta no sabor vegetal mais concentrado.

Tempo: 3 dias a 3 meses (ou mais)

Recipiente: Frasco de boca larga de 1 litro (ou vidro de conserva ou pote de cerâmica maior)

Ingredientes (para 1 litro):

1 quilo de vegetais por litro, sendo qualquer variedade de repolho sozinha ou combinada com outra, ou pelo menos meio repolho com qualquer combinação de rabanete, nabo, cenoura, beterraba, couve-rábano, tupinambo, cebola, chalota, alho-poró, alho, verduras, pimentas ou outros vegetais

Aproximadamente 1 colher (sopa) de sal (comece com um pouco menos e adicione mais se achar necessário após provar)

Outros condimentos a gosto, como sementes de alcaravia, bagas de zimbro, endro, pimenta-malagueta, gengibre, açafrão, *cranberries* secos ou o que a sua imaginação mandar

Modo de fazer:

Prepare os vegetais. Retire as folhas externas do repolho e reserve. Lave e esfregue as raízes que for usar (como rabanete ou gengibre), mas não descasque. Pique todos os vegetais em uma tigela. A ideia é aumentar a superfície de contato para retirar a água dos vegetais, para que fiquem mergulhados nos próprios sucos. Quanto mais finos os vegetais forem ralados ou cortados, mais fácil será extrair os sucos, mas a espessura pode variar, com excelentes resultados. (Fermentar vegetais inteiros ou pedaços grandes requer usar uma salmoura; veja "Salmoura", na p. 81.)

Salgue e tempere. Salgue levemente os vegetais e acrescente os temperos. O chucrute não precisa ser muito salgado. Prove depois do próximo passo (espremer) e acrescente mais sal ou temperos se desejar. É sempre mais fácil colocar mais sal que retirá-lo. Mas, se for necessário, cubra os vegetais com água sem cloro, deixe descansar por cinco minutos e retire o excesso de água.

Esprema os vegetais salgados com as mãos por alguns minutos (ou bata com um instrumento sem corte). Isso machuca os vegetais, quebra as paredes das células e permite que liberem seus sucos. Esprema até os vegetais soltarem suco como uma esponja molhada.

Comprima os vegetais no frasco. Pressione-os com força, usando os dedos ou um instrumento sem corte, para expulsar bolsas de ar e fazer com que o suco suba e os vegetais submerjam. Não encha o frasco até a boca, deixando um pouco de espaço para a mistura se expandir. Os vegetais tendem a flutuar na salmoura. Para mantê-los afundados, use uma das folhas externas do repolho, um pedaço de tubérculo ou uma pequena peça de vidro ou cerâmica. Feche a tampa do vidro de conserva. As bactérias ácido-lácticas são anaeróbias e não precisam de oxigênio (mas podem sobreviver na presença de oxigênio). Não esqueça que, como a fermentação produz dióxido de carbono, pode-se acumular pressão no frasco e seja preciso liberá-la todos os dias, especialmente nos primeiros dias, quando a fermentação será mais vigorosa.

Outras formas de manter os vegetais submersos

Se você não quiser liberar a pressão abrindo e fechando a tampa do frasco todos os dias, uma alternativa é fermentar em um vidro de conserva de boca larga e usar um vidro menor que se encaixa dentro da boca, cheio d'água, para servir como peso e manter os vegetais submersos. Você pode até usar um saco ziplock cheio de salmoura (caso vaze) como peso. Use a imaginação e o que tiver na sua casa. Centros de reciclagem podem ser fontes excelentes de vidros de conserva e outros recipientes.

Espere. Nos primeiros dias, abra a tampa todos os dias para aliviar a pressão. A fermentação será mais rápida em um ambiente quente e mais lenta em um ambiente frio. Algumas pessoas preferem comer conservas que fermentaram por poucos dias; outras preferem o sabor mais intenso e ácido desenvolvido ao longo de semanas ou meses. Prove a conserva em intervalos regulares para decidir o que você prefere. Além do sabor, a textura também muda com o tempo: começa crocante e amacia aos poucos. Acondicione na geladeira se quiser parar (ou desacelerar) a fermentação. Em um ambiente frio, a conserva pode fermentar lentamente por meses. Em um ambiente quente, seu ciclo de vida é mais rápido e com o tempo a conserva fica mais macia.

Leveduras e/ou bolores na superfície. O problema mais comum na fermentação de vegetais é o crescimento de leveduras e/ou bolores na superfície. Não há nada de errado com isso, já que não passa do resultado do contato com o ar. Se acontecer, descarte o máximo que puder do bolor, juntamente com qualquer conserva descolorida ou amolecida da camada superior. Os vegetais fermentados por baixo dessa camada, em geral, terão boa aparência, cheiro e sabor. O bolor pode se dissolver durante a remoção, impossibilitando retirar tudo. Não se preocupe.

Saboreie! Gosto de começar a comer a conserva ainda jovem e apreciar a evolução de seu sabor ao longo de algumas semanas (ou meses, no caso de um lote grande). Não deixe de provar o suco da conserva. O suco do chucrute tem um sabor intenso, é um tônico digestivo e espetacular para curar ressaca.

Crie um ritmo. Comece um novo lote antes de o anterior acabar. Fermente ao mesmo tempo alguns sabores ou estilos diferentes para variar sua dieta. Faça seus experimentos!

Variações: Adicione um pouco de suco de vegetais frescos ou caldo natural de legumes para evitar espremer ou bater nos vegetais. Incorpore broto de feijão, algas hidratadas, couves-de-bruxelas picadas ou cortadas em quatro, batatas cozidas (amassadas, fritas etc., mas sempre frias!), frutas secas ou frescas… as possibilidades são infinitas!

método do pote de cerâmica: usando recipientes maiores

O método do vidro de conserva é ideal para aprender e fazer lotes pequenos, mas se você tiver uma horta e quiser usar a fermentação para preservar alguns repolhos de uma vez, vai precisar de um recipiente maior. Vidros de 4 litros, potes de cerâmica de vários formatos e tamanhos, barris de madeira, baldes ou barris de plástico para alimentos podem ser ótimos. (Veja "Equipamentos e ingredientes básicos", na p. 65.) Evite recipientes metálicos (inclusive aço inoxidável), porque os ácidos os corroem, o que não fará bem à conserva.

Com um recipiente maior, em qualquer escala, o processo é exatamente o mesmo em termos de ingredientes, proporções, preparação e tempo. A única diferença está no recipiente. Em um pote de cerâmica ou outro recipiente maior, é ainda mais importante usar um peso para manter os vegetais submersos. Costumo usar um pote cilíndrico sem tampa. Se tenho um prato que se encaixa dentro do pote eu o uso como um peso para os vegetais. Tudo bem se sobrar um pequeno espaço entre o prato e a lateral interna do pote. Esse prato que fica sobre os vegetais fermentados pode ser substituído por placas de cerâmica ou de madeira que acompanham alguns potes. Se você quiser fazer uma placa de madeira, deixe uma margem para a madeira expandir e para a possibilidade de as bordas do pote se estreitarem. Costumo usar uma garrafa de vidro de 4 litros cheia de água como peso e você também pode usar rochas de rio bem esfregadas e fervidas. Por fim, cubro tudo com um pano (um pedaço de lençol velho ou toalha) para impedir a entrada de moscas. Se as moscas pousarem na conserva em maturação, elas provavelmente botarão ovos e nascerão larvas. (Se você pegar as larvas nos estágios iniciais, pode remover a camada superior e comer a conserva com segurança. Conforme as larvas crescem, a salmoura ficará malcheirosa e repugnante.)

Cada vez que você tirar um pouco de conserva do pote, precisará comprimir o conteúdo. Comprima bem a conserva, veja se a superfície está nivelada e se a tampa e o peso estão limpos. A água pode evaporar; se você vir que a conserva não está submersa, basta adicionar mais água ao peso. Algumas pessoas preservam a conserva com processos de enlatamento e processamento térmico. Isso pode ser feito, mas, pensando que grande parte do poder do chucrute está em sua vitalidade, eu me pergunto: para que matar a conserva?

sauerrüben

Uma variante tradicional alemã do chucrute é o *sauerrüben*, feito com nabos. O nabo é um vegetal menosprezado e subestimado. Os feirantes da nossa cidade, e talvez da sua, muitas vezes não conseguem vender toda sua produção. Eu sempre compro as sobras com satisfação. Adoro resgatar alimentos que passaram de seu glorioso apogeu, mas ainda são comestíveis e nutritivos, antes de serem relegados à compostagem. A fermentação é um excelente jeito de não desperdiçar a abundância.

Adoro o sabor intenso e doce dos nabos, e a fermentação intensifica ainda mais seu gosto característico. O *sauerrüben* também pode ser feito com a rutabaga, uma prima do nabo. Você também pode fermentar repolho e nabos juntos ou fazer qualquer outra mistura.

Tempo: 3 dias a 3 meses (ou mais)

Recipiente: Frasco de boca larga de 1 litro (ou vidro de conserva ou pote de cerâmica maior)

Ingredientes (para 1 litro):

1 quilo de nabo e/ou rutabaga
Aproximadamente 1 colher (sopa) de sal (comece com um pouco menos e acrescente a gosto)
Outros temperos a gosto

Modo de fazer:

Rale os nabos em pedaços maiores ou menores, como preferir.

Salgue. Polvilhe os nabos ralados com sal à medida que avança. A fermentação vai ocorrer com muito ou pouco sal, então tudo depende de seu gosto.

Adicione os vegetais, ervas ou especiarias que desejar. Ou não, para apreciar o sabor marcante dos nabos puros.

Esprema ou bata, comprima tudo em um pote e deixe os vegetais submersos como fez com o chucrute (p. 74). As raízes comestíveis contêm mais água que o repolho e você não terá muito trabalho para extrair seu suco.

Deixe fermentar. Libere a pressão diariamente e comece a provar o *sauerrüben* depois de alguns dias. Com o tempo, o sabor se intensificará. Usufrua da evolução de seu sabor ao longo de dias, semanas ou meses.

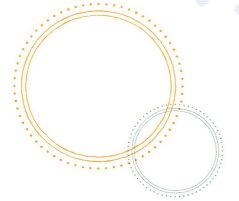

chucrute com baixo teor de sal ou sem sal

O sal não é absolutamente necessário para fermentar vegetais. Pessoalmente, acho que os alimentos fermentados feitos com um pouquinho de sal são muito mais saborosos que os feitos sem qualquer sal. Mas, mesmo se você quiser evitar completamente o sal, ainda pode saborear os vegetais fermentados. O que o sal faz é ajudar a criar um ambiente seletivo favorável às bactérias ácido-lácticas, inibindo outras bactérias e bolores e retardando as enzimas que amolecem os vegetais. Até um pouquinho de sal, 1 colher de chá para 1 quilo de vegetais, pode gerar um pouco desse benefício.

Sem o sal para proporcionar essas funções, os alimentos em geral são fermentados por períodos muito mais curtos – dois ou três dias já bastarão. Prove todos os dias e leve à geladeira quando os vegetais fermentados lhe parecerem bons. Outros ingredientes ricos em minerais podem proporcionar pelo menos uma parte das funções benéficas do sal. A alga marinha é uma excelente fonte de minerais. Mergulhe as algas em um pouco de água para reidratá-las. Pressione-as debaixo da água e esprema. Pique as algas reidratadas e adicione-as aos vegetais em fermentação com a água da imersão. Sementes de alcaravia, aipo e endro também são ricas em minerais. O mesmo pode ser dito do suco de aipo, e a melhor conserva sem sal que fiz foi com ele. Espremi o suco de alguns talos de aipo, diluí o suco espesso na mesma quantidade de água e misturei esse líquido com os vegetais para fermentar. Nas conservas sem sal, algumas pessoas usam as culturas vivas e a acidez do soro do leite ou de uma pequena proporção de suco de limão para criar ambientes seletivos.

Pode ser difícil retirar a água dos vegetais – um processo normalmente facilitado pelo sal – ao fazer a fermentação sem sal. Nesse caso, os vegetais precisam ser mais "machucados", batendo ou espremendo, que os vegetais salgados. Também pode ser interessante expor uma área de superfície maior, picando os legumes em pedaços menores. Com ou sem sal, o principal objetivo continua o mesmo: deixar os vegetais completamente mergulhados em líquido. Adicione soro de leite ou água conforme necessário. Você também pode cobrir os vegetais com vinho para fazer uma conserva de vinho, ou com suco de frutas ou de vegetais.

salmoura

O método de salga seca usado para fazer chucrute é excelente para vegetais picados ou cortados, porque só quando há muita área de superfície exposta o sal retira água dos vegetais para que eles possam fermentar no próprio suco. Esse processo resulta em um sabor vegetal mais concentrado, porém é impossível utilizá-lo com vegetais inteiros ou pedaços grandes. Nesse caso, você precisa cobrir os vegetais com uma solução de água salgada conhecida como salmoura.

Recomendo fazer uma salmoura forte, considerando que ela será diluída pelo suco dos vegetais. As proporções podem variar, mas 5% do peso ou 50 g por litro é um bom ponto de partida. Isso equivale a cerca de 3 colheres de sopa de sal por litro, um pouco mais com sal fino e um pouco menos com sal grosso. Mexa bem por vários minutos até o sal dissolver totalmente. Embora 5% de sal seja uma proporção alta para o chucrute, essa salmoura proporciona um alimento não muito salgado, já que os vegetais imersos na salmoura absorvem o sal e liberam sucos, reduzindo a concentração de sal para mais da metade.

A salmoura deve ocupar mais ou menos a metade do volume do recipiente. Adicione o mínimo de salmoura possível aos vegetais, comprima-os bem no recipiente e mantenha-os pressionados para ficarem cobertos com a salmoura. O sal da salmoura retirará a água dos vegetais, e o volume da solução salina aumentará. Aos poucos, o sal reduzirá. Prove a salmoura depois de um ou dois dias e ajuste o sal acrescentando mais, se necessário, ou adicionando água, se a salmoura estiver salgada demais. Uma regra geral para salgar seus alimentos fermentados é: mais sal para retardar a ação do micro-organismo no calor do verão; menos sal no inverno, quando a ação microbiana desacelera.

Preparando conservas com mais de 200 pessoas em Shelburne Farms em Vermont.

picles azedos

Cresci em Nova York e vivi a descendência judaica principalmente por meio da comida, o que me fez aprender a gostar de picles azedos. Os picles azedos de minha infância eram bem diferentes dos picles comuns vendidos no supermercado e até dos picles caseiros conservados em vinagre. Chamamos de "picles" qualquer coisa preservada em um ambiente ácido, mas o picles azedo é fermentado em salmoura e preservado por ácido láctico, não acético.

A produção do picles requer muita atenção. Minha primeira tentativa de fazer picles na salmoura resultou num picles mole e feio, provavelmente porque abandonei o projeto por alguns dias e talvez porque a salmoura não estivesse muito forte... mas também pode ter sido culpa do calor do verão do Tennessee. E talvez mais isso e aquilo... "A nossa perfeição está na nossa imperfeição." É inevitável que nem tudo dê certo o tempo todo na fermentação. Afinal, estamos lidando com forças vitais volúveis.

Mas persisti, compelido pelo profundo desejo de comer os deliciosos picles azedos temperados com alho e endro que encontrava na barraca do Guss e no empório Zabar's, de Manhattan. Descobri que é muito fácil fazer picles na salmoura. Basta manter a fermentação curta no calor do verão, quando os pepinos são mais abundantes. Em um ambiente frio (abaixo dos 18°C, mais ou menos), eles podem fermentar lentamente por semanas ou até meses. Mas em um ambiente quente eles podem azedar depois de apenas alguns dias e começar a amolecer em menos de uma semana.

Uma qualidade muito apreciada num bom picles é a crocância, que é destruída por enzimas ativadas pelo calor. O sal as desacelera, assim como os taninos, encontrados em folhas frescas de uva (e em outras folhas), que muita gente inclui no pote para manter os picles crocantes. Recomendo usá-las se você tiver acesso a videiras. Também tive bons resultados usando folhas de raiz-forte, de ginja, de carvalho e saquinhos de chá!

Outra variável é o tamanho do pepino. Prefiro usar pepinos pequenos ou médios. Os picles feitos com pepinos grandes podem ficar duros e ocos no meio.

Tempo: 4 dias a 2 semanas, dependendo da temperatura

Recipiente: Vidro de conserva de 1 litro (ou, para lotes maiores, vidro de conserva ou pote de cerâmica maior)

Ingredientes (para 1 litro):

500 g de pepinos pequenos (sem cera)
1½ colher (sopa) de sal marinho
1-2 ramos de endro fresco em flor ou 1-2 colheres (sopa) de endro em qualquer forma (folhas frescas ou secas, sementes)
1-2 cabeças de alho
1 punhado de folhas frescas de uva (ou de cereja, carvalho, raiz-forte)
1 pitada de pimenta-do-reino em grãos

Modo de fazer:

Prepare os pepinos. Lave os pepinos, tomando cuidado para não machucá-los, e remova qualquer vestígio de florescência. Se os pepinos não foram colhidos no mesmo dia, deixe-os de molho por algumas horas em água gelada para revigorá-los.

Prepare a salmoura. Dissolva o sal marinho em 2 xícaras/500 ml de água sem cloro para preparar a solução de salmoura. Misture até o sal dissolver completamente.

Encha o recipiente. Coloque no fundo do recipiente limpo o endro, o alho, as folhas de uva frescas e a pimenta-do-reino. Comprima bem os pepinos inteiros no recipiente para ajudá-los a permanecer submersos na salmoura.

Adicione a salmoura. Se a salmoura não cobrir os pepinos, adicione mais dela misturada ao equivalente a ¾ colher (sopa) (12 g) de sal para 1 xícara (250 ml) de água. Se os pepinos ficarem flutuando, uma solução fácil é cortar um pedaço de um pepino maior para manter os outros submersos ou cortar o topo de um recipiente plástico e inseri-lo para manter os pepinos submersos. Se estiver usando um pote de cerâmica, use um prato para manter os pepinos submersos e cubra com um pano para evitar a entrada de poeira e moscas. Se estiver usando um vidro de conserva, feche-o com a tampa sem rosquear até o fim.

Deixe fermentar. Mantenha os picles fermentando até a cor dos pepinos mudar de verde-escuro a um verde-oliva mais opaco. Prove a cada um ou dois dias. A acidez vai se desenvolver com o tempo e esse tempo dependerá principalmente da temperatura. Se aparecer alguma espuma branca na superfície, escume-a para retirá-la, mas não se preocupe se não conseguir tirar tudo. Saboreie os picles enquanto eles continuam fermentando. Dê uma olhada neles de tempos em tempos. Se começarem a amolecer ou você não quiser que eles fiquem mais azedos, leve-os à geladeira.

"Big Larry", o maior pepino do mundo, transformado no maior picles do mundo, em Calgary, Alberta, Canadá.

picles de vegetais mistos

O processo de salga em salmoura não se restringe aos picles de pepino. Praticamente qualquer vegetal que você tiver sobrando, tirando os tomates maduros (que amolecem e perdem a forma), pode ser fermentado dessa maneira. Um dia, sabendo que haveria uma geada, corremos para salvar os frutos da nossa horta: abobrinhas, pimentas-malaguetas, berinjelas, tomates verdes e feijões. Coloquei tudo em um pote com um monte de manjericão, dando aos picles e à salmoura um sabor diferente e adocicado. Gostei especialmente dos picles de berinjela. Eles deixaram parte de sua cor escura na salmoura e ficaram com uma bela aparência rugosa. Tomates verdes dão belos picles, especialmente os tomates italianos.

alho em conserva na salmoura

Sou fanático por alho. Acredito que o alho cru é um remédio poderoso e como alho com frequência. Quando você estiver terminando de comer seu pote de picles, o alho e outros temperos ficarão boiando ou depositados no fundo do pote.

Gosto de pegar os pedaços de alho que sobraram, colocá-los num vidro de conserva, cobri-los com um pouco da salmoura e guardá-los na geladeira ou deixar fermentando sobre a bancada da cozinha. O alho continua picante e com o sabor de todos os outros deliciosos vegetais e temperos. Gosto de usar esse alho para cozinhar (ou comer cru). Também gosto de usar a salmoura, que logo incorpora um sabor forte de alho, para fazer molhos de salada ou beber como um tônico digestivo saudável. Se quiser, você pode pular a etapa inicial do picles de vegetais e simplesmente fermentar os dentes de alho em salmoura.

salmoura como tônico digestivo e caldo para sopas

A salmoura não é apenas um ambiente salgado e aquoso para fermentar vegetais, mas também um meio para mesclar os sabores dos diversos temperos e vegetais do picles. Ela incorpora todos esses sabores complexos enquanto borbulha. E também fica repleta de bactérias ácido-lácticas, o que faz dela um excelente tônico digestivo.

Provavelmente você não vai dar conta de consumir toda a salmoura que sobrar no pote depois que terminar de comer os picles. O líquido restante é forte, salgado e abundante. Tente usá-lo como um caldo para fazer sopa. Em russo, a salmoura é chamada de *rassol*, e a sopa feita com ela é chamada de *rassol'nik*. Dilua a salmoura em água até obter a salinidade desejada e adicione vegetais (inclusive o picles) e um pouco de extrato de tomate. Sirva quente, com muito creme azedo. A salmoura de picles também pode ser usada em sopas frias, como a *okroshka* (veja a p. 187).

falsas alcaparras de vagens de asclépia/botões de nastúrcio/vagens de rabanete

As alcaparras são os botões das flores de um arbusto do Mediterrâneo, o *Capparis spinosa*, que eu nunca vi na natureza. Mas o sabor delicioso das alcaparras se deve em grande parte ao processo de salga em salmoura e nada impede alguns outros botões florais e vagens de passar pelo mesmo processo.

Um dia, minha amiga Lisa e eu estávamos comendo alcaparras e comentando sobre como elas eram saborosas. Na culinária, como na moda, os pequenos acessórios fazem toda a diferença. Lisa notou que as abundantes asclépias da região estavam começando a dar vagens e teve a ideia de fermentá-las em salmoura. Fizemos um lote e ficou uma delícia. Até melhor que as alcaparras, eu ousaria dizer. As vagens de asclépia não são vendidas no mercado, mas essa planta é muito comum nos Estados Unidos. As melhores vagens nascem em pleno verão, assim que as grandes flores caem. Quanto menores as vagens, melhor. O ideal é colhê-las nos primeiros dias depois que surgem. À medida que crescem, elas vão ficando duras e amargas.

Os botões de flores de nastúrcio (capuchinha) são outra excelente alternativa à alcaparra, usando esse mesmo processo. Seu sabor, como as folhas e as flores dessa planta, é levemente picante. As vagens de rabanete que crescem nos pés do vegetal também são outra alternativa à alcaparra. Veja se elas estão macias, porque podem ficar lenhosas.

Tempo: 4 dias a vários meses

Recipiente: Vidro de conserva de 500 ml

Ingredientes (para 500 ml):

- 1½ xícara (120 g) de vagens de asclépia (ou vagens de rabanete ou botões de nastúrcio)
- ¾ colher (sopa) de sal marinho
- 1-2 cabeças de alho

Modo de fazer:

Colha as vagens enquanto ainda estiverem pequenas e macias. As vagens de asclépia ficam grandes, fibrosas e amargas com o tempo. As vagens de rabanete ficam duras.

Prepare a salmoura. Adicione o sal a 1 xícara (250 ml) de água. Mexa bem para dissolver.

Encha o vidro de conserva. Use um vidro de 500 ml e encha-o com vagens e alho. Despeje a salmoura sobre o conteúdo. Se a salmoura não for suficiente para cobrir as vagens, adicione mais na proporção de ¾ colher (sopa) de sal para 1 xícara (250 ml) de água. Se as vagens flutuarem, tente usar um peso pequeno ou improvise com algum vegetal maior, como uma folha de repolho ou um pedaço de pepino ou tubérculo. O importante é manter as vagens submersas, protegidas pela salmoura.

Deixe fermentar. Feche a tampa do vidro para impedir a entrada de moscas e coloque-o sobre a bancada da cozinha. Não se esqueça de liberar a pressão nos primeiros dias! Abra a tampa e force as vagens que estiverem flutuando a mergulhar sob a salmoura. Depois de alguns dias, prove as "alcaparras" diariamente. Saboreie-as enquanto fermentam ou leve à geladeira quando quiser.

kimchi

O *kimchi* é a conserva coreana de vegetais fermentados, geralmente picante, mas nem sempre, e feita em uma variedade quase infinita. Em certos aspectos, a produção do *kimchi* é parecida com a do chucrute. Os vegetais ficam submersos em salmoura para criar um ambiente favorável às bactérias ácido-lácticas presentes nos vegetais. Mas enquanto no método de salga seca do chucrute o suco é retirado dos vegetais, no *kimchi* os vegetais (como acelga e rabanetes) são embebidos em salmoura por várias horas ou dias para retirar o amargor e torná-los mais flexíveis e mais fáceis de comprimir e submergir. Os vegetais são escorridos e misturados a condimentos como pasta de arroz, açúcar, molho de peixe, peixes e/ou crustáceos. O *kimchi* costuma ser apimentado e ter muito alho, pimenta-malagueta, gengibre e chalota, além de cebolinha, alho-poró ou cebola. Especialmente quando inclui pasta de arroz ou açúcar, o *kimchi* fermenta rapidamente e costuma ser fermentado por menos tempo que o chucrute.

A maioria dos coreanos come *kimchi* em todas as refeições, muitas vezes vários estilos contrastantes por vez. Embora o *kimchi* industrializado esteja ganhando popularidade (em grande parte importado da China), a produção caseira continua sendo muito importante. É costume os empregadores darem aos funcionários um "bônus de *kimchi*" em cada outono para que eles comprem os ingredientes para fazer o suprimento anual da iguaria. A Unesco incluiu a preparação e o compartilhamento de *kimchi* (*kimjang*) em sua lista de Patrimônio Cultural Imaterial da Humanidade.

bæchu kimchi (kimchi de repolho)

Esta é uma receita básica de *kimchi* para demonstrar o processo. Fique totalmente à vontade para usar diferentes vegetais e proporções.

Tempo: 3 dias a semanas ou meses

Recipiente: Vidro de conserva de 1 litro

Ingredientes (para 1 litro):

- 1 quilo de acelga (½-1 cabeça)
- 6 colheres (sopa) (90 g) de sal marinho
- 1 colher (sopa) de farinha de arroz (opcional)
- 2-4 colheres (sopa) (ou mais!) de *gochugaru* (pimenta em pó coreana) e/ou pimentas-malaguetas frescas ou secas
- 2 colheres (sopa) (ou mais!) de gengibre fresco ralado
- 3-4 dentes de alho (ou mais!)
- 1 ramo de cebolinha (ou uma cebola, ou alho-poró ou algumas chalotas)

Modo de fazer:

Pique a acelga em pedaços irregulares e coloque em uma tigela com os outros vegetais que você quiser incluir (não acrescente os condimentos).

Faça uma salmoura forte de cerca de 4 xícaras (1 litro) de água e sal. Misture bem para dissolver completamente o sal. A salmoura deve ficar bem salgada, como a água do mar.

Despeje a salmoura sobre os vegetais. Pressione com firmeza os vegetais com as mãos algumas vezes para deixá-los submersos. Se você achar que a salmoura é insuficiente para cobri-los, não se preocupe: o sal extrairá o suco dos vegetais. Cubra-os com um prato, coloque um frasco cheio ou outro peso sobre ele e pressione firmemente em intervalos de alguns minutos até os vegetais ficarem totalmente submersos. Deixe-os na salmoura sobre a bancada da cozinha por algumas horas ou durante a noite.

Faça uma pasta (opcional). Esta pasta deixa o *kimchi* com uma qualidade picante e pastosa, mas você pode pular esta etapa se quiser. Em uma panela pequena, misture a farinha de arroz com ½ xícara (125 ml) de água fria. Mexa bem para dissolver totalmente sem deixar pelotas. Aqueça em fogo baixo, mexendo sempre para não queimar. Cozinhe por alguns minutos até a mistura engrossar e ficar pastosa e pegajosa, porém rala o suficiente para poder ser despejada. Se ficar espessa demais, adicione um pouco de água quente e mexa bem. Deixe esfriar à temperatura corporal (o que vai engrossar a pasta), misture com a pimenta em pó até formar uma pasta bem vermelha e incorpore os outros condimentos.

Prepare os condimentos. Rale o gengibre e pique o alho, a cebola e as pimentas-malaguetas sem sementes (ou use as pimentas inteiras ou esmagadas). Para fazer um *kimchi* pastoso e vermelho ao estilo coreano, use a pimenta em pó coreana. O *kimchi* pode absorver muito tempero. Experimente quantidades diferentes e não se preocupe muito. Misture os condimentos para formar uma pasta. Se desejar, adicione um pouco de molho de peixe.

Escorra a água dos vegetais. Deixe escorrer bem, chegando a espremê-los levemente para tirar a água. Prove o sal. A salmoura inicial extrai a água dos vegetais, mas nem sempre os deixa temperados. Se não estiver salgado, adicione 1-2 colheres de chá de sal à pasta de temperos. Se estiver salgado demais, enxágue os vegetais.

Misture os vegetais com a pasta de temperos. Misture bem, até incorporar.

Comprima o *kimchi* em um vidro de conserva. Use um vidro limpo de 1 litro. Comprima bem, pressionando até a pasta ou o líquido subir cobrindo os vegetais. Encha o vidro quase totalmente, deixando um pouco de espaço para expansão. Se sobrar líquido, use-o para encher um vidro menor. Pressione repetidamente para mergulhar totalmente os vegetais. Feche a tampa.

Deixe fermentar em algum lugar visível sobre a bancada da cozinha. Não deixe de abrir e fechar a tampa todos os dias para aliviar a pressão nos primeiros dias. Use os dedos (limpos!) para mergulhar os vegetais na salmoura e, depois de alguns dias, prove o *kimchi*. Quando o sabor ficar bom para você, leve à geladeira. Ou deixe o *kimchi* em um local fresco (como uma adega) fermentando mais lentamente e por muito mais tempo. Na Flack Family Farm provei um *kimchi* que estava há três anos fermentando no porão.

Vasilhas de fermentação de *kimchi* em Seul, Coréia do Sul.

Sonhando com rabanetes

O rabanete mudou minha vida com uma comunicação vegetal mística. Aconteceu em fevereiro de 2000, quando passei um tempo hospitalizado. Um mês antes, num dia ensolarado de janeiro cheio de promessas primaveris, eu decidira plantar alguns rabanetes. Plantar qualquer coisa no inverno não passa de um gesto simbólico, só para ver as plantas crescendo, já que a produção seria insignificante. Como era esperado, o tempo ficou frio e cinzento depois daquele dia ensolarado e, como nada brotou, esqueci dos rabanetes. Naquela época eu vinha sentindo uma dor estranha no abdômen e fui parar no hospital.

Em comparação com a vida no campo, o hospital é um ambiente totalmente desnaturado. As janelas ficam lacradas, tudo é branco e antisséptico, a comida é ultraprocessada, e me encheram de produtos químicos pela boca, pelas veias e até pelo ânus. Eu estava apavorado e só queria ir para casa. Uma noite, em meus sonhos, os rabanetes vieram me consolar e acordei com uma imagem vívida dos rabanetes que eu tinha plantado germinando. Foi tudo muito real. Foi como se as plantas estivessem se comunicado comigo.

Quando recebi alta, cheguei em casa à noite e não pude ir à horta. Perguntei aos vizinhos, mas ninguém tinha visto os brotos de rabanete. Que pena, foi só um sonho, pensei. No dia seguinte, fui à horta e eis que os rabanetes tinham germinado! Mudas minúsculas, delicadas e atrevidas desafiavam as intempéries para alcançar o sol com sua poderosa força vital. Enquanto me recuperava, os rabanetes se tornaram um de meus totens vegetais e continuam sendo até hoje: são fáceis de cultivar, pungentes, penetrantes e têm muitas cores e formatos diferentes. Os rabanetes me deram esperança em um momento assustador e fizeram que eu lembrasse que os vegetais podem ser grandes e versáteis aliados.

kimchi de rabanete e tubérculos

Tenho uma grande admiração por tubérculos. Fico impressionado com a força deles, crescendo e se aprofundando na terra. Algumas raízes são retorcidas, e chegam a contornar rochas em sua busca incessante por água e nutrientes do solo. Outras exibem curvas glamorosas e cores vistosas. Seus sabores são variados e, em alguns casos, radicais.

Uma iguaria tradicional da Coreia é o *kimchi* de rabanete (*moo*). Nabos também são usados em receitas coreanas. E gosto de brincar com outros ingredientes. Você pode fazer *kimchi* fermentando os vegetais que quiser combinados ao quarteto clássico do *kimchi*: alho, pimenta picante, gengibre e cebola (em qualquer forma). Neste *kimchi*, incluí raiz-forte ralada, que se mistura aos temperos picantes tradicionais e os complementa.

Talvez você não conheça todos os tubérculos desta receita. A bardana (*Arctium lappa*) é uma planta comum, nutritiva e deliciosa, com um sabor terroso e muito utilizada na culinária japonesa, na qual é conhecida como *gobô*. Também é uma poderosa planta medicinal, que estimula os fluxos linfáticos e tonifica os órgãos de eliminação: pele, rins e fígado. "A bardana nutre os aspectos mais extremos, ocultos e amplos de quem somos", escreve a fitoterapeuta Susun S. Weed. "A bardana rompe o solo e busca a profunda transformação."[1]

Você pode encontrar raízes frescas de bardana em mercados de alimentos naturais e feiras. Eu a cultivo ao redor de minha casa, onde espalhei sementes algumas poucas vezes e acabei obtendo várias gerações. A bardana é bienal. Se for plantar a sua, use as raízes do primeiro ano, quando todas as folhas crescem no nível do chão. No segundo ano, quando a planta fica alta e dá aquelas sementes chatas que grudam em tudo, as raízes ficam lenhosas e pouco apetitosas.

O tupinambo (*Helianthus tuberosus*), também conhecido como alcachofra-girassol ou girassol batateiro, não é nada parecido com alcachofras. É um tubérculo nodoso da família do girassol, nativo do leste dos Estados Unidos, com um sabor fresco e crocante. Você pode substituir o tupinambo por mandioquinha, batata-doce ou qualquer outro tubérculo.

Meaghan Carpenter colhendo rabanetes brancos na fazenda Long Hungry Creek em Red Boiling Springs, Tennessee.

Tempo: 3 dias a semanas ou meses

Recipiente: Vidro de conserva de 1 litro

Ingredientes (para 1 litro):

1 quilo de tubérculos comestíveis; pelo menos meio nabo japonês (*daikon*) ou qualquer variedade de rabanete e/ou nabo; você pode incluir cenouras, tupinambo e raízes de bardana, além de repolho, pepinos e outros vegetais
Sal marinho
1 colher (sopa) de farinha de arroz (opcional)
2-4 colheres (sopa) (ou mais!) de *gochugaru* (pimenta em pó coreana) e/ou pimentas-malaguetas frescas ou secas
1 ramo de cebolinha (ou mais!) (ou 1 cebola ou alho-poró ou algumas chalotas)
3-4 dentes de alho (ou mais!)
2 colheres (sopa) (ou mais!) de gengibre fresco ralado
1 raiz-forte pequena fresca (ou 1 colher de raiz-forte ralada sem conservantes)

Modo de fazer:

Prepare os tubérculos. Esfregue-os bem, mas, a não ser que seja muito dura, deixe a pele. Corte em fatias finas ou em pedaços maiores, como preferir. Deixe algumas raízes menores inteiras, inclusive com suas folhas.

Siga o processo básico de *kimchi* da receita anterior (*baechu kimchi*): mergulhe os vegetais na salmoura, faça a pasta de temperos (adicione raiz-forte), comprima tudo no vidro de conserva e deixe fermentar.

kimchi de frutas

Uma vizinha do Tennessee, Nancy Ramsay, passou muitos anos na Coreia e me falou do *kimchi* de frutas. Meu método é improvisado, baseado no que ela me contou. As frutas adocicadas fazem um belo contraste com os sabores picantes e azedos do *kimchi* e dão um sabor surpreendente e arrojado. Se você deixar fermentar por muito tempo, a doçura da fruta se transforma em acidez e esse contraste é perdido.

Tempo: 3 a 5 dias

Recipiente: Vidro de conserva de 1 litro

Ingredientes (para 1 litro):

- 500 g de acelga, nabo japonês (*daikon*) e/ou outros vegetais
- Sal marinho
- 1 colher (sopa) de farinha de arroz (opcional)
- 2-4 colheres (sopa) (ou mais!) de *gochugaru* (pimenta em pó coreana) e/ou pimentas-malaguetas frescas ou secas
- 1 ramo de cebolinha (ou mais!) (ou 1 cebola ou alho-poró ou algumas chalotas)
- 3-4 dentes de alho (ou mais!)
- 2 colheres (sopa) de gengibre fresco ralado
- Suco de 1 limão-siciliano
- 500 g de frutas, como ameixas, peras, uvas, abacaxi e frutas vermelhas

Modo de fazer:

Corte os vegetais e coloque-os em uma tigela.

Prepare uma salmoura de cerca de 2 xícaras (500 ml) de água com 3 colheres (sopa) de sal. Misture bem para dissolver completamente e jogue sobre os vegetais.

Siga o processo básico de *kimchi* da receita de *baechu kimchi*, na p. 90. Adicione o suco de limão à pasta de temperos. Descasque as frutas se a pele não for comestível ou for dura. Pique as frutas maiores. Deixe as frutas menores inteiras. Adicione nozes se desejar. Misture com os vegetais na tigela e comprima em um vidro de conserva.

Deixe fermentar em algum lugar visível sobre a bancada da cozinha. Nos primeiros dias, destampe o vidro diariamente para aliviar a pressão.

Saboreie o *kimchi* de frutas antes de fermentar muito e leve à geladeira depois de alguns dias para as frutas não perderem o sabor adocicado.

Além de tipos de vegetais, temperos e salinidade, forma e cor são variáveis importantes em vegetais fermentados. Estas lindas beterrabas foram fermentadas pela Happy Girl Kitchen Co., na Califórnia.

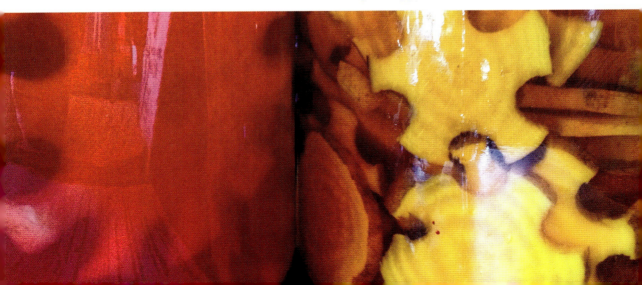

gundruk

O *gundruk* é um picles intenso e delicioso feito com verduras tradicionais das montanhas do Himalaia. O que distingue essa conserva é que seu único ingrediente são as folhas em si. A receita não inclui sal nem qualquer outro ingrediente. As verduras podem ser folhas de nabo, folhas de mostarda, couve ou qualquer outra folha resistente da família Brassica. Eu só conhecia o *gundruk* pelos livros e foi apenas quando estava trabalhando nesta revisão em 2015 que provei um delicioso *gundruk* feito por horticultores butaneses do Programa do Tennessee de Parceria Agrícola para Refugiados e aprendi a fazer a iguaria.

Tempo: Algumas semanas

Recipiente: Vidro de 1 litro com tampa de rosca

Ingredientes (para 1 litro):
Folhas de verduras, cerca 1,25 quilo

Modo de fazer:

Deixe as folhas murcharem ao sol. Comece em um dia ensolarado. Deixe as folhas ao sol por algumas horas até murcharem.

Pique as folhas murchas. Esprema-as com as mãos por alguns minutos (ou bata com um instrumento sem corte). Isso machuca os vegetais, quebrando as paredes das células e liberando seus sucos.

Comprima em um vidro de conserva. Coloque as folhas suculentas no recipiente. Use os dedos ou um instrumento sem corte para comprimir as verduras, o que ajudará a liberar mais suco. Você vai se surpreender com a quantidade de verduras que podem ser comprimidas num pequeno pote. Continue colocando as verduras e comprimindo com força até encher o frasco e as verduras ficarem cobertas de líquido. O líquido é o suco pungente da Brassica.

Feche bem o vidro. Não se preocupe se as verduras absorverem o líquido e não ficarem submersas.

Deixe fermentar em um local quente e ensolarado por duas semanas ou mais. Depois de algumas semanas, abra o vidro e prove as verduras. O aroma e o sabor devem ser acentuados. O *gundruk* é extremamente saboroso!

Deixe secar. A tradição é secar o *gundruk* para armazená-lo e usá-lo no decorrer de um inverno. Espalhe as verduras fermentadas em uma assadeira, esteira ou papelão limpo e coloque-as ao sol ou em um local quente e seco. Enquanto as verduras secam, misture-as de vez em quando para expor diferentes superfícies e secar todas uniformemente. Quando estiverem completamente secas, elas podem ser armazenadas em um frasco hermeticamente fechado.

Como usar o *gundruk*. Você pode adicionar o *gundruk* a sopas, como ele é consumido no inverno do Himalaia. E também pode comê-lo cru, como um delicioso lanche probiótico.

nukazukê

O *nukazukê* é um picles japonês tradicional no qual os vegetais são enterrados numa pasta de farelo de arroz e água, juntamente com sal, alga *kombu*, gengibre, missô, às vezes saquê ou cerveja, cogumelos *shiitake*, mostarda, pimenta-malagueta e outros condimentos. Nenhuma conserva de *nuka* é igual à outra – nesse meio rico, os picles desenvolvem sabores complexos com um pouco de cada ingrediente. Em uma conserva de *nuka* madura, os vegetais fermentam em questão de horas.

O farelo é a camada exterior fibrosa dos cereais retirada para produzir a versão branca deles. O farelo de arroz é tradicional no Japão, mas você também pode usar o farelo de trigo para criar um meio de conserva. O meio de conserva de farelo leva uma semana ou mais para fermentar. Porém, uma vez fermentada a base de *nuka*, é possível continuar adicionando vegetais e consumindo os picles indefinidamente.

Esta receita usa 500 g de farelo e mal chega a encher um recipiente de 4 litros. É importante deixar muito espaço no recipiente para poder misturar, porque é fundamental misturar com frequência (pelo menos todo dia) para manter o desenvolvimento, a saúde e o sabor.

Tempo: 1 semana para começar, e depois indefinidamente

Equipamentos:
Pote de cerâmica, vidro de conserva de boca larga ou balde plástico para alimentos de pelo menos 4 litros
Pano para cobrir o recipiente

Ingredientes (para 4 litros):
4 xícaras (500 g) de farelo de arroz (ou de trigo)
2 algas *kombu* de 10 cm
1 cogumelo *shiitake* seco ou fresco (opcional)
2 colheres (sopa) de sal marinho
2 colheres (sopa) de missô
¼ xícara (60 ml) de cerveja ou saquê (opcional)
1 colher (sopa) de mostarda em pó
2,5 cm (10 g) de gengibre em pedaços grossos
Nabos, cenouras, rabanetes, vagens, pepinos ou outros vegetais da estação

Modo de fazer:
Seque e torre o farelo em uma frigideira de ferro fundido ou outra panela pesada. Leve ao fogo baixo e mexa com frequência para não queimar. A torrefação acentua o sabor do farelo, mas não é essencial para o processo. Torre até o farelo aquecer e você sentir um agradável aroma torrado. Deixe esfriar.

Hidrate as algas. Despeje ½ xícara (125 ml) de água fervente sobre as algas e o *shiitake* seco (se decidir usar). Mantenha-os totalmente submersos e deixe hidratar por uns 30 minutos.

Prepare a salmoura. Use a água do molho das algas e do cogumelo. Adicione o sal e misture bem até dissolver totalmente. Misture o missô, dissolvendo as pelotas. Adicione cerveja ou saquê, se desejar. Adicione um pouco de água, se necessário, para completar 1 xícara (250 ml).

Junte tudo em um pote de cerâmica. Comece com o farelo torrado. Adicione o pó de mostarda e misture. Em seguida, coloque o cogumelo cortado em pedaços grandes. Adicione as tiras de algas, pedaços de gengibre e a salmoura e misture bem com as mãos, distribuindo o líquido e dissolvendo as pelotas. A textura ideal é uma pasta dura que pode ganhar forma quando apertada, mas seca o suficiente para ser um pouco quebradiça. Essa é a base de *nuka* pronta para ser fermentada.

Fermente a base. Todos os dias, na primeira semana, enterre um ou dois pequenos vegetais inteiros (ou pedaços de vegetais maiores) na base de *nuka* e retire os vegetais do dia anterior. O meio de conserva ainda está se desenvolvendo e os vegetais frescos ajudam a criar a ecologia microbiana. E as suas mãos também! Use as mãos limpas para misturar bem o farelo a cada troca de vegetais. Não deixe os vegetais em contato entre si. Os vegetais retirados neste estágio inicial podem ou não ser saborosos. A maioria das receitas sugere descartá-los, mas gostei bastante de alguns. Prove para ver o que acha. Continue substituindo os vegetais diariamente até começarem a ganhar um sabor forte, agradável e complexo. Quando isso acontecer, sua base de *nuka* estará pronta para fazer os picles *nukazukê*.

Faça os picles na base de *nuka*. Você pode usar a sua base de *nuka* para fermentar mais de um vegetal por vez. O importante é que eles não encostem uns nos outros. Dependendo do vegetal, você pode enterrar cerca de 250 g nessa base. Se quiser uma produção maior, aumente a proporção de tudo. Adicione pequenos vegetais inteiros; corte os vegetais maiores em pedaços grandes o suficiente para não correr o risco de perdê-los na pasta de *nuka*. É costume esfregar sal nos vegetais antes de enterrá-los. Com sal grosso na palma de uma das mãos, role o vegetal no sal, esfregando a casca. Essa massagem rompe a pele do vegetal e ajuda a liberar os sucos. Se o processo formar uma espuma branca no vegetal (como nos pepinos), lave-o antes de enterrá-lo. Você pode fermentar os vegetais no *nuka* por algumas horas (especialmente se fizer calor) ou por um ou mais dias. O *nuka* não costuma ser usado como método de conservação prolongada. Para manter a saúde da base de *nuka* é preciso misturá-la e trocar os vegetais com frequência. Ao retirar os vegetais, devolva ao pote o máximo de farelo que puder. Em seguida, enxágue-os (eu prefiro não enxaguar), fatie e sirva.

Faça a manutenção. Seu meio de conserva de farelo de *nuka* pode durar eternamente. Ele será mais saudável se você o misturar com as mãos todos os dias (ou quase todos os dias). Se ele começar a ficar ralo ao absorver a água dos vegetais frescos ou se começar a perder volume, adicione um pouco mais de farelo torrado. O sal sai com os vegetais e precisa ser reposto para manter um ambiente favorável à fermentação. Adicione mais sal quando esfregar os vegetais sempre que precisar. Saboreie também os picles de gengibre e algas. Adicione mais gengibre, algas, missô, mostarda, cerveja e saquê, ocasionalmente e em pequenas quantidades. Se for viajar, coloque a base de *nuka* em um recipiente hermeticamente fechado, guarde na geladeira e encha-a de mimos quando voltar.

Prato com picles para degustação e avaliação de quando fui jurado de um concurso de picles no Boston Fermentation Festival de 2014. (Meu problema foi achar praticamente todos ótimos!)

kvass de beterraba (e outras infusões vegetais fermentadas)

O *kvass* é uma infusão de beterraba levemente salgada original da Ucrânia. Assim como outras infusões vegetais fermentadas, ele representa o extremo das proporções possíveis de vegetais e água usadas na fermentação. No extremo oposto temos o chucrute e o método de salga seca, no qual nenhuma água é adicionada. Entre esses dois extremos temos os vegetais conservados em salmoura, nos quais é adicionada bem pouca água para não diluir o sabor dos vegetais. As infusões contêm muito mais água que vegetais, e o líquido, que incorpora o sabor dos vegetais e do ácido láctico, é o produto final. Os vegetais ficam quase sem sabor, mas você pode usá-los na compostagem, dá-los aos animais ou incorporá-los à comida.

Eu costumo fazer o *kvass* de beterraba em um frasco de 1 litro. Corte uma beterraba grande ou várias beterrabas pequenas em cubos de 1 cm, enchendo apenas um quarto a um terço do pote. Inclua raiz-forte (delícia!), gengibre, alho, nabos ou o que quiser. Cubra com água para encher a maior parte do frasco. Adicione uma pitada de sal. Algumas pessoas adicionam um pouco de soro de leite ou suco de chucrute para agir como um *starter*, mas os vegetais crus têm todas as bactérias necessárias. Deixe fermentando por alguns dias; o tempo exato depende da temperatura, dos ingredientes usados e suas proporções, da ecologia microbiana e o

sabor que você prefere. Prove diariamente. Quando a conserva começar a desenvolver uma cor escura profunda e um sabor agradável, retire as beterrabas. Você pode saborear o *kvass* de beterraba assim mesmo, como uma bebida; usá-lo como uma base para fazer sopa *borsch*; ou carbonatá-lo ligeiramente, transferindo o líquido a um recipiente que possa ser hermeticamente fechado e que seja capaz de conter alguma pressão, fechando-o bem e deixando mais um dia à temperatura ambiente.

Outra infusão fermentada de vegetais conhecida é o "suco" de repolho. Para fazê-lo, coloque repolho picado no liquidificador e cubra-o com água até cerca de dois terços do copo. Bata até obter uma mistura semilíquida e despeje em um vidro de conserva. Para lotes maiores, repita algumas vezes. Adicione uma pitada de sal, cubra e deixe fermentar por alguns dias, provando diariamente. Quando o sabor estiver bom, coe para retirar o repolho. O líquido que sobra é o "suco" de repolho.

O *kaanji* é uma deliciosa bebida picante do Panjabe obtida pela fermentação de cenouras e sementes de mostarda em água com sal. A receita pede cenouras roxas – mas, se você não encontrar, acrescente uma beterraba. Para cada litro de água, use a proporção de cerca de 125 g de vegetais, 3 colheres de sopa de sementes de mostarda (inteiras ou moídas) e 1 colher de sopa de sal. Pique os vegetais em palitos. Deixe fermentando em um recipiente coberto num local não muito frio por cerca de uma semana, coe e saboreie o líquido. O *algam suyu* é outro exemplo, desta vez da Turquia, da salmoura azeda e salgada resultante da fermentação de cenouras roxas e nabos.

Como incorporar vegetais fermentados às suas refeições

A maioria das pessoas acha mais fácil preparar os vegetais fermentados do que comê-los no dia a dia. Acho que chucrute, *kimchi*, picles e outros vegetais fermentados combinam com quase tudo. Eles dão um toque especial a alimentos simples e substanciais. Gosto de pensar neles como condimentos.

Comece com o café da manhã. Use os vegetais fermentados com manteiga ou pasta de amendoim (!) ou sozinhos na torrada. Com ovos. No mingau, no *congee* (mingau chinês de arroz) ou no mingau de painço fermentado. No queijo quente ou na *quesadilla*. Ou em qualquer tipo de sanduíche. No hambúrguer, na pizza, no burrito ou na salada. Você pode usar os vegetais fermentados para dar um toque especial a qualquer comida do dia a dia.

Tenho enfatizado o consumo dos vegetais fermentados crus porque acredito que seu maior benefício nutricional está nas culturas de bactérias vivas, que são destruídas pelo cozimento. Mas, nas tradições que os criaram, os vegetais fermentados muitas vezes também são usados em pratos cozidos, com resultados deliciosos. Alguns dos clássicos que eu adoro são o *bigos*, prato polonês de carne marinada e cozida com chucrute; o *kimchi jjigae* (ensopado) bem quente e picante; e o *pierogi* de chucrute. Coma a maior parte dos vegetais fermentados crus, mas não tenha medo de cozinhar com eles e fazer seus experimentos!

Chucrute, *kimchi*, picles e seus sucos podem ser facilmente incorporados a molhos, temperos de salada e patês. Use os vegetais fermentados bem picadinhos e/ou seu suco. Ambos têm um sabor forte e às vezes basta usar só um pouquinho.

choucroute fromage roulades

Este é um jeito divertido de servir chucrute em uma festa: faça rolinhos com folhas inteiras de repolho recheadas com chucrute e queijo. Dei um nome francês a essa invenção porque adoro a palavra francesa para "chucrute", *choucroute*, e porque os criei para a festa anual do Dia da Bastilha de minha amiga Jocelyn.

Prepare o chucrute com a seguinte modificação: vá retirando as folhas do repolho até o miolo conseguir passar pela boca do recipiente. Rasgue as folhas que retirou e salgue levemente. Use uma faca para remover com cuidado o miolo cilíndrico do repolho, para que os sucos possam penetrar no centro. Pique o miolo e misture com as folhas salgadas. Comprima o conteúdo no recipiente de modo que a cabeça do repolho fique mergulhada na mistura de repolho picado e suco, com tudo submerso, e deixe fermentar (como na receita básica de chucrute, na p. 73).

Depois de uma ou duas semanas, retire a cabeça do repolho e remova as folhas com cuidado. Coloque uma pequena porção de chucrute e um pouco de queijo feta, queijo de cabra ou outro queijo em cada folha, faça um rolinho e feche com um palito de dente.

Para saber mais

CENTRE TERRE VIVANTE. *Preserving food without freezing or canning: traditional techniques using salt, oil, sugar, alcohol, vinegar, drying, cold storage, and lactic fermentation.* White River Junction: Chelsea Green Publishing, 2007.

CHUN, Lauryn; MASSOV, Olga. *The kimchi cookbook.* Berkeley: Ten Speed Press, 2012.

FEIFER, Amanda. *Ferment your vegetables: a fun and flavorful guide to making your own pickles, kimchi, kraut, and more.* Beverly: Fair Winds Press, 2015.

HACHISU, Nancy Singleton. *Preserving the Japanese way: traditions of salting, fermenting, and pickling for the modern kitchen.* Kansas: Andrews McMeel Publishing, 2015.

HISAMATSU, Ikuko. *Quick and easy tsukemono: Japanese pickling recipes.* Tóquio: Japan Publications, 2005.

MAN-JO, Kim; KYOU-TAE, Lee; O-YOUNG, Lee. *The kimchee cookbook: fiery flavors and cultural history of Korea's national dish.* Cingapura: Periplus Editions, 1999.

O'BRIEN, Julie; CLIMENHAGE, Richard J. *Fresh and fermented: 85 delicious ways to make fermented carrots, kraut, and kimchi part of every meal.* Seattle: Sasquatch Books, 2014.

SHIMIZU, Kay. *Tsukemono: Japanese pickled vegetables.* Tóquio: Shufunotomo, 1993.

SHOCKEY, Kristen K.; SHOCKEY, Christopher. *Fermented vegetables: creative recipes for fermenting 64 vegetables and herbs in krauts, kimchis, brined pickles, chutneys, relishes and pastes.* North Adams: Storey Publishing, 2014.

SOLOMON, Karen. *Asian pickles: sweet, sour, salty, cured, and fermented preserves.* Berkeley: Ten Speed Press, 2014.

6. Bebidas levemente fermentadas

As bebidas levemente fermentadas podem ser feitas em variações de sabores quase infinitas. Elas são produzidas no mundo em formas tradicionais bem diferentes e se prestam à experimentação e à criatividade. São refrigerantes probióticos naturalmente carbonatados que podem ser engarrafados para não deixar escapar o dióxido de carbono.

Organizei este capítulo por tipos diferentes de *starters* e apresento uma ou duas receitas para cada um. Você pode misturar e combinar os *starters* e os sabores como quiser. Faça seus experimentos e descubra o que mais lhe agrada!

Uma observação: essas bebidas levemente fermentadas podem conter pequenas quantidades de álcool, na maioria dos casos insignificantes. Nenhuma delas tem álcool suficiente para ser considerada uma bebida alcoólica, mas, se quiser reduzir o teor alcoólico, não deixe fermentar por muito tempo, ou fermente em recipientes abertos para as bactérias aeróbicas metabolizarem o álcool em vinagre.

Kombucha fermentando em recipientes de cerâmica na Urban Farm Fermentory em Portland, Maine.

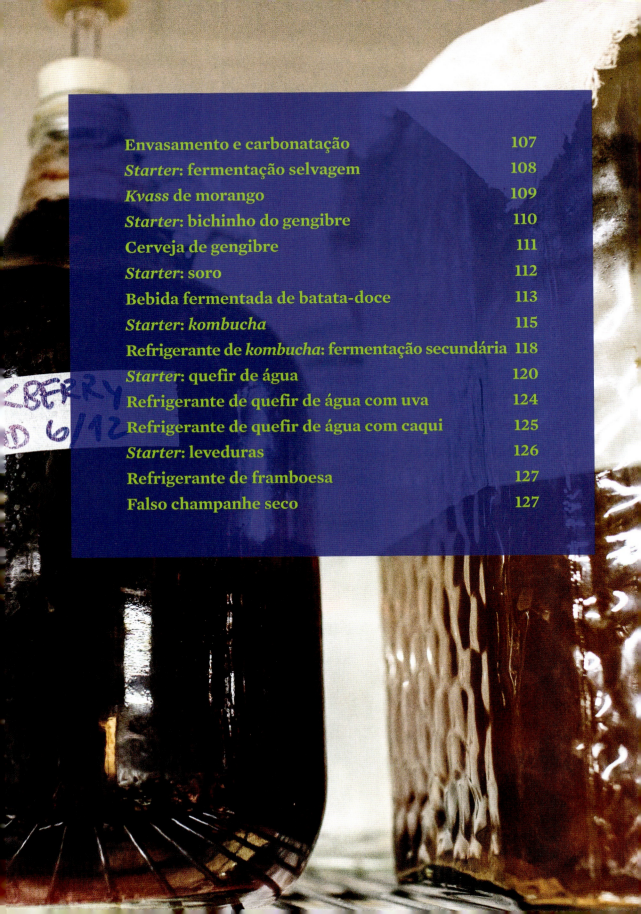

Envasamento e carbonatação	107
Starter: fermentação selvagem	108
Kvass de morango	109
Starter: bichinho do gengibre	110
Cerveja de gengibre	111
Starter: soro	112
Bebida fermentada de batata-doce	113
Starter: kombucha	115
Refrigerante de *kombucha*: fermentação secundária	118
Starter: quefir de água	120
Refrigerante de quefir de água com uva	124
Refrigerante de quefir de água com caqui	125
Starter: leveduras	126
Refrigerante de framboesa	127
Falso champanhe seco	127

Envasamento e carbonatação

Essas bebidas podem ser carbonatadas, se você preferir. A carbonatação é a liberação do dióxido de carbono aprisionado. Se você quiser carbonatar essas bebidas, espere a fermentação ficar bem ativa (com um borbulhamento vigoroso), transfira a bebida para garrafas capazes de conter alguma pressão e lacre. Depois, deixe as garrafas fermentando, mas por pouco tempo – em alguns casos por algumas horas, dependendo da temperatura e da atividade da fermentação. Saboreie bem gelada.

Carbonatar bebidas doces é perigoso! É importantíssimo manter isso em mente. Uma bebida fermentada vigorosamente ativa, ainda doce e repleta de açúcares fermentáveis presa em uma garrafa pode explodir. O envasamento deve ser feito com muito cuidado e atenção. Uma carbonatação moderada acentua o sabor dessas bebidas. A carbonatação de alta pressão pode resultar em bebidas desperdiçadas, uma grande sujeira e perigosas garrafas explosivas.

É difícil avaliar a pressão em garrafas de vidro. Uma maneira tradicional é incluir algumas uvas-passas na garrafa; à medida que o conteúdo carbonata, as uvas-passas flutuam. Costumo envasar essas bebidas fermentadas ainda doces principalmente em garrafas PET de refrigerante. Mesmo se eu engarrafar a maioria em garrafas de vidro, não deixo de envasar algumas em garrafas plásticas. A vantagem das garrafas de plástico é que dá para sentir a pressão apertando a garrafa e avaliando a resistência. Se a garrafa plástica ceder facilmente, ela ainda não pressurizou; se estiver firme e resistir, ela pressurizou e deve ser levada à geladeira ou consumida rapidamente.

Refrigere as garrafas antes de abrir e abra sobre uma tigela limpa dentro da pia para conter pelo menos parte da bebida, caso jorre. Comece abrindo a garrafa aos poucos e, se muita espuma começar a subir, feche a tampa e aguarde um momento. Depois recomece a abrir e, se a espuma subir, feche com força. Repita esse processo algumas vezes até a bebida perder um pouco da pressão e você poder abrir a garrafa sem jorrar espuma.

starter: fermentação selvagem

O *starter* mais simples para fazer uma bebida levemente fermentada é a fermentação selvagem, se você usar frutas cruas ou outros ingredientes crus ricos em micróbios. Nesse caso, você não vai precisar incluir um *starter*. Como na fermentação de vegetais crus, o *starter* necessário já está na fruta que você está fermentando e permeará rapidamente a mistura. Meu conselho mais importante: mexa, mexa e mexa mais um pouco!

kvass de morango

No capítulo anterior, falamos do *kvass* de beterraba (p. 100), uma infusão fermentada de beterrabas na água com sal. Esta receita é uma infusão fermentada de morangos na água com açúcar. Em um ambiente salgado com vegetais, as bactérias ácido-lácticas dominam a fermentação. Em uma solução açucarada com frutas, quem se desenvolve são as leveduras.

O *kvass* de morango é frutado e delicioso, excelente como refrigerante ou base para coquetéis. Tente variar com cerejas, framboesas, mirtilos, amoras e outras frutas vermelhas.

Tempo: 3 a 5 dias

Recipiente: Pote de cerâmica, tigela ou vidro de conserva de boca larga (ou balde plástico para alimentos de 4 litros ou mais)

Ingredientes (para 2 litros):

1 quilo (1 litro) de morangos (ou mais, se você tiver a sorte de ter morangos sobrando!)
½ xícara (125 g) de açúcar (em qualquer forma)

Modo de fazer:

- **Limpe os morangos.** Enxágue suavemente os morangos e remova as frutas verdes ou em decomposição. Coloque os morangos no recipiente.
- **Prepare a solução de açúcar.** Adicione o açúcar em cerca de 6 xícaras (1,5 litro) de água sem cloro e mexa bem para dissolver. Prove e acrescente açúcar se quiser.
- **Despeje a solução de açúcar sobre os morangos.** O recipiente deve ficar cheio até a metade, no máximo, com bastante espaço para mexer vigorosamente.
- **Cubra o recipiente.**
- **Deixe fermentar.**
- **Mexa** pelo menos duas ou três vezes por dia. Misture vigorosamente nas laterais para tentar formar um vórtice no meio. O vórtice aera a água e a agitação distribui a atividade e afunda as frutas que estão flutuando. Se você não fizer isso, pode-se desenvolver um bolor nas frutas e a fermentação será mais lenta.
- **Observe.** Depois de alguns dias, você vai começar a notar bolhas. Continue mexendo e o borbulhamento vai ficar mais ativo. Quando o borbulhamento ficar vigoroso, a cor terá mudado, os morangos terão encolhido e o líquido terá adquirido um forte sabor e aroma frutado.
- **Saboreie** o *kvass* de morango coado ou com os morangos.

starter: bichinho do gengibre

O "bichinho do gengibre" é um *starter* que usa as leveduras e bactérias encontradas no gengibre. Use gengibre orgânico (ou cultivado em casa!), já que o gengibre não orgânico pode ser irradiado, destruindo sua eficácia como *starter*. O bichinho do gengibre não passa de água, açúcar e gengibre ralado, que começa a fermentar ativamente em alguns dias.

Tempo: 1 a 3 dias

Recipiente: Vidro de conserva ou tigela de 500 ml

Ingredientes:

5 cm (20 g) ou mais de gengibre orgânico fresco
¼ xícara (60 g) de açúcar

Modo de fazer:

Rale o gengibre, com pele e tudo. Comece com 2,5 cm (10 g) no primeiro dia e acrescente o restante depois.

Misture. Adicione o gengibre ralado e 2 colheres (sopa) de açúcar a 1 xícara (250 ml) de água. Mexa bem. Cubra com um pano para permitir a livre circulação de ar e impedir a entrada de moscas.

Deixe fermentar num local não muito frio.

Mexa pelo menos algumas vezes por dia ou quantas vezes puder, até a mistura ficar borbulhante, o que deve acontecer em dois a quatro dias.

Alimente o "bichinho" com mais gengibre e açúcar. Adicione mais 2,5 cm (10 g) de gengibre ralado e mais 2 colheres (sopa) de açúcar e mexa. Vá alimentando o bichinho a cada um ou dois dias até o dia que quiser fazer a cerveja de gengibre.

Faça a cerveja de gengibre (veja a próxima receita) a qualquer momento depois que o bichinho ficar ativo. Se você for esperar mais um ou dois dias, continue alimentando o bichinho com gengibre fresco e açúcar a cada dois dias para mantê-lo saudável e vigoroso. O bichinho do gengibre é um excelente *starter* para fazer cerveja de casca de árvores e cerveja de raízes. Um *starter* semelhante pode ser feito usando raízes frescas de açafrão.

cerveja de gengibre

A cerveja de gengibre é uma bebida sem álcool normalmente fermentada só por tempo suficiente para criar a carbonatação, mas não o suficiente para produzir álcool. O sabor pode variar de picante a leve – se for leve, muitas crianças adoram. A cerveja de gengibre poderia ser feita como fizemos o bichinho do gengibre, na receita ao lado. Mas o processo de duas etapas permite extrair melhor o sabor do gengibre ao fervê-lo, adicionar o açúcar e deixar a mistura esfriar antes de adicionar o bichinho borbulhante.

Tempo: 2 a 5 dias depois que o bichinho do gengibre estiver ativo

Equipamentos: Pote de cerâmica, tigela, vidro de conserva de boca larga ou balde plástico para alimentos de 4 litros (ou maior) com tampa ou um pano para cobrir
Garrafas plásticas de refrigerante ou outras garrafas que podem ser hermeticamente fechadas para o envasamento

Ingredientes (para 4 litros):
10 cm (40 g) de gengibre fresco para obter um sabor de gengibre bem suave ou até 30 cm (120 g) ou mais para um sabor intenso de gengibre
1½ xícara (375 g) de açúcar
2 limões-sicilianos espremidos

Modo de fazer:

Prepare o *starter*. Veja se o bichinho do gengibre está ativo e borbulhando. Adicione 1 colher de chá de açúcar e mexa bem.

Ferva 2 litros de água.

Rale o gengibre e adicione à panela de água fervente. Abaixe o fogo.

Cozinhe em fogo baixo por uns 30 minutos.

Coe a mistura para retirar o gengibre, adicione o açúcar, mexa para dissolver e adicione o suco de limão.

Adicione água fria para fazer 4 litros.

Adicione o bichinho do gengibre coado. Se for fazer mais cerveja de gengibre em outro momento, reserve algumas colheres (sopa) do bichinho ativo para usar como *starter*, complete com água e alimente-o com gengibre ralado e açúcar.)

Deixe fermentar no recipiente escolhido por cerca de 24 horas, mexendo com frequência. Se a mistura não estiver borbulhante após 24 horas, adicione algumas fatias de gengibre cru e mexa por mais um ou dois dias até borbulhar.

Engarrafe e feche as garrafas hermeticamente.

Deixe fermentar nas garrafas num local não muito frio por um dia ou mais, dependendo da temperatura. O melhor jeito que conheço de monitorar a carbonatação é envasar em garrafas PET, como descrevi em "Envasamento e carbonatação" (p. 107).

Leve as garrafas à geladeira quando formar pressão.

Bebidas levemente fermentadas

starter: soro

O soro é o líquido que se separa da coalhada quando o leite coalha ou azeda. Vários fatores podem fazer o leite coalhar, como adicionar vinagre ou suco de limão ao leite quente. A renina, também chamada de quimosina, é um complexo de enzimas muito utilizado na fabricação de queijos que produz coalhos que podem ser manipulados de várias maneiras. O iogurte também é um tipo de coalhada e, à medida que amadurece e se acidifica, vai liberando soro. O quefir também coalha ao se acidificar.

Complexas comunidades microbianas se propagam no soro de iogurte, quefir e queijo de leite cru, e esse soro pode ser usado como *starter* para ativar a fermentação de muitos outros alimentos, desde purê de batatas até ketchup. O livro de receitas de Sally Fallon, *Nourishing traditions*, inclui muitas ideias excelentes para fermentar com soro de leite. Para bebidas carbonatadas, o *starter* de soro mais ativo provém do quefir (de leite, não de água), porque a comunidade do quefir inclui leveduras e bactérias ácido-lácticas (p. 140). O quefir normalmente coagula em 2 ou 3 dias, e as gorduras e os sólidos do leite vão boiar; retire delicadamente um pouco do soro que se forma na superfície. Para obter soro de iogurte, pendure-o como no *labneh* (p. 136) e colete o soro que escorre dele.

Muitas regiões do mundo produzem bebidas tradicionais levemente fermentadas. Aqui, uma vendedora em um mercado ao ar livre de St. Croix está vendendo mauby – bebida agridoce deliciosa popular em muitas ilhas do Caribe.

bebida fermentada de batata-doce

A bebida fermentada de batata-doce, da Guiana, é doce, leve e frutada, com muito pouca acidez. A casca de ovo atua para neutralizar o ácido láctico produzido pela fermentação. As crianças costumam adorar essa bebida, bem como pessoas que tendem a não gostar de sabores fermentados.

Tempo: 3 a 5 dias

Recipiente: Pote de cerâmica, tigela, vidro de conserva de boca larga ou balde plástico para alimentos de 4 litros (ou maior)

Ingredientes (para 2 litros):

1 batata-doce grande ou 2 pequenas (500 g)
1 xícara (250 g) de açúcar
¼ xícara (60 ml) de soro de leite
1 limão-siciliano
1 colher (chá) de *macis* em pó (o arilo carnoso da noz-moscada)
Canela
Noz-moscada
1 casca de ovo

Modo de fazer:

Rale as batatas-doces.

Remova o amido. Cubra a batata-doce ralada com água e mexa por um momento. Escorra e enxágue. Repita até a água ficar transparente.

Combine. No recipiente, misture a batata-doce ralada, 2 litros de água, o açúcar, o soro, o suco e as raspas do limão-siciliano, o *macis* e uma pitada de canela e noz-moscada. Esmague a casca de ovo limpa e inclua à mistura. Mexa e cubra.

Deixe fermentar num local não muito frio até borbulhar, o que deve levar dois a três dias.

Coe os sólidos e descarte-os ou use-os em panquecas, pães ou outro alimento cozido.

Envase o líquido em garrafas e feche hermeticamente.

Deixe fermentar nas garrafas num local não muito frio por um dia ou mais, dependendo da temperatura. O melhor jeito que conheço de monitorar a carbonatação é envasar em garrafas PET de refrigerante, como descrevi em "Envasamento e carbonatação" (p. 107).

Leve à geladeira antes de abrir e servir.

starter: kombucha

O *kombucha* é uma solução fermentada de chá e açúcar, uma deliciosa bebida tônica azeda que lembra uma sidra de maçã espumante. Ele pode ser saboreado assim ou usado como *starter* para uma fermentação secundária com suco de frutas ou outros sabores. O *kombucha* é produzido por uma comunidade simbiótica de bactérias e leveduras, também conhecida como *mãe*, ou cultivo-mãe, que tem a forma de um disco borrachento que flutua na superfície do chá enquanto ele fermenta.

Nenhuma outra bebida fermentada se aproxima do *kombucha* em popularidade (pelo menos nos Estados Unidos). Conheci o *kombucha* mais ou menos em 1994, quando minha amiga Spree, outra sobrevivente da aids, passava por uma crise de saúde e entrou na onda do *kombucha* atraída pelos supostos benefícios de estimulação do sistema imunológico. O cultivo-mãe dela logo se proliferou (a cada lote a mãe produz uma nova camada e engrossa) e ela se pôs a distribuir mães de *kombucha* para todo mundo. Naquela época, o *kombucha* se espalhava exclusivamente por meio de entusiastas, que criavam cultivos-mãe e os distribuíam para amigos e conhecidos.

O movimento do *kombucha* deu lugar a uma indústria, com vendas estimadas nos Estados Unidos chegando a meio bilhão de dólares em 2015, alimentadas por muito exagero e promessas infundadas. Nenhum alimento é um remédio para tudo. Mas isso não reduz seus benefícios potenciais. Como qualquer bebida fermentada, ele contém subprodutos metabólicos sem igual e culturas bacterianas vivas. Experimente um pouco, começando com pequenas doses, e veja o que acha.

Se gostar, é fácil e divertido de fazer o *kombucha*. O mais difícil vai ser encontrar uma mãe. Pergunte por aí e procure na internet. Você vai encontrar para doação e à venda (veja o Apêndice).

O *kombucha* costuma ser feito com uma infusão de folhas de chá (*Camellia sinensis*). Você pode usar chá preto, verde ou outros estilos de chá, mas é melhor evitar aqueles com muito sabor ou perfumados (e também chás de plantas, como hortelã e camomila). Dito isso, fiz bons *kombuchas* sem qualquer chá, só com uma infusão de hibisco, suco de maçã ou café. Faça seus experimentos! A mãe do *kombucha* é bastante adaptável. Mas tem seus limites, então não faça experimentos com seu único cultivo-mãe! Faça um teste só com uma camada da mãe e vá adaptando aos poucos, com uma mistura meio a meio, antes de fazer a transição completa, ou ainda mais gradualmente. Você pode usar sacos de chá ou chá a granel e preparar uma infusão mais forte ou

mais fraca, como preferir. Costumo preparar um concentrado bem forte e o diluo e resfrio adicionando água, para poder colocar o cultivo-mãe sem ter de esperar o chá esfriar.

Use açúcar para adoçar o chá. Adoce a gosto, lembrando que parte do açúcar vai fermentar e se transformar em ácidos e o *kombucha* maduro será bem menos doce que a mistura inicial. Algumas pessoas tiveram excelentes resultados fazendo *kombucha* com mel, agave, xarope de bordo, malte de cevada, suco de frutas e outros adoçantes; meu amigo Brett Love fez *kombucha* com seu refrigerante favorito, Mountain Dew. Os processos de fermentação podem ser muito versáteis, mas nem sempre. Muitas pessoas me contaram que o cultivo-mãe morreu quando elas trocaram o adoçante do *kombucha*. Use só uma camada do cultivo-mãe para fazer um teste e conserve outra camada no meio tradicional de chá e açúcar. Experimente por algumas gerações, para ter certeza de que o cultivo-mãe continua crescendo.

Tempo: Cerca de 7 a 10 dias

Recipiente: Pote de cerâmica, tigela, vidro de conserva de boca larga ou balde plástico para alimentos de 4 litros (ou maior) com uma tampa qualquer ou pano para cobrir. É melhor usar um recipiente largo e não encher até a boca; o *kombucha* precisa de uma boa área de superfície e é mais eficaz se o diâmetro do recipiente for maior que a profundidade do líquido.

Ingredientes (para 2 litros):

½ xícara (125 g) de açúcar
2 colheres (sopa) de chá preto ou verde a granel ou 4 saquinhos de chá
1 xícara (250 ml) de *kombucha* maduro
cultivo-mãe de *kombucha*

Modo de fazer:

Ferva 1 litro de água numa panela pequena.

Faça o chá. Retire a água do fogo, adicione o chá, cubra e deixe em infusão por cerca de 5 minutos.

Coe o chá dentro do recipiente de fermentação.

Adicione o açúcar e mexa bem para dissolver.

Adicione mais 1 litro de água para esfriar e obter o volume final.

Prove e adicione mais açúcar se preferir.

Deixe esfriar até a temperatura corporal.

Adicione o *kombucha* maduro. A cultura que você ganhar ou comprar virá imersa nesse líquido. Guarde um pouco da bebida que você fizer para esse fim. Se não tiver líquido, adicione 2 colheres (sopa) de vinagre para acidificar o ambiente e manter o *kombucha* saudável.

Coloque o cultivo-mãe de *kombucha* no líquido, com o lado firme e opaco para cima e cubra com um pano.

Deixe fermentar num local não muito frio, de preferência acima dos 21°C. A mãe do *kombucha* vai boiar no chá doce enquanto fermenta. Pode acontecer de ela afundar quando for colocada no chá. Se a mãe, ou pelo menos uma borda, não flutuar depois de cerca de 24 horas, ela provavelmente não é viável e você vai precisar encontrar outra.

Prove o *kombucha* depois de mais ou menos uma semana; ou antes, se fizer muito calor. O *kombucha* provavelmente ainda estará doce. Quanto mais tempo fermentar, mais ácido se tornará. O tempo médio de fermentação do *kombucha* é de cerca de dez dias, mas você decide quando está pronto, dependendo das suas preferências de doçura e acidez.

Remova o cultivo-mãe e 1 xícara (250 ml) de *kombucha* maduro para o próximo lote.

Engarrafe o que sobrar para beber assim mesmo ou use esse *kombucha* como *starter* de uma fermentação secundária (p. 118).

Comece seu próximo lote. O *kombucha* será mais saudável se você conseguir manter um ritmo contínuo. Agora você terá outra camada no cultivo-mãe. Deixe as camadas se acumularem (por um tempo) ou retire uma camada para fazer experimentos ou dar a um amigo.

Bebidas levemente fermentadas

refrigerante de *kombucha*: fermentação secundária

O *kombucha* pode ser um excelente ponto de partida para fazer uma bebida levemente fermentada de qualquer sabor. Um fabricante de *kombucha* está produzindo todos os sabores clássicos de refrigerante. Os melhores que já provei foram com sabor de frutas e/ou vegetais. Meu amigo Caeleb usa suco de abacaxi e o *kombucha* sempre fica uma delícia. Os incansáveis experimentalistas da Cultured Pickle Shop me apresentaram à ideia de acrescentar sucos de vegetais. Você pode usar qualquer tipo de infusão ou decocção adoçada de ervas ou outros sabores. A fermentação secundária é mais fácil que a primeira.

Tempo: Cerca de 3 a 5 dias

Recipientes: 2 garrafas plásticas de refrigerante de 1 litro com tampas de rosca (ou outros tipos como garrafas com tampa de vedação, garrafas de suco com tampa de rosca, garrafas de cerveja com tampa, como descrevo em "Envasamento de bebidas alcoólicas para a carbonatação", na p. 248).

Ingredientes (para 2 litros):

6 xícaras (1,5 litro) de *kombucha* maduro
2 xícaras de qualquer tipo de suco de frutas ou vegetais ou uma infusão ou decocção de ervas adoçada com cerca de 2 colheres (sopa) de açúcar ou outro adoçante

Modo de fazer:

Misture o *kombucha* maduro com o suco de frutas ou vegetais ou a infusão de ervas adoçada.

Coloque a mistura em garrafas hermeticamente fechadas.

Deixe fermentar nas garrafas num local não muito frio por um dia ou mais, dependendo da temperatura. O melhor jeito que conheço de monitorar a carbonatação é envasar em garrafas plásticas de refrigerante (ver p. 107).

Leve à geladeira antes de abrir (se possível).

starter: quefir de água

O *quefir de água* é um dos muitos nomes de uma comunidade simbiótica de bactérias e leveduras que se manifesta na forma de pequenos cristais esbranquiçados e translúcidos. Ele não tem relação direta com o quefir, a cultura do leite (p. 140), mas, por terem forma parecida, as pessoas acham que eles são relacionados. A cultura também é conhecida como *tibicos* ou *tibis*, grãos de água com açúcar, cristais tibetanos, cristais de água japoneses, entre muitos outros nomes.

O quefir de água é uma cultura versátil que pode ser utilizada para fermentar praticamente qualquer líquido rico em carboidratos. Costumo usá-lo para fermentar água com açúcar, mel ou sorgo com um pouquinho de fruta na fermentação primária e misturar o resultado com mais fruta ou suco, ervas ou outros condimentos para a fermentação secundária. Também tive bons resultados com água de coco e leites de coco, de soja, de amêndoa e de arroz.

É muito simples fermentar com quefir de água, depois que você encontra os grãos para iniciar (veja o Apêndice). A única dificuldade está em encontrar um ritmo para alimentá-lo. Eles são bichinhos de estimação exigentes e, se passarem mais que alguns dias sem nutrientes frescos, podem perder a vitalidade, parar de crescer, encolher e até se dissolver.

Se você os alimentar regularmente e começar um novo lote sempre que extrair os grãos do lote anterior, seus grãos de quefir devem se multiplicar rapidamente. Compartilhe-os com os amigos! Se eles não crescerem, podem estar faltando minerais. Dominic Anfiteatro, um entusiasta australiano da fermentação e a fonte de informações mais completa na internet sobre tudo o que diz respeito ao quefir, observa que a água "dura", rica em minerais, promove o crescimento do quefir de água, ao passo que a água destilada ou a água filtrada com filtro de carvão ativado pode retardar o crescimento. Uma estratégia para mineralizar o quefir de água é adicionar um pouquinho de casca de ovo triturada, calcário ou coral marinho à solução de fermentação (se você usar demais, a solução pode ficar viscosa).

Se precisar suspender temporariamente o ritmo de seu quefir, enxágue os grãos, dê tapinhas para retirar a água e congele-os num saco plástico hermeticamente fechado.

Tempo: 1 a 3 dias para começar, e depois em um ritmo contínuo

Equipamentos:
Vidro de conserva de 1 litro
Pano para cobrir
Morim ou peneira de malha fina

Ingredientes (para 1 litro):
¼ xícara (60 ml) ou mais de mel ou formas menos refinadas de açúcar
1 damasco seco sem bióxido de enxofre ou ½ limão taiti
1 fatia fina de gengibre fresco (opcional)
1 colher (sopa) de grãos de quefir de água (veja onde encontrar no Apêndice)

Modo de fazer:

Prepare a solução de açúcar. Misture o açúcar ou o mel a um pouco menos de 1 litro de água. O açúcar precisa ser uma fonte não só de carboidratos mas também de minerais, por isso use açúcares menos refinados. Se você só tiver açúcar refinado, adicione ½ colher de chá de melaço como fonte de minerais. Adoce a gosto, lembrando que parte do açúcar será transformada em ácidos e, depois de um ou dois dias, a mistura ficará menos doce. Comece com ¼ de xícara de açúcar e adicione mais se desejar.

Adicione a fruta e o gengibre, se quiser. Como o quefir de água pode ser sensível, é melhor não adicionar muito. Você pode deixar para fazer isso na fermentação secundária. Esta primeira fermentação é para manter os cristais saudáveis e felizes. É tentador colocar frutas vermelhas frescas e você até pode tentar, mas depois pode ser difícil separar os cristais das frutas em decomposição. Eu também deixo para fazer isso na fermentação secundária.

Adicione os grãos de quefir de água. Se você estiver revitalizando cristais secos, pode precisar alimentá-los algumas vezes para eles ficarem hidratados e vigorosos.

Cubra o recipiente com um pano.

Deixe fermentar por 24 horas. Mexa algumas vezes nesse período.

Prove. Se a mistura estiver borbulhante, ativa e saborosa, você pode passar para a próxima etapa. Se quiser dar mais um ou dois dias, continue mexendo e provando até o quefir ficar a seu gosto.

Retire as frutas (normalmente estarão boiando no líquido).

Coe usando uma peneira de malha fina ou morim para separar os grãos de quefir de água.

Beba assim mesmo ou use como *starter*. O quefir de água, agora denso com a comunidade de organismos dos cristais, pode ser usado como *starter* para fazer um refrigerante de quefir de água.

Prepare uma nova solução de açúcar para os grãos. Eles são como bichinhos de estimação e precisam ser sempre alimentados. Costumo reutilizar a fruta e o gengibre para fazer mais um ou dois lotes.

refrigerante de quefir de água com uva

O quefir de água recém-fermentado está repleto de bactérias e leveduras e pode ser misturado com suco de frutas ou vegetais, infusões ou decocções adoçadas de ervas ou qualquer sabor que você imaginar. Esta receita é para fazer um refrigerante sabor uva. O ideal é usar suco de uvas frescas, mas você também pode usar suco de uva concentrado.

Tempo: 1 a 3 dias

Recipientes: 2 garrafas plásticas de refrigerante de 1 litro com tampa de rosca

Ingredientes (para 2 litros):
2 xícaras (500 ml) de quefir de água maduro
1,5 litro de suco de uva (ou qualquer tipo de suco de frutas ou vegetais, ou uma infusão ou decocção de ervas adoçada com cerca de ½ xícara/125 g de açúcar ou mel)

Modo de fazer:
Misture o quefir de água maduro com o suco.
Coloque a mistura nas garrafas e feche bem.
Deixe fermentar num local não muito frio por um dia ou mais, dependendo da temperatura, até criar pressão.
Leve à geladeira antes de abrir, se possível.

refrigerante de quefir de água com caqui

Refrigerantes de quefir de água podem ser feitos com infinitos sabores. Esta receita usa minha fruta favorita, o pequeno caqui americano (*Diospyros virginiana*), nativo desta região. Todos os dias, de setembro a dezembro, encontro esses deliciosos frutos no chão, debaixo dos caquizeiros, e provo sua polpa carnuda, doce e suculenta como uma ambrosia curativa, nutrindo meu corpo e minha alma com a generosidade da Terra. Uso essa busca sazonal como um elaborado ritual para cuidar de mim mesmo e sempre volto me sentindo muito bem. O doce sabor do caqui evoca em mim uma nítida visualização mental, na qual vejo a energia vital concentrada do caqui permeando todo meu ser. Uma coisa que aprendi é que a visualização ajuda a curar o corpo e a alma.

Às vezes encontro tantos caquis no chão que não consigo comer todos e preciso encontrar outras maneiras de usá-los. Esse refrigerante é uma excelente maneira de saborear a essência de caqui em uma bebida. Como os caquis ainda verdes deixam um terrível sabor residual adstringente, use caquis maduros. Substitua os caquis pela fruta que preferir.

Tempo: 3 a 4 dias

Equipamentos:

Tigela, pote de cerâmica ou vidro de conserva de 4 litros (ou mais)
Pano para cobrir
2 garrafas plásticas de refrigerante de 1 litro com tampa de rosca

Ingredientes (para 2 litros):

1 litro de quefir de água maduro
¼ xícara (60 g) de açúcar
1 quilo de caquis maduros frescos (cerca de 1 litro)

Modo de fazer:

Misture o quefir de água maduro com o açúcar e 2 xícaras de água no recipiente. Mexa bem para dissolver o açúcar. Adicione os caquis e cubra com um pano.

Deixe fermentar em um lugar bem visível sobre a bancada da cozinha.

Mexa com frequência, pelo menos três vezes ao dia. O quefir de água deve ficar borbulhante e começar a incorporar a cor, o aroma e o sabor dos caquis.

Coe a mistura para retirar os caquis depois de uns dois dias. Se os caquis ainda estiverem saborosos, use-os para fazer outro lote de quefir de água ou coma-os. Prove o refrigerante de quefir de água e adicione açúcar ou água, se necessário.

Coloque o líquido nas garrafas PET de refrigerante e feche. Monitore a carbonatação, como descrevo na p. 107.

Leve as garrafas à geladeira antes de abrir, se possível.

starter: leveduras

Não podemos nos esquecer do *starter* mais popular: as leveduras. Minha amiga Lisa Klieger passou anos fazendo excelentes refrigerantes de levedura. Ela dá o seguinte conselho:

> Fáceis e relativamente práticos, os refrigerantes de levedura são a gratificação instantânea do mundo das bebidas fermentadas. Em minha cozinha, a 20°C, um lote leva umas seis horas para carbonatar completamente e consigo fazer de manhã e servir no jantar. Gosto de servir para as visitas ou me divertir fazendo com meus filhos. É um barato fazer experimentos com sabores diferentes. Adicione alguns grãos de pimenta-do-reino a um lote para dar um toque de pungência, deixe uma fatia de casca de limão para dar um sofisticado tom amargo, adicione manjericão fresco ou outras ervas para dar um toque de frescor. Um pouco de fruta cítrica leva a um borbulhamento mais vigoroso e arredonda o sabor da levedura.
>
> A levedura é capaz de digerir qualquer adoçante de carboidrato. Açúcar refinado, mel, melado, sorgo e suco de frutas produzem bons resultados. Tome cuidado porque esses refrigerantes tendem a formar pressão rapidamente. Alivie a pressão abrindo devagar e com cuidado as garrafas várias vezes ao dia. E, se você quiser evitar o álcool, consuma a bebida antes de maturar muito. Quando a bebida carbonatar totalmente, ela pode ser levada à geladeira para desacelerar a fermentação, mas mesmo no ambiente gelado ela pode chegar à intensidade de uma cerveja depois de alguns dias.
>
> As duas receitas a seguir são as preferidas de minha família.

refrigerante de framboesa

Tempo: 6 a 8 horas

Recipientes: 2 garrafas plásticas de refrigerante de 1 litro com tampa de rosca

Ingredientes (para 2 litros):

½ xícara (70 g) de framboesas
Suco de ½ limão-siciliano
2-4 colheres (sopa) de mel
1 colher (sopa) de xarope de rosas
Leveduras

Modo de fazer:

Junte os ingredientes e misture. Coloque todos os ingredientes, exceto as leveduras, numa tigela com um pouco de água e amasse tudo com um garfo ou bata no liquidificador.

Divida nas duas garrafas de 1 litro.

Complete com água morna.

Adicione as leveduras. Polvilhe cerca de ¼ colher de chá de fermento de pão ou levedura de champanhe em cada garrafa. Deixe descansar por alguns minutos, depois agite as garrafas para dissolver e distribuir as leveduras.

Deixe fermentar sobre a bancada da cozinha. Verifique a pressão depois de algumas horas. Alivie a pressão abrindo as garrafas devagar e com cuidado. Leve à geladeira quando a bebida estiver bem carbonatada, o que normalmente acontece entre seis e oito horas.

falso champanhe seco

Tempo: 6 a 8 horas

Recipientes: Pote de cerâmica
2 garrafas plásticas de refrigerante de 1 litro com tampa de rosca

Ingredientes (para 2 litros):

½ xícara de damiana (também chamada de erva-damiana) seca
Suco e casca de 1 limão-siciliano
¾ xícara (185 g) de açúcar
Leveduras

Modo de fazer:

Ferva a água.

Misture os ingredientes e deixe em infusão. Coloque todos os ingredientes, exceto as leveduras, em um pote de cerâmica ou recipiente não metálico. Cubra com água fervente e deixe em infusão, coberto, até esfriar.

Coe o líquido e divida nas duas garrafas de 1 litro.

Complete com água morna.

Adicione as leveduras. Polvilhe cerca de ¼ colher de chá de fermento de pão ou levedura de champanhe em cada garrafa. Deixe descansar por alguns minutos, e então agite as garrafas para dissolver e distribuir as leveduras.

Deixe fermentar sobre a bancada da cozinha. Verifique a pressão depois de algumas horas. Alivie a pressão abrindo as garrafas com cuidado. Leve à geladeira quando a bebida estiver bem carbonatada, o que normalmente acontece depois de seis a oito horas. Se você quiser uma bebida ainda mais parecida com champanhe, deixe na geladeira por quatro a cinco dias, aliviando a pressão com cuidado várias vezes ao dia.

Para saber mais

CHRISTENSEN, Emma. *True brews: how to craft fermented cider, beer, wine, sake, soda, mead, kefir, and kombucha at home*. Berkeley: Ten Speed Press, 2013.

CRUM, Hannah; LAGORY, Alex. *The big book of kombucha: brewing, flavoring, and enjoying the health benefits of fermented tea*. North Adams: Storey Publishing, 2016.

FRANK, Günther W. *Kombucha: healthy beverage and natural remedy from the Far East, its correct preparation and use*. Steyr, Áustria: Wilhelm Ennsthaler, 1995.

LEE, Stephen; KOOPMAN, Ken. *Kombucha revolution: 75 recipes for homemade brews, fixers, elixirs, and mixers*. Berkeley: Ten Speed Press, 2014.

MUELLER, Julia. *Delicious probiotic drinks: 75 recipes for kombucha, kefir, ginger beer, and other naturally fermented drinks*. Nova York: Skyhorse Publishing, 2014.

7. Laticínios fermentados
(e alternativas veganas)

São 8 da manhã e é minha vez de ordenhar as cabras. Pego o balde de ordenha e um prato de água morna e vou ao celeiro. As cabras já estão esperando para ser alimentadas. Sassy costuma ser a primeira. Ela é a líder, a rainha do rebanho. Ela gosta de intimidar as outras cabras, e ser a primeira a comer parece ser um jeito de demonstrar sua dominância. Pego um pouco de comida em um prato e dou a Sassy. Enquanto ela devora, eu ordenho. Suas tetas são grandes e saudáveis, fáceis pegar. Aperto firme entre os polegares e a base dos indicadores, para evitar que o leite volte ao úbere, e pressiono os outros dedos contra a palma da mão para fazer o leite esguichar. O fluxo concentrado de leite forma espuma no balde. Relaxo as mãos para as tetas encherem de leite e repito. Com uma teta em cada mão, vou alternando ritmicamente.

Tento fazer tudo rápido porque, assim que Sassy termina sua refeição, ela não gosta de ficar parada. Ela se contorce, tentando escapar da baia de ordenha. Pior ainda, ela levanta as patas traseiras para tentar derrubar o balde de leite ou pisoteá-lo. As cabras são muito inteligentes e determinadas. A partir desse ponto, ordenhar Sassy vira uma batalha. Despejo o leite que ordenhei até agora num balde maior para minimizar a perda se ela conseguir o que quer. Eu a acaricio e sussurro doces palavras em seu ouvido. "Sassy, sua cabrinha linda, você foi tão boazinha até agora. Desculpe eu estar demorando tanto. Será que você, por favor, por favor, por favor, não pode me deixar terminar?" Eu negocio, oferecendo mais comida se ela cooperar. Ordenho com uma mão, segurando o balde com a outra para protegê-lo. Cada esguicho produz cada vez menos leite, enquanto eu aperto seu úbere tentando extrair todo o leite. Quando termino com Sassy, preciso ordenhar mais três cabras e temos outras três que não são ordenhadas mas precisam ser alimentadas e cuidadas.

Iogurte	133
Labneh (queijo de iogurte)	136
Molhos salgados de iogurte: *raita* e *tsatsiki*	137
Kishk	138
Doogh (refrigerante persa de iogurte)	139
Quefir	140
Buttermilk	143
Queijos artesanais	144
Farmer cheese	146
Paneer	147
Renina	148
Queijo de cabra	149
Queijo caseiro básico do Pinkie	150
Queijo feta	152
Ricota	153
Adaptações veganas	156
Leite de semente de abóbora e quefir	157
Iogurte não lácteo	158
Creme azedo de girassol	159

Lembrando minha vida na comunidade rural, morro de saudades das cabras. Eu jamais poderia dar conta de uma tarefa diária como essa sozinho, nem com um parceiro. Só dava para fazer isso como parte de uma comunidade. Embora eu não participe mais da escala de ordenha, adoro quando tenho a chance de beber leite daquelas cabras. Elas não são criadas em massa, tratadas como *commodities* e cheias de hormônios de crescimento. Aquelas cabras não são restritas a um pequeno pasto e só não têm acesso à horta. Elas vagam pela encosta da montanha, banqueteando-se com a vegetação selvagem. As cabras extraem nutrientes de folhas, cascas de árvores, líquens e muito mais e os compartilham conosco em seu leite. Elas chegam a comer hera venenosa, e dizem que o leite com vestígios de fitoquímicos de hera venenosa ajuda a dessensibilizar as pessoas aos efeitos da planta.

O leite fresco com o qual nós, filhos dos séculos XX e XXI, crescemos só se tornou possível com a refrigeração. Antes disso, e em regiões do mundo onde a refrigeração ainda não foi difundida, as pessoas obtinham o leite ordenhando os animais (e tinham acesso ao leite mais fresco) ou o conservavam por meio da fermentação. Em todas as regiões do mundo onde os animais eram domesticados por causa do leite, as pessoas desenvolveram estilos distintos de fermentação do produto. Ao contrário do leite fresco, os produtos lácteos fermentados permanecem comestíveis, e até melhoram com o tempo, mesmo sem refrigeração.

Hoje em dia, a refrigeração é norma na nossa vida. Acostumamos a manter uma variedade de alimentos perecíveis preparados, prontamente disponíveis sempre que quisermos. Basta entrar num grande supermercado para sentir o frio dos refrigeradores e mergulhar em seu zumbido constante. Embora a refrigeração tenha reduzido a necessidade de preservar o leite pela fermentação, não faltam produtos lácteos fermentados nos supermercados. Adoramos queijo, iogurte, creme azedo, *buttermilk* e outros fermentados lácteos. Gostamos de seus sabores, suas texturas e, em muitos casos, seus benefícios à saúde.

Para os veganos e outros não bebedores de leite: não se desesperem. Vocês não precisam abrir mão dos benefícios e dos prazeres dessas fermentações. Muitas culturas usadas para fermentar o leite são versáteis e adaptáveis a outras substâncias além do leite de mamíferos. Uma seção especial no fim deste capítulo apresenta algumas adaptações veganas dessas fermentações. Se você for intolerante à lactose, contudo, pode querer dar uma chance aos leites fermentados. As bactérias ácido-lácticas consomem a lactose do leite e a transformam em ácido láctico, que pode ser mais fácil de digerir, e as fermentações mais longas em geral resultam em menos lactose e mais acidez.

Folheto do Bread and Puppet Theater.

iogurte

Nenhum alimento fermentado é mais conhecido ou mais reconhecido pelos benefícios à saúde que o iogurte. "Muitas evidências confirmam o efeito benéfico do consumo de iogurte sobre a saúde gastrointestinal", afirma o *American Journal of Clinical Nutrition*.[1] A fermentação leva a maior disponibilização do cálcio, além de muitos outros benefícios. "O iogurte é especialmente recomendado para pessoas com alto risco de desenvolver câncer, por ser eficaz no bloqueio das mudanças celulares que dão início a ele", escreve Susun S. Weed.[2]

Além disso, ele é cremoso e delicioso. Os norte-americanos o consomem principalmente doce, mas também gosto muito das formas salgadas de iogurte. Os sabores salgados complementam e acentuam sua acidez em vez de tentar encobri-la. (Veja as receitas de molhos salgados de iogurte, nas próximas páginas.)

O termo *iogurte* abrange uma variedade de produtos lácteos fermentados em cada cultura local. O processo de preparação explicado a seguir é para culturas termofílicas, que requerem temperaturas acima da corporal, em torno de 43°C. Muitas engenhocas estão disponíveis no mercado para ajudá-lo a manter essa faixa de temperatura. Se você tiver uma, ótimo; mas é fácil improvisar com um *cooler* térmico pré-aquecido.

Para fazer iogurte, você vai precisar de uma cultura *starter*. Você pode comprar culturas liofilizadas, usar qualquer iogurte industrializado de cultura viva ou procurar uma cultura tradicional. Se usar um iogurte industrializado como *starter*, confira na embalagem se o iogurte contém culturas vivas, pois o produto pode ter sido pasteurizado após a fermentação, matando as bactérias. Muitas culturas comerciais de iogurte podem perder a eficácia como *starters* depois de algumas gerações (no livro *A arte da fermentação* explico por que isso acontece). Por outro lado, as culturas tradicionais, se forem bem cuidadas, podem se manter indefinidamente. A padaria Yonah Schimmel's Knishes de Nova York faz deliciosos iogurtes usando a mesma cultura *starter* que os fundadores trouxeram do Leste Europeu há mais de 100 anos. Veja o Apêndice para saber onde encontrar culturas de iogurte.

Tempo: 4 a 24 horas

Equipamentos:

2 vidros de conserva de 1 litro ou 4 vidros de conserva de 500 ml
Cooler térmico com capacidade para conter os vidros de conserva
Termômetro preciso na faixa de 43°C-82°C

Ingredientes (para 2 litros):

2 litros de leite integral
2 colheres (chá) de iogurte natural de cultura viva (*starter*)

Modo de fazer:

Aqueça o leite a 82°C ou até começar a formar bolhas. Use o fogo baixo e mexa com frequência, para não queimar o leite. Uma maneira simples de fazer isso é aquecer em banho-maria. Essa etapa de aquecimento não é absolutamente necessária, mas resulta em um iogurte muito mais espesso.

Prepare o *cooler* térmico: Aqueça a água até quase o ponto de fervura e despeje-a no *cooler* térmico até atingir cerca de 8-10 cm de profundidade. Feche o *cooler* e verifique a temperatura depois de dez minutos. Adicione um pouco de água fria (ou quente) conforme necessário para ajustar a temperatura para 46°C.

Resfrie o leite aquecido para cerca de 46°C ou até o ponto em que for quente, mas não difícil de manter o dedo (limpo!) dentro do leite. Você pode acelerar o processo de resfriamento colocando a panela com o leite quente numa tigela com água fria e mexendo o leite morno e a água de resfriamento. Não deixe o leite esfriar muito; as culturas de iogurte são mais ativas em temperaturas acima da temperatura corporal.

Introduza o *starter*. Misture um pouco de leite quente no *starter*, mexa para dissolver o iogurte e misture tudo no leite. Use apenas 1 colher de chá por litro. Eu costumava usar mais *starter*, achando que quanto mais melhor, até que consultei meu livro de culinária favorito, *The joy of cooking* (edição de 1964), que eu e meus amigos chamamos carinhosamente de "Joy". Ele diz: "Você pode achar que usar mais *starter* pode levar a um resultado melhor. Não é o caso. Se as bactérias ficarem apinhadas, o produto ficará azedo e aguado. Mas se a cultura tiver *lebensraum* ["espaço para viver" em alemão] suficiente, ela será saborosa, suave e cremosa."[3] Misture bem o *starter* no leite.

Despeje a mistura nos frascos e feche-os.

Verifique novamente o *cooler* térmico. Se perceber que os frascos vão boiar retire um pouco de água. Verifique a temperatura, tendo em mente que o ideal é 46°C (alguns graus serão absorvidos pelos frascos e a temperatura cairá rapidamente), e adicione um pouco de água quente, se necessário.

Coloque os frascos no *cooler* térmico pré-aquecido, com a temperatura verificada e ajustada. Se sobrar muito espaço no *cooler*, encha-o com garrafas cheias de água quente (mas não quentes demais a ponto de não conseguir pegá-las com as mãos). Feche o *cooler* e deixe-o num local não muito frio, onde ninguém vai mexer nele. "O iogurte também tem a peculiaridade de não se importar de levar uns solavancos enquanto fermenta", observa Joy.

Verifique a temperatura depois de uma hora. Se estiver abaixo de 43°C, acrescente um pouco de água fervida para elevá-la.

Dê uma olhada no iogurte depois de quatro a oito horas. Vire um frasco de lado e observe sua consistência. O ideal é estar sólido a ponto de manter a forma. Se não estiver espesso, retire um pouco da água morna do *cooler* e substitua por água quente para atingir os 43°C e deixe por mais quatro a oito horas. Você pode deixar fermentando por mais tempo, se desejar. O iogurte ficará mais azedo, pois mais lactose será convertida em ácido láctico. Uma fermentação mais longa pode tornar o iogurte digerível até para pessoas intolerantes à lactose.

Saboreie natural, adoçado ou salgado, como preferir. Faça seus experimentos! Há muitos usos possíveis para o iogurte. Pode passar meses na geladeira (o sabor fica mais ácido com o tempo). Ele se manterá fresco por mais tempo em frascos não abertos. O contato com o oxigênio pode levar a um sabor mais fermentado.

Reserve parte do iogurte para usar como o *starter* em um próximo lote.

labneh (queijo de iogurte)

Em muitas tradições culinárias nas quais o iogurte é popular, ele é coado para ficar mais espesso ou até sólido. O processo é simples.

Forre um coador com tecido de malha fina ou morim (use duas camadas se a malha não for muito fina). Coloque o coador forrado numa tigela.

Despeje com cuidado o iogurte no coador forrado. Levante os cantos do pano, junte-os, retire o pano cheio de iogurte do coador e retire o coador da tigela. Enrole os cantos do pano juntos no centro de uma colher de madeira comprida ou outro utensílio. Enrole algumas vezes até o pano prender bem ou use um elástico. Pendure a "trouxa" sobre a tigela.

Cubra e deixe escorrer. Você pode deixar pouco tempo, resultando em um iogurte um pouco mais espesso (o iogurte grego) ou durante horas, para obter um queijo de iogurte mais sólido. Quanto mais tempo você deixar, mais firme o iogurte ficará. Misture sal e ervas no iogurte para fazer um belo patê ou pasta. O líquido que escorreu do iogurte é um soro rico em proteínas. Use o soro para outras aventuras de fermentação (veja a p. 112) ou no lugar da água no preparo de alimentos cozidos ou assados.

molhos salgados de iogurte: *raita e tsatsiki*

O *raita* é um condimento popular na culinária indiana. O *tsatsiki* é um condimento parecido, embora temperado de outra forma, da culinária grega. Os dois misturam iogurte com pepino, sal e alho e diferem um pouco nos outros ingredientes. Se você puder deixar esses molhos assentarem pelo menos algumas horas (ou um dia), os sabores vão macerar e fundir.

Tempo: Algumas horas, para que os sabores possam macerar e fundir

Ingredientes (para cerca de 2½ xícaras/625 ml):

1 pepino grande ou 2 pequenos
1 colher (sopa) de sal, ou a gosto
2 xícaras (500 ml) de iogurte
3-6 dentes de alho amassados ou picados

Para o *raita*:

1 colher (chá) de cominho seco, torrado e moído (ou pré-moído)
¼ xícara (10 g) de coentro fresco picado

Para o *tsatsiki*:

2 colheres (sopa) de azeite
1 colher (sopa) de suco de limão-siciliano
Pimenta branca moída
¼ xícara (10 g) de hortelã fresca e/ou salsa picada

Modo de fazer:

Rale o pepino sobre uma peneira, polvilhe generosamente com sal, misture bem e deixe em uma pia ou em uma tigela para escorrer o excesso de água (juntamente com a maior parte do sal) por cerca de uma hora.

Misture o pepino com os outros ingredientes em uma tigela. Tente variar as possibilidades com outras ervas (endro fresco, orégano, cebolinha-francesa, tomilho, erva-cidreira e pétalas de flores comestíveis) ou vegetais ralados (couve-rábano, rabanete, bardana).

Prove. Grande parte do sal terá escorrido com a água. Se desejar, adicione mais sal e outros temperos.

Leve à geladeira até o momento de servir.

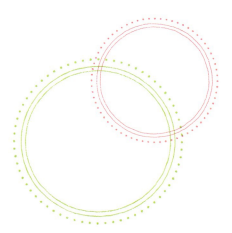

kishk

O *kishk* é um condimento libanês fermentado de iogurte e triguilho. Os ingredientes misturados formam uma massa que é fermentada por cerca de dez dias. Durante a fermentação, o aroma é quase doce, lembrando o coco. Com o tempo, a massa incorpora o sabor de um queijo forte e almiscarado. O *kishk* é seco após a fermentação e pode ser usado para dar sabor e engrossar sopas e ensopados. O sabor do *kishk* não tem igual e eu adoro. Ele também é encontrado na culinária tradicional iraniana e em outras tradições do Oriente Médio. Na Grécia, é conhecido como *trahanas*.

Tempo: Cerca de 10 dias

Ingredientes (para cerca de 2 xícaras/500 ml):

1 xícara (200 g) de triguilho (trigo para quibe)
2½ xícaras (625 ml) de iogurte
2 colheres (chá) de sal

Modo de fazer:

Misture o triguilho e o iogurte numa tigela, cubra e deixe descansar durante a noite.

Sove a massa e adicione o sal. De manhã, o triguilho terá absorvido a maior parte da umidade do iogurte. Sove, dobrando e virando a mistura algumas vezes com as mãos. Adicione o sal e misture. Se a massa estiver seca, como se pudesse absorver mais umidade, adicione um pouco mais de iogurte e sove para misturar. Cubra e deixe fermentar.

Misture o *kishk* diariamente. Verifique a mistura no dia seguinte. Sove-a algumas vezes com as mãos. Continue a misturar a massa de iogurte e triguilho todos os dias por cerca de nove dias. Isso renova as superfícies e protege o *kishk* da formação de bolor.

Seque o *kishk*. Espalhe o *kishk* em uma assadeira para secar e deixe em um local ensolarado, em um desidratador, diante de um ventilador ou em um forno aquecido. À medida que seca, esfarele a massa em pedaços menores para aumentar a área de superfície.

Esfarele até formar um pó. Quando o *kishk* estiver completamente seco, use um pilão ou processador de alimentos para transformá-lo em pó e migalhas e armazene em temperatura ambiente em um frasco bem fechado. Se for mantido seco, ele deve durar indefinidamente.

Para usar o *kishk* em sopas, frite o *kishk* em óleo ou manteiga com alho, adicione um pouco de caldo de carne ou de legumes e cozinhe até atingir a consistência de um molho. Transfira o molho de *kishk* à sopa e cozinhe por alguns minutos. O *kishk* vai engrossar e dar um sabor especial ao prato. Use cerca de 2 colheres (sopa) de *kishk* (ou mais) por xícara de sopa.

Muitos outros usos para o *kishk*. De acordo com a Fundação do Patrimônio Alimentar Libanês: "O *kishk* pode ser usado de diferentes maneiras, inclusive em saladas (como o '*meeykeh*', salada de hortelã e *kishk*), sopas ('*shishkish kishk*' e '*kishkiyye*'); recheios de pão libanês ou *mana'eesh*; pratos quentes como *kebbeh* com *kishk* ('*kebeh b kishk*'), *kishk* com ovos ('*kishk aala bayd*'), couve com *kishk* ('*malfouf aala kishk*'), massa de farinha de trigo com *kishk* (*maacaroon b kishk*), raviólí de carne com *kishk* ('*shish barak b kishk*') etc.".

doogh (refrigerante persa de iogurte)

O *doogh* é um refrigerante de iogurte. Sempre tomo um pouco quando vou a mercados do Oriente Médio. Todas as receitas que encontrei pediam para misturar iogurte e água com gás, mas eu sabia que devia haver um método tradicional que usasse a fermentação. Finalmente, no Festival de Fermentação de Boston, conheci o chef Geoff Lukas, que aprendeu a falar persa para estudar culinária persa no Irã. Ele me ensinou o método incrivelmente simples de carbonatar refrigerante de iogurte: "Vigorize o triguilho e deixe-o começar a borbulhar um pouco antes de adicioná-lo ao iogurte e use isso como sua fonte de leveduras". Com "vigorizar" ele quer dizer adicionar água, para despertar as leveduras e bactérias dormentes, e esperar alguns dias para a mistura começar a borbulhar. "A versão original usava o *buttermilk* proveniente da fermentação da manteiga, de modo que não continha gordura. Era um processo secundário. As versões modernas usam iogurte desnatado ou leite de cabra." Essa mistura de triguilho com água fermentada é outro tipo de *starter* que também pode ser usado para produzir refrigerantes levemente fermentados, como vimos no Capítulo 6.

Tempo: 3 a 5 dias

Recipiente: Garrafa de 1 litro (ou maior) com tampa de rosca
Potes ou tigelas com capacidade de 500 ml e 2 litros

Ingredientes (para 1 litro):
2 colheres (sopa) de triguilho (trigo para quibe)
3½ xícaras (875 ml) de iogurte

Modo de fazer:

Misture o triguilho com água em uma tigela. Use cerca de 1 xícara (250 ml) de água sem cloro. Cubra com um pano leve e mexa com frequência.

A água com triguilho deve começar a borbulhar em dois a três dias. Mexa por mais um dia enquanto o borbulhamento se intensifica, coe a mistura para separar o triguilho e despeje o líquido em uma grande tigela de 2 litros ou maior para misturar.

Misture o iogurte com o *starter* de água de triguilho. Bata-os para misturá-los e quebrar a estrutura do iogurte.

Transfira para a garrafa e feche bem. Deixe fermentar à temperatura ambiente por cerca de 24 horas e leve à geladeira. É fácil avaliar a pressão em uma garrafa PET (veja a p. 107).

Saboreie seu refrigerante de iogurte gelado ou à temperatura ambiente. É uma delícia natural, com uma pitada de sal e/ou uma pitada de pimenta, hortelã, uma colher de mel, xarope de bordo ou sorgo. Ele também pode ser usado como *starter* para fazer outros sabores, como vimos no Capítulo 6.

quefir

O quefir é uma bebida láctea fermentada originária da Cordilheira do Cáucaso, na Ásia Central. À medida que o leite fermenta, ele fica um pouco espesso e, dependendo do tempo de fermentação, o sabor pode variar de suave a muito ácido. Se você acertar o *timing*, ele pode ficar bem borbulhante. Em vez de usar um pouco do lote anterior como *starter*, como o iogurte e a maioria dos outros fermentos lácteos, o *starter* do quefir é uma comunidade simbiótica de bactérias e leveduras, uns agregados borrachentos conhecidos como grãos de quefir, que são retirados após a fermentação e usados para fazer o próximo lote.

Os grãos de quefir parecem pequenos floretes gordinhos de couve-flor. Nessa massa borrachenta vive uma complexa comunidade de pelo menos 30 micro-organismos, incluindo a levedura (*Saccharomyces cerevisiae*), que dá ao quefir sua efervescência borbulhante, bem como um baixo teor alcoólico (cerca de 1%). Se você alimentá-los com leite, os grãos de quefir vão crescer e se multiplicar.

A história do quefir é repleta de intrigas. Dizem que os primeiros grãos de quefir foram um presente de Alá, entregue por seu profeta Maomé. Os grãos eram considerados uma preciosidade, passados de uma geração à outra e jamais eram compartilhados com estranhos.

No início do século XX, a "Sociedade Médica Russa" interessou-se em obter a misteriosa fonte dessa bebida saudável. Como os guardiões dos grãos não desejassem compartilhá-los, os russos tiveram de recorrer a ardis e ao roubo. O esquema envolveu uma jovem russa chamada Irina Sakharova, encarregada da missão de seduzir o príncipe do Cáucaso, Bek-Mirza Barchorov, e convencê-lo a lhe dar alguns grãos de quefir. Ele se recusou, ela tentou fugir, ele a sequestrou, ela foi resgatada e ele foi preso. A título de indenização, o príncipe foi judicialmente obrigado a dar alguns de seus valiosos grãos de quefir a Sakharova. Em 1908, ela levou os primeiros grãos de quefir a Moscou. O quefir tornou-se – e continua sendo até hoje – uma bebida popular na Rússia.[4]

Em comparação com o iogurte, o quefir é muito fácil de fazer, por não exigir controle de temperatura. A única dificuldade é encontrar os grãos; veja uma lista de fontes no Apêndice. Os grãos de quefir são como bichinhos de estimação que precisam ser sempre alimentados. Se você conseguir manter um ritmo, eles vão ser saudáveis, produzir um delicioso quefir e crescer rapidamente – assim você vai ter grãos de quefir sobrando para dar aos amigos.

Os grãos de quefir mais incríveis que já encontrei foram os de Lou Preston, de Healdsburg, California.

Tempo: 1 a 3 dias

Recipiente: Vidro de conserva de 1 litro

Ingredientes (para 1 litro):

1 litro de leite
1 colher (sopa) de grãos de quefir

Modo de fazer:

Encha o vidro com o leite. Adicione os grãos de quefir e feche a tampa sem rosquear até o fim.

Deixe fermentar à temperatura ambiente durante cerca de 24 horas, fechando bem a tampa e agitando o vidro periodicamente. É importante agitar o conteúdo, pois isso aumenta o contato do leite com os grãos e distribui a atividade de fermentação. Afrouxe a tampa depois de agitar.

Coe os grãos com um coador. Você pode precisar usar uma colher ou o dedo para dar uma mexida e ajudar o leite espesso a passar pelo coador.

Coloque o quefir coado em um vidro de conserva, feche-o bem e deixe-o à temperatura ambiente por mais 12 a 24 horas para carbonatar (se desejado). O leite vai continuar fermentando mesmo sem os grãos porque os organismos foram incorporados ao quefir. (Considerando que o leite tem um teor de açúcar muito mais baixo, o vidro do quefir não vai explodir, como pode acontecer com os refrigerantes do Capítulo 6.)

Enquanto isso, cubra os grãos de quefir com leite fresco e comece o próximo lote. O quefir será mais saudável se você conseguir manter um ritmo contínuo. Faça lotes pequenos para não ficar com quefir demais.

Coalho. Se você deixar o quefir fermentando alguns dias, ele vai coalhar. Você pode agitá-lo para misturar e saborear o quefir azedo. Ou, quando o quefir cremoso e espesso boiar acima do soro, você pode retirá-lo delicadamente com uma colher e saboreá-lo como creme azedo. Use o soro para outras aventuras de fermentação ou em alimentos cozidos ou assados.

Os grãos de quefir crescem e se multiplicam com o tempo. Se você mantiver uma produção constante, eles fermentarão mais rapidamente à medida que a proporção de grãos em relação ao leite aumenta. Cedo ou tarde, você vai precisar tirar um pouco, já que basta mais ou menos uma colher (sopa) de grãos por litro de leite. Dê os grãos que sobrarem, coma-os, dê-os aos animais ou use-os na compostagem.

Fazendo uma pausa. A melhor maneira de armazenar os grãos de quefir se você precisar suspender a produção é secá-los gentilmente para retirar a umidade, colocá-los em um saco plástico hermeticamente fechado e congelá-los.

buttermilk

O *buttermilk* (leitelho) é o subproduto da produção de manteiga, o que sobra depois que o creme é batido e agitado para separar a gordura da manteiga e formar uma massa sólida. O *buttermilk* industrializado não passa de um leite fermentado excelente para fazer panquecas e pães. O sabor é delicioso e sua acidez reage com o bicarbonato de sódio, levando ao crescimento da massa. Você pode substituir o *buttermilk* por quefir com excelentes resultados. E também pode fazer o próprio *buttermilk* usando o industrializado como *starter*. Adicione cerca de ½ xícara (125 ml) de *buttermilk* industrializado de cultura viva a 1 litro de leite e deixe à temperatura ambiente por cerca de 24 horas; a mistura toda se transformará em *buttermilk*, que pode ser mantido na geladeira durante meses.

Produção de creme nata para fazer manteiga – usando tecnologia simples e inteligente – em uma aldeia do Himalaia, Kalap, Uttarahkand, na Índia.

queijos artesanais

A produção de queijo envolve muitas variáveis. O leite pode ser transformado em um queijo Cheddar duro, em um Camembert cremoso, em um queijo azul mofado ou até no queijo Velveeta. Tradicionalmente, o queijo tem milhares de variações regionais. Um queijo é o produto do leite de animais específicos que se alimentam em pastos específicos e hospedam micro-organismos específicos, submetidos a temperaturas e manipulações específicas, fermentados em um ambiente específico com seus micro-organismos específicos, normalmente selecionados por meio da aplicação de um tratamento específico, por um período de tempo específico.

Um queijo maturado, em geral, hospeda uma sucessão de organismos diferentes, cada um deles contribuindo para o sabor e a textura do produto. Burkhard Bilger fez uma descrição poética dos bolores que maturam o Saint-Nectaire, observados por ele ao microscópio: "Como um continente evoluindo em câmera acelerada, a crosta em maturação é invadida por sucessivas ondas de novas espécies, passando de dourado a cinza a um marrom sarapintado. O bolor brota como samambaias da era dos dinossauros, tomba e se transforma num tapete aveludado para os sucessores. O fungo *Penicillium* chega, com hastes finas demais para serem vistas por um microscópio comum, e forma manchas afofadas do cinza mais pálido. Por fim, um leve rubor se espalha pela superfície como um pôr do sol, marcando a chegada do *Trichothecium roseum*, a flor dos bolores".[5] Foi só no século XXI que a microbiologia desenvolveu instrumentos para estudar as complexas comunidades microbianas como as encontradas na crosta do queijo.

É de certa forma irônico que a microbiologia esteja começando a se interessar pela complexidade das diferentes comunidades microbianas que se desenvolvem na crosta dos diferentes queijos tradicionais. Até então, ela havia se dedicado a isolar culturas de linhagens puras para a produção em massa do queijo. As especificidades da produção tradicional do queijo foram em grande parte suplantadas pela uniformidade. A produção em massa requer uma abordagem padronizada que nada tem a ver com os métodos subjetivos da produção artesanal de queijos. "A intervenção humana deve ser precisamente correta", observa o produtor de queijos francês Michel Waroquier, citado na revista de antropologia *Food and foodways*, em uma investigação a respeito do choque cultural entre a produção de queijo tradicional e a industrial.

> "A experiência, o nariz, o olhar são os únicos guias de um produtor de queijos, e seu talento é sua única medida. Cabe a ele considerar uma infinidade de variáveis que afetam sua arte: as condições climáticas, o aspecto do leite, a estação do ano, a quantidade necessária de renina, o tempo necessário para a coagulação ideal do leite."[6]

Minha abordagem à produção de queijo é experimental, brincando com as variáveis para ver o que acontece. Pela minha experiência, nenhum queijo caseiro fica igual ao outro e todos os queijos caseiros são deliciosos. A seguir, você encontrará algumas receitas simples para começar. Faça experimentos variando o modo de preparo e participe da criação da incrível variedade de texturas e sabores que o queijo é capaz de incorporar.

A produção de queijo requer alguns equipamentos especiais, sendo que a maioria pode ser improvisada. O item mais básico é um tecido poroso para conter o coalho e deixar o soro escorrer (dessorar). Em certos casos, pode ser um morim, que pode ser comprado em lojas de tecido. Se você não tiver um morim, pode encontrar tecidos para fazer queijo caseiro na internet ou em lojas especializadas. Ou então você pode usar um tecido de algodão puro ou de outro tipo.

Em muitos casos, os queijos são drenados e/ou enformados. Você pode improvisar as fôrmas fazendo furinhos (com uma furadeira, picador de gelo ou prego) em potes de iogurte ou outros recipientes de plástico rígido para alimentos. Um segundo recipiente do mesmo formato, cheio de água, pode atuar como uma prensa para os queijos que requerem prensagem.

O último requisito para a produção de queijo costuma ser um ambiente de maturação. Neste livro, apresento receitas simples, com queijos maturados por pouco tempo e requisitos não muito rigorosos. Alguns queijos maturados demandam porões, adegas ou outros locais frios com temperatura e umidade controladas. Se o leitor se interessar em se aprofundar na produção de queijo, recomendo alguns excelentes livros na seção "Para saber mais", no fim do capítulo.

farmer cheese

Esse é o processo mais básico para fazer queijo. Envolve calor e vinagre, e, nesta forma mais simples, pelo fato de o queijo ser cozido e não maturado, ele nem sequer é um alimento fermentado.

Tempo: 20 minutos ou mais

Equipamento: Morim

Ingredientes para cerca de 375 g (2 xícaras) de queijo:

2 litros de leite integral
¼ xícara (60 ml) de vinagre

Modo de fazer:

Aqueça o leite em fogo baixo até levantar fervura, mexendo com frequência para não queimar. Retire do fogo.

Adicione o vinagre, um pouco de cada vez, mexendo até o leite coalhar. Deixe a coalhada descansando por cerca de dez minutos.

Coe o leite coalhado usando um coador forrado com o morim. Forme uma bola levantando os cantos do pano, juntando-os e torcendo para comprimir o coalho e forçar a saída da água.

Pendure a bola. Enrole os cantos do pano juntos no centro de uma colher de pau comprida ou outro utensílio. Enrole algumas vezes até o pano não soltar ou prenda com um elástico e pendure sobre uma tigela. (Veja a foto da p. 153) Depois de escorrer e engrossar um pouco, a consistência do *farmer cheese* será parecida com a da ricota, excelente para fazer lasanha, *cheesecake* ou rechear panquecas.

paneer

O *paneer* é um queijo indiano fresco e fácil de fazer. É basicamente uma versão mais dura do *farmer cheese*, feita espremendo os coalhos para forçar a saída do soro. As receitas em geral envolvem cortar o *paneer* em cubos, cobri-lo com sal e especiarias, fritá-lo e adicioná-lo a outros ingredientes. O *saag paneer* é bem temperado e o *paneer* frito é cozido com espinafre. Você também pode saborear este queijo com bolachas de água e sal.

Tempo: 1 hora

Equipamento: Morim

Ingredientes para pouco mais de 250 g (cerca de 1½ xícara):

2 litros de leite integral
¼ xícara (60 ml) de vinagre

Modo de fazer:

Faça um *farmer cheese*, seguindo a receita anterior, mas em vez de pendurar o coalho depois de coar, pressione-o como se segue.

Use um peso. Coloque a bola de queijo sobre uma superfície inclinada (uma tábua de carne com uma extremidade apoiada em algum objeto), coloque uma segunda superfície plana sobre o coalho e, por cima de tudo, um livro ou outro objeto pesado para forçar a saída do soro. Depois de uma hora (ou mais), o queijo manterá a forma quando o morim for retirado

renina

A renina, também chamada de quimosina, é um agente coagulante enzimático, tradicionalmente retirado da mucosa estomacal de ruminantes recém-nascidos. Hoje em dia, a "renina vegetal" também é produzida por fungos, bem como por bactérias geneticamente modificadas para produzir essas enzimas (as enzimas de bactérias geneticamente modificadas representam um mundo oculto da modificação genética). Muitas plantas, como cardos e urtigas, também podem ser usadas para coagular o leite, embora não envolvam a renina. Fiz experimentos com diferentes coagulantes, mas produzo a maioria de meus queijos caseiros com renina. Ela leva a um coalho de textura suave e cremosa. Outra vantagem é que ela coagula o leite em temperaturas mais baixas, de modo que é possível transformar em queijo o leite cru ou fermentado sem matar as culturas microbianas, que podem se desenvolver no queijo maturado.

A renina pode ser encontrada para comprar na internet e em lojas especializadas.

Queijos envelhecendo no porão de Jasper Hill.

queijo de cabra

O queijo de cabra é um queijo clássico, macio e delicioso, saboreado natural ou com ervas.

Tempo: 2 dias ou mais

Equipamento: Morim

Ingredientes para um pouco mais de 500 g (cerca de 2 xícaras):

2 litros de leite de cabra integral cru
2 colheres (sopa) de quefir
¼ de dose de renina (para a renina que eu uso, seriam 3 gotas para esse volume de leite)
2 colheres (chá) de sal

Modo de fazer:

Aqueça o leite em fogo baixo até atingir cerca de 32ºC. Mexa com frequência para não queimar.
Retire do fogo.
Adicione o quefir e mexa.
Adicione a renina. Dilua a renina em 1 colher (sopa) de água e misture delicadamente no leite quente com o quefir. O queijo de cabra requer pouca renina e aos poucos forma uma coalhada bem macia. Cubra.
Deixe fermentar por pelo menos 24 horas (ou por dois ou três dias, se quiser) à temperatura ambiente em um lugar onde ninguém vai mexer no queijo. Não o leve de um lado ao outro nem o agite, o que pode impedir a formação do coalho. O coalho vai se formar no fundo da panela.
Forre um coador com o morim.
Separe o soro do coalho. Retire delicadamente o coalho da panela e coloque-o em um morim para dessorar. Dobre o morim sobre o coalho para protegê-lo de moscas e deixe o coalho dessorar por algumas horas.
Salgue o coalho. Adicione o sal, juntamente com ervas e/ou flores comestíveis, se desejar, e misture. Depois disso, deixe continuar a dessorar por uma hora ou mais.
Saboreie seu queijo de cabra fresco agora ou guarde-o na geladeira, onde ele durará por semanas.

queijo caseiro básico do Pinkie

Meu primeiro professor de produção caseira de queijos foi David J. Pinkerton, o Pinkie, que me ensinou seu versátil processo de produção com renina, adaptado por mim na receita abaixo.

Tempo: Dias, semanas ou meses

Equipamentos:

Morim
Recipiente(s) de plástico com furos (opcional)

Ingredientes:

4 litros de leite integral, de preferência cru, mas definitivamente não ultrapasteurizado
¼ xícara (60 ml) de quefir (você pode substituir por iogurte, que em geral possui menos diversidade microbiana que o quefir)
5-20 gotas de renina
4 colheres (chá) de sal marinho

Modo de fazer:

Aqueça o leite em fogo baixo até a temperatura corporal, cerca de 38°C.

Adicione o quefir ou o iogurte. Mexa bem e mantenha aquecido por uma ou duas horas, embrulhado em um cobertor ou dentro de um forno aquecido.

Volte a aquecer o leite a cerca de 38°C.

Adicione a renina. A que costumo usar vem num pequeno frasco de plástico com um conta-gotas. Formulações diferentes de renina têm concentrações diferentes; a que eu uso requer entre 10 e 20 gotas para 4 litros de leite. Dez gotas produzirão um queijo mais macio e 20 gotas um queijo mais duro. Dilua a renina em cerca de 2 colheres (sopa) de água antes de adicioná-la e mexa o leite enquanto a despeja. Pare de mexer depois de adicionar. Não mexa no leite enquanto a renina trabalha em sua magia de coagulação. O leite deve levar mais ou menos meia hora para coagular. Uma massa de coalho vai se formar no centro, distanciando-se das laterais da panela.

Uma palestra na Pickle Party no Grand Central Market em Los Angeles.

Corte o coalho. Quando o leite coagular, use uma faca comprida ou uma espátula para cortar o coalho com cuidado. Volte a aquecer em fogo brando para restaurar a temperatura de 38°C enquanto faz isso. Cortar o coalho aumenta a área de superfície exposta à renina. Os pedaços de coalho vão endurecer um pouco e encolher. O coalho é frágil e deve ser manuseado com delicadeza. Corte cuidadosamente com uma faca afiada em pedaços mais ou menos do mesmo tamanho (eu costumo cortar em cubos de aproximadamente 2,5 cm). Ao cortar o coalho, mantenha os pedaços em movimento, mexendo delicadamente para evitar que afundem.

Mantenha o coalho aquecido. Para obter um queijo macio, mantenha a temperatura um pouco acima da corporal por 10 minutos depois de cortar o coalho. Se quiser um queijo mais duro, mantenha aquecido por mais tempo, até cerca de uma hora. Você pode obter o mesmo efeito aumentando a temperatura – mas, para manter as culturas vivas, não a eleve acima de 43°C. Aumentar a temperatura rapidamente resultará em um queijo farelento e quebradiço. Elevando-a aos poucos, não mais que 0,5°C por minuto, obterá uma firmeza mais homogênea e uniforme. "Os detalhes levam a um produto completamente diferente", explica Pinkie.

Deixe o soro escorrer do coalho. Seja gentil: o coalho ainda está frágil. Forre um coador com morim e coloque-o na pia ou em uma tigela. Use uma escumadeira para retirar delicadamente os pedaços de coalho e colocá-los no coador. Dobre o morim sobre o coalho para protegê-lo de moscas e deixe-o dessorar por cerca de meia hora.

Adicione sal, ervas, flores comestíveis ou outros condimentos, se desejar, e misture.

Coloque o coalho em fôrmas furadas. Encha as fôrmas até a boca, chegando a formar um montinho, já que o coalho vai encolher ao dessorar. Encha outro recipiente de plástico do mesmo tamanho com água e coloque em cima do coalho para pressionar. Ou faça ao estilo do Pinkie e simplesmente faça uma bola de coalho levantando os cantos do morim; depois junte os cantos e torça o morim para comprimir o coalho e forçar a saída do soro. Pendure a bola e deixe escorrer numa tigela, ou esprema.

Saboreie o queijo fresco quando tiver dessorado, o que deve acontecer em cerca de 24 horas, ou deixe-o maturando.

Mature o queijo num local fresco e seco e vire-o com frequência. Esfregue a superfície diariamente com salmoura, soro de leite, vinho, vinagre, temperos ou outras fricções. Ou mature em salmoura (como na receita do queijo feta, a seguir).

queijo feta

O queijo feta é envelhecido em salmoura, o ambiente de maturação mais simples possível. Embora seja tradicionalmente feito com leite de ovelha ou de cabra, você pode fazer um queijo ao estilo feta com qualquer leite.

Tempo: 1 semana ou mais

Equipamentos:

Morim
Vidro de conserva de boca larga de 1,5 litro ou maior para a maturação

Ingredientes:

4 litros de leite integral
¼ xícara (60 ml) de quefir
1 dose de renina (para a renina que eu uso, são 20 gotas para esse volume de leite)
½ xícara (125 g) de sal marinho

Modo de fazer:

Siga a receita do queijo caseiro básico do Pinkie até o corte do coalho. Use uma dose de renina (20 gotas para 4 litros de leite, para a renina que eu uso).

Mexa! Continue reduzindo e firmando os pedaços de coalho no soro aquecido por cerca de uma hora, mexendo delicadamente para evitar que afundem.

Deixe o coalho assentar no soro por alguns minutos.

Separe 1 litro de soro para preparar a salmoura. Meça 3 colheres (sopa) (45 g) de sal e dissolva para fazer a salmoura. Reserve em um vidro de conserva até o queijo estar pronto para a salga.

Escorra o soro do coalho em um coador forrado com morim.

Salgue o coalho. Polvilhe 2 colheres (sopa) de sal sobre o coalho e misture delicadamente com a mão por alguns minutos, já que o sal extrairá mais soro.

Faça uma bola com o coalho. Forme uma bola levantando os cantos do morim. Junte os cantos e torça o morim para comprimir o coalho e forçar a saída do soro.

Use um peso para dessorar. Coloque a bola de queijo sobre uma superfície inclinada (uma tábua de carne com uma extremidade apoiada em algum objeto), apoie uma segunda superfície plana sobre o coalho e, por cima de tudo, coloque um livro grande, uma panela ou outro objeto pesado para forçar a saída do soro. Depois de uma hora (ou mais), o queijo deverá manter a forma quando o morim for retirado.

Corte o queijo em pedaços que caibam no vidro de conserva.

Salgue e seque ao ar livre. Polvilhe 2 colheres (sopa) de sal sobre as superfícies do queijo e deixe secar sobre uma grade à temperatura ambiente por um ou dois dias, virando algumas vezes para secar todos os lados.

Cubra com salmoura. Encha o vidro de conserva com os pedaços de queijo e despeje salmoura sobre eles.

Deixe o queijo maturar em conserva na salmoura em uma adega ou geladeira por pelo menos uma semana.

ricota

A palavra *ricota* quer dizer "recozido" em italiano. A ricota não passa do soro resultante da produção de outros queijos, que é deixado fermentando por um tempo para acidificar e depois é cozido.

Tempo: 24 horas ou mais

Equipamento: Morim

Ingredientes para cerca de 250 g (1 xícara):

2 litros de soro de leite (que tenha sobrado da produção de queijo com leite cru aquecido em fogo baixo ou com culturas vivas)

Modo de fazer:

Deixe o soro fermentar por 24 horas ou mais para acidificá-lo.

Ferva o soro. Não precisa se preocupar em ficar mexendo para não queimar, mas fique de olho para não ferver e transbordar.

Retire do fogo assim que levantar fervura.

Deixe assentar. Deixe os pequenos coalhos assentarem por cerca de 10 minutos enquanto o soro esfria.

Coe usando um morim e deixe escorrendo até esfriar.

A batalha para decidir a regulamentação do queijo de leite cru

Tradicionalmente, a maioria dos queijos era feita com métodos como os descritos nas páginas anteriores, usando leite cru e buscando manter as enzimas e as culturas vivas do leite. A pasteurização na fabricação de queijos começou a ser pesquisada na Universidade de Wisconsin em 1907. Em 1949, uma lei foi criada nos Estados Unidos tornando obrigatória a pasteurização de todo o leite e produtos lácteos, incluindo queijos, a menos que o queijo seja maturado por pelo menos 60 dias.

E a legislação não mudou até hoje. Com isso, muitos dos melhores queijos não maturados do mundo não estão disponíveis (pelo menos legalmente) nos Estados Unidos. O governo americano vem tentando impor restrições legais mais rigorosas aos queijos de leite cru, levando a grandes protestos. "Mexer com queijos finos maturados de leite cru é como cortar uma pintura antiga feita por um mestre ou rasgar a partitura original de uma sinfonia clássica", advertiu a Sociedade Americana de Microbiologia.[7] "A pasteurização [...] leva a uma padronização do sabor, eliminando os sabores complexos e profundos que poderiam existir no queijo lácteo não pasteurizado", explica Ruth Flore, da Sociedade Americana do Queijo. A ameaça aos queijos de leite cru não se restringe aos Estados Unidos. A Aliança Europeia em Prol dos Queijos Artesanais e Tradicionais de Leite Cru alega que o queijo tradicional "está sendo ameaçado pela mão estéril dos controles sanitários globais".[8]

Será que os queijos não pasteurizados fazem mal à saúde? Os Centros de Controle e Prevenção de Doenças dos Estados Unidos (CDC) compilaram um estudo intitulado "Surtos de doenças humanas associados ao queijo nos Estados Unidos, 1973-1992". Segundo o estudo, 58 mortes resultaram de queijos contaminados, 48 delas de listeriose atribuída a uma única fábrica da Califórnia produtora de *queso fresco*, um queijo mexicano de leite pasteurizado. O escritor especializado em alimentos Jeffrey Steingarten investigou o estudo e relatou que nem uma única morte poderia ser atribuída a queijos de leite cru (apenas um único caso de salmonela).[9]

Se um único caso de salmonela justificasse a proibição de um alimento, teríamos pouquíssimas opções alimentares. "Se você não tolera um pequeno risco [...] é melhor matar a vaca", brincou um microbiologista anônimo.[10] "Nenhuma razão científica ou sanitária justifica o sacrifício desses queijos nos altares da produção em massa e da padronização global", diz Flore. Queijos regionais peculiares que não podem ser facilmente reproduzidos não têm um grande potencial no mercado globalizado. A homogeneização da cultura mostra seu lado sombrio na arena das regulamentações.

adaptações veganas

Cereais, leguminosas, sementes e oleaginosas (nozes, amêndoas, castanhas etc.) podem ser transformados em leite e queijo, e esses leites e queijos podem ser fermentados. Muitos queijos não lácteos disponíveis no mercado têm textura semelhante à do queijo, mas não incorporam os sabores nem as culturas da fermentação. Confesso que não fiz muitos experimentos nessa área (especialmente porque adoro laticínios), mas fiz e provei muitos deliciosos leites e queijos não lácteos fermentados e convido o leitor a transformar sua cozinha em um laboratório.

Quando eu estava escrevendo a edição original deste livro, River, meu amigo e colega de comunidade, que é vegano, usou grãos de quefir para fermentar uma série de diferentes alternativas ao leite, todas deliciosas. Meu preferido foi o quefir de leite de coco, borbulhante e saboroso, doce e azedo. Tudo o que ele fez foi adicionar cerca de 1 colher (sopa) de grãos de quefir a uma lata (o equivalente a 400 ml) de leite de coco e deixá-lo em um frasco (não na lata, pois os ácidos da fermentação podem reagir com o metal) por um ou dois dias à temperatura ambiente. Você pode seguir exatamente esse mesmo processo para fermentar leite de soja, leite de sementes de cânhamo, leite de arroz, leite de amêndoas ou leite de qualquer outra semente, noz ou cereal. (Saiba mais sobre o quefir na p. 140.)

O problema é que os grãos de quefir não sobrevivem por muito tempo nos leites não lácteos. Eles evoluíram com a lactose e sem ela não conseguem se desenvolver nem se reproduzir. Por isso, a cada segundo ou terceiro lote eles vão precisar de um pouco de leite. Também fermentei vários leites não lácteos com grãos de quefir de água e obtive resultados deliciosos, mas com a mesma limitação. Os grãos de quefir de água não crescem nem sobrevivem e precisam voltar a uma solução de água com açúcar a cada um ou dois lotes. Imagino que, para a maioria dos veganos, seria mais palatável usar o quefir de água em vez do quefir de leite para fazer esse revezamento. (Saiba mais sobre o quefir de água na p. 120.)

leite de semente de abóbora e quefir

O quefir preferido de meu amigo River é feito de leite de semente de abóbora, saboroso e nutritivo. Além da abóbora, quaisquer sementes ou oleaginosas comestíveis podem ser usadas. O método que ele usa é muito simples, muito mais fácil do que o leite de soja, além de ser saboroso. A vantagem de encontrar uma alternativa ao leite não lácteo industrializado é evitar o enorme desperdício de recursos gerado na produção da maioria das embalagens. O leite caseiro de sementes usa só um frasco, dispensando caixas descartáveis com múltiplas camadas. Veja o processo de River para fazer o leite de semente de abóbora.

Tempo: 20 minutos para o leite; 1 a 2 dias para o quefir

Equipamento: Liquidificador

Ingredientes (para 1 litro):

1 xícara (160 g) de sementes de abóbora (ou qualquer outra semente ou oleaginosa)
1 colher (chá) de lecitina (opcional; serve como emulsificante natural)

Modo de fazer:

Moa as sementes. Coloque-as no liquidificador e bata até formar um farelo fino.

Adicione água. Comece com ½ xícara (125 ml) de água e misture até formar uma pasta. Adicione mais 3 xícaras (750 ml) de água e a lecitina, se desejar, e misture um pouco mais.

Coe usando um morim e esprema para separar o leite da parte sólida das sementes. Use os restos sólidos para fazer pão ou panqueca.

Adicione mais água, um pouco de cada vez, e mexa até atingir a consistência desejada. Guarde na geladeira e mexa antes de usar.

Para fermentar 1 litro de leite de semente de abóbora, adicione 1 colher (sopa) de grãos de quefir de água ou de quefir de leite e deixe num frasco à temperatura ambiente por um ou dois dias. Em seguida, coe para retirar os grãos e desfrute a bebida acidulada, borbulhante e deliciosa.

iogurte não lácteo

As culturas de iogurte parecem mais adaptáveis ao leite de coco e ao leite de soja. Siga a receita do iogurte tradicional lácteo. Use um iogurte industrializado de coco ou de soja como *starter*, ou um iogurte lácteo. Aqueça o leite a 82°C; resfrie até 46°C; introduza uma pequena proporção do *starter* (1 colher de chá por litro); e deixe incubar por oito horas a 43°C (veja "Iogurte", na p. 133, para instruções mais detalhadas). O iogurte de coco e o de soja são espessos, quase sólidos, como o iogurte de leite. Alguns de meus outros experimentos com iogurtes não lácteos, como o de leite de arroz, não ficaram espessos, mas ficaram gostosos.

creme azedo de girassol

As sementes são bastante versáteis e podem ser transformadas em muitas texturas e consistências diferentes (assim como ocorre com o leite). Esta receita foi publicada na *newsletter* do nosso clube local de compras de alimentos. Você pode encontrar inspiração em qualquer lugar! Meu amigo Orchid preparou um lote e eu não pude deixar de fermentar um pouco com grãos de quefir. O delicioso resultado foi a melhor mistura cremosa e azeda não láctea que já provei.

Tempo: 2 dias

Ingredientes para cerca de 2½ xícaras (625 ml):

- 1 xícara (150 g) de sementes de girassol cruas
- 2 colheres (sopa) de linhaça crua
- ¼ xícara (50 g) de restos de cereais cozidos
- 3 colheres (sopa) de azeite
- 1 colher (chá) de mel (ou outro adoçante)
- 1 colher (sopa) de cebola, cebolinha ou cebolinha-francesa picadinha
- ¼ colher (chá) de sementes de aipo
- ⅓ xícara (80 ml) de suco de limão-siciliano
- 1 colher (sopa) de grãos de quefir
- ½ colher (chá) de sal

Modo de fazer:

Deixe as sementes de girassol e a linhaça de molho em água suficiente para cobri-las por cerca de oito horas.

Escorra as sementes e reserve a água.

Faça um purê com as sementes que ficaram de molho misturando com os outros ingredientes (exceto os grãos de quefir e o sal) em um liquidificador ou processador de alimentos. Adicione a água do molho, um pouco de cada vez, até a mistura atingir uma consistência cremosa e espessa.

Transfira a mistura para um vidro de conserva ou tigela não metálica.

Adicione os grãos de quefir.

Deixe fermentar por um a três dias, mexendo algumas vezes ao dia para aumentar a superfície de contato e a atividade.

Remova os grãos de quefir, se conseguir encontrá-los. Se não conseguir, não se preocupe; eles são comestíveis e nutritivos.

Adicione o sal e mexa bem antes de servir.

Saboreie seu creme azedo de girassol com batatas ou como um patê ou pasta.

Para saber mais

Asher, David. *The art of natural cheesemaking*. White River Junction: Chelsea Green Publishing, 2015.

Caldwell, Gianaclis. *Mastering artisan cheesemaking: the ultimate guide for home-scale and market producers*. White River Junction: Chelsea Green Publishing, 2012.

____. *Mastering basic cheesemaking: the fun and fundamentals of making cheese at home*. Gabriola Island, Canadá: New Society Publishers, 2016.

Carroll, Ricki. *Home cheese making: recipes for 75 homemade cheeses*. North Adams: Storey Books, 2002.

Hill, Louella. *Kitchen creamery: making yogurt, butter & cheese at home*. São Francisco: Chronicle Books, 2015.

Karlin, Mary. *Artisan cheese making at home: techniques & recipes for mastering world-class cheeses*. Berkeley: Ten Speed Press, 2011.

Kindstedt, Paul. *American farmstead cheese: the complete guide to making and selling artisan cheeses*. White River Junction: Chelsea Green Publishing, 2005.

Lucero, Claudia. *One-hour cheese: ricotta, mozzarella, chèvre, paneer – even burrata. Fresh and simple cheeses you can make in an hour or less!* Nova York: Workman Publishing, 2011.

Rule, Cheryl Sternman. *Yogurt culture: a global look at how to make, bake, sip, and chill the world's creamiest, healthiest food*. Nova York: Houghton Mifflin Harcourt, 2015.

Schinner, Miyoko. *Artisan vegan cheese: from everyday to gourmet*. Summertown: Book Publishing Co., 2012.

8. Cereais fermentados
(Mingaus, refrigerantes naturais, sopas e pães)

Enquanto o principal objetivo da fermentação de vegetais ou leite é a conservação, a fermentação de cereais é diferente. Os cereais (e as leguminosas, das quais falarei no próximo capítulo) são conservados em seu estado maduro e seco, mantidos num ambiente fresco, seco e escuro. A ausência de umidade os preserva porque, embora eles sejam povoados por complexas comunidades de bactérias e leveduras – como tudo o que compõe a nossa comida –, esses micróbios ficam latentes desde que sejam privados de água.

A mesma qualidade densa e seca que faz os cereais serem tão estáveis para o armazenamento também dificulta sua digestão. Eles são mais nutritivos se passarem pela pré-digestão da fermentação. Para afastar criaturas famintas (inclusive nós), as sementes usam várias estratégias biológicas que podem ser descritas como antinutrientes, que nos impedem de acessar seus nutrientes. Esses antinutrientes são decompostos pela fermentação, aumentando a biodisponibilidade de minerais e fazendo que os cereais sejam mais nutritivos e fáceis de digerir. A fermentação acentua o sabor dos cereais e das leguminosas e contribui para uma textura aerada e leve.

Existem muitas maneiras de fermentar cereais. A maioria dos ocidentais pensa primeiro no pão, associado ao sustento e considerado muito mais que um mero alimento. O elaborado processo de cultivar e colher cereais e fazer o pão "simbolizava o domínio da civilização sobre a natureza", escreve Michael Pollan em *The botany of desire*.[1] O pão, ou

Por que deixar de molho	166
Mingau de aveia	167
Ogi (mingau africano de painço)	168
Gv-no-he-nv (bebida azeda *cherokee* de milho)	168
Milho e nixtamalização	172
Injera (pão-de-ló etíope)	174
Ensopado de amendoim e batata-doce	176
Pão (e panquecas) de trigo-sarraceno	177
Leveduras e fermento natural	178
Como fazer e manter um *starter* de fermento natural	180
Panquecas salgadas de fermento natural e vegetais	182
Panquecas de fermento natural dos pioneiros do Alasca	184
Kvass	186
Okroshka (sopa fria de *kvass*)	187
Zur	188
Pão caseiro	189
Pão de cereais reciclados	190
Pão 100% de centeio	192
Sonnenblumenkernbrot (pão alemão de semente de girassol)	194
Challah (pão judaico)	196
Pão afegão	198
Bolachas salgadas de centeio e trigo-sarraceno	200
Amazake	202
Rejuvelac	203

sua privação, causou verdadeiras revoluções. Por exemplo, a alta do preço do pão foi uma das causas da Revolução Francesa. O pão é um alimento básico em muitas regiões do mundo. É feito em uma variedade extraordinária de estilos e formatos, e nem todos são assados.

Os pães podem ser achatados, como os pães sírios, feitos com massa mais compacta ou mais rala, como a de panqueca, e muitas vezes são fermentados antes. Os cereais podem ser usados como farinha (ou moídos em pedaços maiores, como o triguilho, a quirera ou a aveia em flocos), misturados com água e fermentados. Ou você pode deixar os cereais inteiros de molho, triturá-los para fazer uma massa de pão ou panqueca e fermentar. E pode deixar os cereais brotarem antes. Você pode fazer pães no vapor, fritá-los numa panela sem óleo ou fazer mingaus, sopas e bebidas fermentadas à base de cereais, inclusive a cerveja (Capítulo 11). As combinações da mistura de cereais com água são quase infinitas, graças à diversidade de cereais e métodos tradicionais facilitados pela rica microbiota nativa dos cereais, que fica dormente até ser despertada pela água.

Koji de cevada.

Em prol da preservação e da liberdade das sementes

Antes de entrarmos nos métodos de fermentação de cereais, vale deixar claro que os cereais não passam de sementes. Ao lado dos métodos de fermentação, do idioma e de tantos outros fatores, as sementes também são elementos importantíssimos do legado cultural que herdamos dos nossos ancestrais. Através de incontáveis gerações de seleção e coevolução, as sementes das nossas safras foram desenvolvidas para incorporar características desejáveis que vão desde o sabor, o rendimento e a facilidade de colheita até a resistência a secas e pragas. As sementes, uma parte integral e autogeradora das plantas que nos sustentam, constituem o primeiro elo da cadeia alimentar.

Como os métodos de fermentação, as sementes são manifestações das condições de locais específicos. No entanto, no decorrer do último século, com cada vez mais intensidade, grandes e pequenos produtores rurais estão abandonando as sementes tradicionais locais em favor de variedades supostamente melhoradas, inicialmente criadas pela hibridização e agora também pela modificação genética. Enquanto as sementes tradicionais eram guardadas para produzir a próxima safra, essas novas sementes requerem uma propagação especializada e não têm como ser perpetuadas com facilidade. Sem contar que elas são patenteadas, gerando dependência e abrindo novos caminhos para o controle corporativo dos nossos alimentos, além de reduzir a biodiversidade de variedades adaptadas às diferentes regiões e de acelerar a homogeneização cultural. "O que estamos testemunhando é o surgimento do totalitarismo alimentar", escreve Vandana Shiva em *Stolen harvest*, "no qual um pequeno número de corporações controla toda a cadeia alimentar e destrói as alternativas para que as pessoas não tenham acesso a alimentos diversificados e seguros produzidos ecologicamente."[2]

Por todo o mundo, surgem movimentos para preservar, propagar e espalhar o que resta das sementes tradicionais que herdamos. A preservação das sementes, uma prática antiga que ocupa o centro da agricultura e, podemos dizer, da cultura, tornou-se um ato de resistência. Em certos casos, em que genes de culturas transgênicas patenteadas contaminaram campos vizinhos de sementes preservadas, os agricultores chegaram a ser processados por replantar as sementes, e esse ato cultural básico se transformou literalmente em um ato de desobediência civil. A luta pela liberdade das sementes está intimamente relacionada com o movimento revivalista da fermentação, já que os dois buscam dar uma nova vida às antigas práticas culturais tradicionais. Convido o leitor a não pensar na fermentação só em termos de saúde e prazer gustativo, mas a pensar também na liberdade das sementes e em outras batalhas que se estendem além dos direitos humanos básicos.

por que deixar de molho

O primeiro passo da fermentação dos cereais é deixá-los de molho. A água é a fonte de toda vida, e as sementes secas conseguem resistir intactas justamente porque na ausência de água os micróbios naturalmente presentes nelas não têm como se desenvolver ou crescer. E assim eles permanecem, dormentes, até serem reativados pela água, como a própria semente.

É bom deixar os cereais de molho mesmo se você só for cozinhá-los. Use água sem cloro na proporção do quanto vai cozinhar. Você pode deixá-los de molho por apenas algumas horas. Pode não ser o suficiente para completar o processo de pré-digestão, mas é melhor do que não deixá-los de molho. A pré-digestão será mais rápida se o molho for em água morna (temperatura corporal) e você adicionar um pouco de culturas vivas ativas (como um pouco do líquido de um molho anterior, soro, *starter* de fermento natural, *buttermilk*, suco de chucrute) ou ácidos como vinagre ou suco de limão. Deixe de molho por ao menos 8 a 12 horas ou por um dia ou mais para possibilitar a pré-digestão e desenvolver mais o sabor. Quanto mais tempo você deixar os cereais de molho (até certo ponto), mais as bactérias ácido-lácticas vão atuar e mais sabores ácidos se desenvolverão. Essa etapa é muito fácil e não requer qualquer trabalho adicional, só um pouco de planejamento.

Parte da biblioteca de sementes em Navdanya, a fazenda e escola do dr. Vandana Shiva onde eu lecionei na Índia.

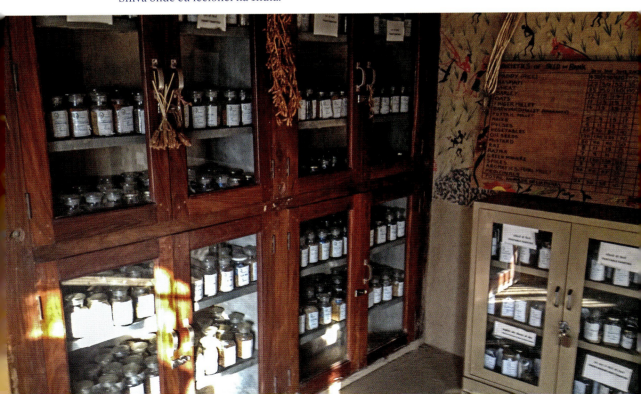

mingau de aveia

1. Dez 2020

O mingau de aveia (*oatmeal* em inglês ou "oytmeal", como meu pai gosta de dizer, imitando sua avó nascida na Lituânia) é a "comida para a alma" por excelência. A consistência de papinha remonta à nossa infância, quando a comida nos era servida com amor, de colherzinha. A fermentação da aveia antes do cozimento a deixa mais cremosa, mais saborosa e nutritiva. Cresci comendo mingau de aveia salgado, com manteiga, leite, sal e pimenta. Hoje em dia eu o incremento com manteiga, pasta de amendoim e missô. O mingau de aveia é um prato incrivelmente versátil.

Tempo: 8 horas ou mais

Ingredientes (para 4-6 porções):

1 xícara (125 g) de aveia em flocos
Sal marinho

Modo de fazer:

Deixe a aveia de molho em cerca de 3 xícaras (750 ml) de água. Cubra para proteger de poeira e moscas.

Deixe fermentar durante a noite ou por vários dias. Uma fermentação curta dá início à pré-digestão, mas leva a um sabor suave, não muito ácido. Os sabores característicos da fermentação só surgem depois de 24 a 48 horas, dependendo da temperatura, e ficam mais salientes quanto mais tempo os cereais ficarem de molho (até certo ponto).

Cozinhe a aveia. Adicione uma pitada de sal e leve a aveia e a água ao fogo até levantar fervura. Abaixe o fogo e deixe cozinhar até a aveia absorver toda a água, o que deve levar uns 10 minutos. Adicione um pouco mais de água, se preferir um mingau mais ralo, e mais aveia, se preferir mais grosso. Mexa com frequência, pois o amido da aveia queima com facilidade.

Sirva como preferir, doce ou salgado. De qualquer maneira, você vai adorar a cremosidade desta versão fermentada.

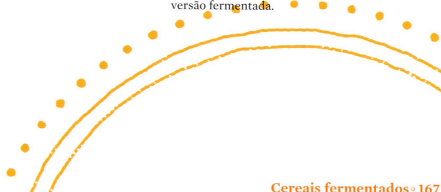

Cereais fermentados • 167

ogi (mingau africano de painço)

O mingau pode ser feito com qualquer cereal ou combinação de cereais. O mingau de painço, que conheci em uma visita à África Ocidental, é especialmente delicioso. O sabor suave do painço é salientado pela fermentação e você pode dar um toque especial ao mingau temperando com óleo de coco, manteiga, missô, pasta de amendoim, açúcar, sal, pimenta, alho, quefir, iogurte, molho picante, vegetais em conserva, sobras e praticamente qualquer outra coisa.

Tempo: Variável, de 1 a 4 dias

Ingredientes (para 4-6 porções):

1 xícara (200 g) de painço
Sal marinho
1 colher (sopa) de óleo de coco ou manteiga (opcional)

Modo de fazer:

Triture o painço em pedaços irregulares usando um moedor de grãos, processador de alimentos ou liquidificador.

Deixe o painço de molho em cerca de 1 litro de água. O tempo pode variar de cerca de 8 horas a quatro dias. O sabor ficará cada vez mais azedo com o passar dos dias.

Cozinhe o mingau. Adicione uma pitada de sal e óleo de coco ou manteiga ao painço ainda na água e leve ao fogo até levantar fervura. Abaixe o fogo e cozinhe até toda a água ser absorvida, por cerca de 15 minutos, mexendo com frequência. Adicione mais água, se necessário, para obter a consistência desejada.

Saboreie com os condimentos que quiser.

gv-no-he-nv (bebida azeda cherokee de milho)

O *gv-no-he-nv* (o *v* é pronunciado como o *u* na palavra *up*, em inglês) é basicamente um mingau levemente fermentado. Nos estágios iniciais, essa bebida espessa e leitosa tem o sabor adocicado do milho com suaves toques de acidez. À medida que fermenta, o *gv-no-he-nv* desenvolve um sabor forte, que quase chega a lembrar o queijo.

Conheci o *gv-no-he-nv* ao estudar as tradições de fermentação indígenas do sudeste dos Estados Unidos. Tento me manter ciente da história vergonhosa de genocídio e roubo de terras na região do Tennessee e em todo o país. Os habitantes nativos desses exuberantes vales e montanhas foram retirados à força e enviados ao oeste quase 200 anos atrás. Eu queria incluí-los neste livro para homenageá-los e descobrir se as tradições alimentares deles também incorporavam a fermentação e como isso era feito. Descobri que pelo menos um dos povos nativos de minha região praticava a fermentação na forma dessa bebida *cherokee* de milho fermentado. "Era costume servir essa bebida às visitas", explica um representante do povo *cherokee*. A bebida é também "popular entre os trabalhadores do campo", observa outro.[3]

O *gv-no-he-nv* passa por um processo similar ao de outras bebidas fermentadas à base de milho, como o *atole* mexicano ou o *mahewu* sul-africano.

Tempo: Alguns dias a 1 semana (ou mais)

Ingredientes (para cerca de 2 litros):

2 xícaras (350 g) de milho comum desidratado, nixtamalizado (veja a p. 172)

Modo de fazer:

Prepare o milho nixtamalizado, como descrito na receita (p. 172). Embora *nixtamal* seja uma palavra asteca, a prática do processamento do milho com cinza de madeira se difundiu nas Américas e foi adotada por tribos *cherokees* e muitas outras tribos norte-americanas.

Esmague os grãos inteiros do milho desidratado usando um moedor, pilão ou processador de alimentos.

Cozinhe o milho em 10 xícaras (2,5 litros) de água por cerca de uma hora, mexendo com frequência para evitar que queime, até os pedaços de milho ficarem macios e o líquido ficar espesso.

Para azedar, deixe o líquido em um vidro de conserva num local não muito frio, mexendo periodicamente. O líquido começa doce e vai desenvolvendo a acidez aos poucos. De acordo com a receita que me passaram: "A bebida pode ser mantida por um bom tempo, se não estiver fazendo muito calor".

Coe o *gv-no-he-nv* com um coador pressionando os sólidos. Use os pedaços de milho fermentado em panquecas, pães, pão de milho, polenta ou outros alimentos cozidos ou assados.

Saboreie! Beba o *gv-no-he-nv* puro (delicioso!), com algum toque simples, como sal, mel, pimenta-malagueta, chocolate, gengibre, ou algo mais elaborado.

Se o *gv-no-he-nv* ficar forte demais para ser bebido puro (ou mesmo se não ficar), ele também pode ser usado como um ingrediente na culinária, especialmente para engrossar sopas.

milho e nixtamalização

Os americanos consomem muito milho graças à sua importância na alimentação de animais criados para a produção de leite e carne, à sua proeminência como um ingrediente fragmentado (como xarope de milho ou amido de milho) em indústrias de processamento de alimentos e ao seu uso como combustível. Nas comunidades indígenas das Américas do Norte e do Sul, o milho (*Zea mays*, também conhecido como maís, uma variedade de milho graúdo) é utilizado de maneiras bem diferentes e já era o alimento básico tradicional muito antes da chegada dos europeus. Uma das várias utilizações tradicionais do milho, adaptada pela maioria dos colonizadores, é um processo chamado de "nixtamalização", a versão aportuguesada de uma palavra asteca. No meio da palavra, temos o vocábulo *tamale*. Os *tamales* e a maioria dos outros produtos de milho mexicanos são preparados utilizando esse processo. A massa feita com farinha de milho nixtamalizado é chamada de *masa*.

O processo de nixtamalização é simples. Basta cozinhar o milho brevemente com cal ou a sua fonte tradicional, a cinza de madeira, e enxaguá-lo. Esse processo de alcalinização não só possibilita a remoção da pele externa e dura do milho como também altera a cor e o sabor dele e o torna muito mais nutritivo. Mais especificamente, o processo altera a disponibilidade de aminoácidos e vitaminas, transformando o milho nixtamalizado em uma proteína completa e disponibilizando a niacina (vitamina B3).[4] "O milho nixtamalizado é tão superior ao milho não processado que é tentador considerar a ascensão da civilização mesoamericana como uma consequência dessa invenção", escreve a historiadora Sophie D. Coe.[5] O milho foi exportado para o mundo todo, mas não o processo de nixtamalização, e culturas com dietas baseadas no milho que se desenvolveram fora das Américas sofreram com deficiências de niacina e proteína, raras onde a nixtamalização é praticada.

A nixtamalização por si só não é um processo de fermentação. Mas como muitos processos tradicionais de fermentação do milho (como o *gv-no-he-nv*, descrito anteriormente) usam milho nixtamalizado, descreverei rapidamente o procedimento, que consiste em cozinhar em fogo baixo o milho em água com cinza de madeira ou cal. Você pode comprar o cal na internet ou em casas de artigos para festas e doces. Se você encontrar cal hidratada (hidróxido de cálcio), melhor. Certifique-se de que é de qualidade alimentar, pois o mesmo composto, menos puro, é usado na agricultura e na construção.

O tempo de cozimento varia de acordo com a tradição local, o tipo de milho e a utilização. Na primeira edição deste livro, cometi o erro de confundir o *nixtamal* com o *pozole* (um tipo específico de milho com outro tratamento alcalino) e recomendei deixar o milho de molho primeiro e depois cozinhar com as cinzas por três horas. Anos depois, Diana Kennedy, uma grande intérprete da culinária mexicana para a língua inglesa, me escreveu, alarmada, quando leu a seção sobre a nixtamalização. "Mas de onde você tirou isso? O resultado seria um grude! Você está confundindo duas coisas: 1) o *nixtamal* é o milho cozido em fogo baixo, com cal, e depois enxaguado e moído para fazer a *masa*; e 2) o *pozole* é feito preparando grandes grãos inteiros de milho (desidratado), geralmente milho do tipo *cacahuazintle* [...] Apenas o milho do *pozole* fica uma noite de molho, NUNCA o milho comum para fazer a *masa*."

E é verdade: um *nixtamal* que eu fiz virou um grude e o milho derreteu completamente na água com cinzas. Estou sempre aprendendo. Graças a Diana Kennedy, segue abaixo o processo melhorado que passei a usar para nixtamalizar o milho.

Tempo: Cerca de 3 horas

Ingredientes (para cerca de 4 copos – 1 litro de *nixtamal*):

2 xícaras (350 g) de grãos inteiros de milho desidratado
1 xícara (70 g) de cinzas de madeira peneirada ou 2 colheres (sopa) de cal

Modo de fazer:

Cubra o milho com uma boa quantidade de água numa panela e leve ao fogo até levantar fervura.

Adicione as cinzas ou a cal. Misture as cinzas peneiradas ou a cal com água fria, mexa e adicione a solução à água fervente numa panela não reativa. Se usar cinzas de madeira, use apenas as cinzas de madeira de verdade e tratada (evite madeira compensada, MDF ou outros produtos colados ou tratados com pressão). É importante peneirar as cinzas primeiro porque os pedaços maiores não se dissolverão e serão difíceis de enxaguar.

Cozinhe em fogo baixo. O milho ficará imediatamente com uma cor alaranjada vívida. Deixe cozinhar por cerca de 15 minutos ou até a pele começar a soltar dos grãos. Para testar, esfregue um grão de milho na palma das mãos. Se a pele estiver soltando, retire do fogo; se não, continue cozinhando. (Se você deixar por muito tempo, a pele e até os grãos se dissolverão.) Quando a pele estiver se soltando dos grãos, tire a panela do fogo, tampe e deixe o milho assentar na solução alcalina quente durante a noite ou até resfriar.

Enxágue e esfregue. Depois de frio, enxágue bem para remover toda a solução de cal, esfregando os grãos de milho entre as palmas das mãos para soltar e retirar as peles. Enxágue até retirar completamente a cal e a água ficar limpa. Se a pele continuar grudada no milho, continue esfregando com as palmas das mãos para removê-las.

O *nixtamal* está pronto para ser moído e transformado em *masa* ou para ser usado em projetos de fermentação.

injera (pão-de-ló etíope)

Um pão fermentado especial que eu adoro é o *injera* – o pão achatado, parecido com um crepe, que é um alimento básico na culinária etíope. Nos restaurantes etíopes, a comida é servida rodeada de *injera*s, e come-se rasgando pedaços do pão e pegando a comida com eles. Saboreie com o ensopado de amendoim e batata-doce (próxima receita) ou com qualquer prato salgado. O *injera* também é excelente para fazer qualquer tipo de *wrap* ou panqueca recheada. Esse pão achatado costuma ser feito sem *starter*, mas nada o impede de acelerar o processo adicionando um pouco de *starter* de fermento natural (veja a p. 180). Em geral, o *injera* é preparado com antecedência e servido à temperatura ambiente.

Tempo: 1 a 3 dias, dependendo da temperatura

Ingredientes (para 12-16 *injeras*):

- 4 xícaras (500 g) de farinha; pode ser só farinha de *teff* (cereal cultivado na Etiópia, pode ser encontrado em zonas cerealistas ou em lojas de produtos naturais), ou metade farinha de *teff* e metade farinha de trigo integral
- ½ colher (chá) de sal
- ½ colher (chá) de bicarbonato de sódio ou fermento em pó (opcional)
- Óleo vegetal

Modo de fazer:

Misture a massa. Em uma tigela grande, misture a farinha com 3 xícaras (750 ml) de água morna. Misture bem até ficar homogêneo. A mistura deve ter a consistência de massa rala de panqueca. Adicione um pouco mais de água ou farinha se necessário. Cubra para proteger das moscas.

Deixe fermentar num local não muito frio, mexendo sempre que lembrar. A massa estará pronta para usar quando estiver borbulhante, o que levará cerca de 24 horas no calor e dois a três dias no frio.

Adicione o sal quando for preparar o *injera*.

Aqueça uma panela de crepe ou frigideira antiaderente em fogo médio. Unte a frigideira com um pouco de óleo.

Despeje a massa na frigideira quente, tomando cuidado para espalhar o máximo possível e fazer um *injera* bem fino. Se a massa não espalhar, adicione um pouco mais de água para deixá-la mais rala. Esquente a frigideira a ponto de chiar quando você colocar a massa, mas cozinhe os crepes delicadamente em fogo médio.

Tampe a panela enquanto o *injera* cozinha. Cozinhe só de um lado, sem virar a massa, até aparecerem bolhas por toda a massa e ela ficar seca em cima. Retire da panela e coloque em um pano de prato para esfriar. Você pode empilhá-las depois de frias.

Cadê as bolhas? Se o *injera* não estiver muito aerado, adicione bicarbonato de sódio à massa e mexa bem. O bicarbonato de sódio aera a massa por ser alcalino e reagir com a acidez da massa fermentada, neutralizando parte do sabor azedo. Você também pode usar fermento em pó, que contém bicarbonato de sódio e compostos ácidos que reagem com o bicarbonato em contato com a água para produzir uma aeração semelhante sem neutralizar tanto o sabor ácido.

Com a dr. Vandana Shiva, em sua fazenda-escola na Índia onde ministrei aulas.

ensopado de amendoim e batata-doce

Meu amigo MaxZine encorajou minhas explorações de fermentação, desde o começo. Nos primeiros anos de minha obsessão, ele organizava grandes festas para servir guloseimas fermentadas, incluindo algumas noites etíopes. Eu fazia *injera* e *t'ej*, um hidromel ao estilo etíope (veja a p. 238) e ele fazia o restante. Ele preparou este prato fácil e delicioso para um banquete etíope, inspirado no livro de receitas *Sundays at moosewood restaurant*.

Tempo: 30 a 40 minutos

Ingredientes (para 6-8 porções):

2 colheres (sopa) de óleo de coco ou outro óleo vegetal
2-3 cebolas picadas
Cerca de 500 g de batata-doce em cubos ou o equivalente para completar 4 xícaras
4 dentes de alho picados
1 colher (chá) de pimenta-caiena
2 colheres (chá) de gengibre, fresco ou em pó
1 colher (chá) de cominho
1 colher (sopa) de páprica
1 colher (sopa) de feno-grego
1 colher (chá) de sal
Um pouco de cravo e canela
4 xícaras de tomates frescos ou enlatados
1 xícara (250 ml) de suco de maçã ou 1 xícara (250 ml) de água misturada a 1 colher (sopa) de mel
¾ xícara de pasta de amendoim
4 xícaras (350 g) de couve picada ou outras folhas verdes escuras

Modo de fazer:

Aqueça o óleo em uma panela funda, de bom tamanho.

Doure as cebolas no óleo até ficarem transparentes, o que deve levar uns 5 minutos.

Adicione as batatas-doces, o alho e a pimenta-caiena e refogue na panela tampada por cinco minutos.

Adicione os outros ingredientes, menos a pasta de amendoim e as folhas. Deixe levantar fervura, abaixe o fogo e cozinhe em fogo baixo por cerca de 10 minutos.

Adicione a pasta de amendoim perto do fim do cozimento, para não queimar. Retire cerca de 1 xícara (250 ml) do líquido quente da panela e misture com a pasta de amendoim para formar uma pasta cremosa. Devolva à panela e misture.

Adicione as folhas por último e cozinhe em fogo baixo por mais cinco minutos, mexendo com frequência para não queimar no fundo. Adicione mais água se o ensopado ficar muito espesso e ajuste os temperos a gosto.

Sirva com *injera* e/ou painço.

pão (e panquecas) de trigo-sarraceno

Este é o melhor pão sem glúten que já provei e o mais fácil que já fiz: molhadinho, com sabor rico e textura excelente. Conheci-o quando fui à província da Nova Escócia, no leste do Canadá, para dar aulas. Anke e Roberto, da Conscious Catering, serviram este pão no jantar depois de um *workshop*. Eles me ensinaram a receita e nunca mais parei de fazer e ensinar as pessoas a fazê-lo. A receita deles, acompanhada de dicas excelentes, perguntas e respostas e variações, pode ser encontrada, em inglês, no site <http://consciouscatering.ca/nama-bread>.

Tempo: Cerca de 36 horas

Ingredientes (para 1 pão):

- 3 xícaras (600 g) de trigo-sarraceno (também chamado de trigo-mourisco) não torrado
- 2 colheres (chá) de sal marinho
- Óleo de coco ou outro óleo (para untar)
- ¼ xícara (40 g) de sementes de gergelim ou sementes de papoula

Modo de fazer:

Deixe de molho. Enxágue o trigo-sarraceno, cubra com bastante água e deixe de molho por 8 a 12 horas.

Escorra a água. Passe o trigo-sarraceno por uma peneira. A água do molho estará um pouco lodosa. Deixe os grãos na peneira por um minuto para escorrer toda a água.

Bata no liquidificador. Misture o trigo-sarraceno com ¾ xícara (185 ml) de água com sal e bata por pelo menos um a dois minutos ou até não sobrarem pedaços visíveis de grão. A mistura deve ficar com a consistência de uma massa de panqueca. Se necessário, adicione um pouco mais de água.

Deixe fermentar em uma tigela não metálica, coberta com um pano limpo, à temperatura ambiente por até 24 horas (para o clima tropical deixe menos tempo, cerca de 8 horas).

Unte uma fôrma de pão e polvilhe generosamente o fundo e as laterais com as sementes (ou forre com papel-manteiga). Verta a massa na fôrma.

Deixe a massa crescer na fôrma por uma a três horas.

Pré-aqueça o forno a 205°C.

Asse o pão. Coloque o pão no forno aquecido e abaixe a temperatura para 175°C. Deixe assar por uma hora. Retire o pão do forno e deixe-o na fôrma por cerca de 15 minutos. (Esses pães são frágeis enquanto ainda quentes, mas se ficarem muito tempo esfriando na fôrma podem ficar encharcados.)

Retire o pão da fôrma e deixe esfriar completamente antes de fatiar e comer.

Faça panquecas usando a mesma massa, adicionando água, um pouco de cada vez, e mexendo até atingir a consistência desejada.

Variação: Substitua até metade do trigo-sarraceno por painço, quinoa e outros grãos integrais.

leveduras e fermento natural

Costumamos pensar na fermentação de pães principalmente em termos de leveduras, usadas para fazer a massa crescer. Hoje em dia, podemos comprá-las em qualquer supermercado como um micro-organismo isolado, um fungo chamado *Saccharomyces cerevisiae*. A palavra *saccharo* significa "açúcar", *myces* significa "fungo", e *cerevisiae* tem as mesmas origens etimológicas da palavra "cerveja". A levedura usada para fazer a maioria das cervejas também é usada para fazer a maioria dos pães. As cervejas e os pães são feitos de cereais, só que passam por processos diferentes. Em ambos, a levedura faz a mesma coisa: consome carboidratos e os transforma em álcool e dióxido de carbono. No pão, o dióxido de carbono é o produto mais importante. Suas bolhas fazem o pão crescer, dando-lhe textura e leveza. O álcool evapora quando o pão é assado.

A levedura só foi isolada como um tipo específico de organismo em meados do século XIX, mas a palavra levedura é antiga e vem do latim *levitu*, que significa "levantar" (como o fermento "levanta" a massa do pão). No passado, a levedura se referia à ação visível da fermentação, ao crescimento da massa, à formação de espuma em uma massa de panqueca ou na cerveja e aos vários métodos engenhosos criados para perpetuar esse poder transformador borbulhante. Levedar é a ação de levantar, elevar as bolhas, a fermentação. Enquanto Louis Pasteur não entrou em cena para isolar um fungo específico e o denominar de levedura, nenhuma levedura nem qualquer outro micro-organismo jamais existiu isoladamente. O historiador francês Bruno Latour, em seu livro *The Pasteurization of France,* observa sobre o isolamento das cepas microbianas puras promovido por Pasteur: "Pela primeira vez – tanto para eles como para nós – eles viriam a formar agregados homogêneos... algo que nenhum de seus ancestrais jamais vivenciou".[6]

As leveduras presentes na natureza nunca são puras. Elas gostam de viajar em companhia variada e sempre são encontradas com outros micro-organismos. Elas incorporam a biodiversidade, têm sabores diferenciados e estão por toda parte. Todas as "leveduras" do passado consistiam em comunidades microbianas biodiversas, incluindo o tipo de fungo que conhecemos como levedura, mas também bactérias ácido-lácticas e outras. Essas comunidades microbianas biodiversas existem em abundância nos cereais, na água (sem cloro) e no ar, sempre prontas para fazer uma pausa em sua jornada para banquetear-se.

Na panificação, a suposta vantagem de usar uma levedura pura é que a enorme concentração de leveduras torna o processo mais rápido, fácil e previsível. A fermentação natural é mais lenta. As bactérias da cultura mista têm a chance de decompor o glúten, de difícil digestão, liberar minerais e adicionar vitaminas B. O ácido láctico e outros subprodutos metabólicos dos organismos fermentadores contribuem com sabores ácidos e complexos e permitem que o pão se conserve por mais tempo. Nos pães de levedura pura, a nutrição, a digestibilidade, o sabor e o potencial de preservação são sacrificados pela rapidez e praticidade.

No passado, as pessoas usavam vários métodos para propagar suas leveduras. Em geral, guardavam um pouco da massa fermentada para usar como *starter* para o próximo pão. Uma pessoa pode manter um *starter* por toda a vida e ainda passá-lo para as próximas gerações. O *starter* (seco em um pano) acompanhou imigrantes em sua jornada para novas e desconhecidas terras. Hoje em dia, o *starter* é mais conhecido como fermento natural ou *levain*. Nos livros de receitas e nas prateleiras dos supermercados, ele é apresentado como uma novidade gourmet. Mas gosto de lembrar que até relativamente pouco tempo atrás, todos os pães eram feitos assim. Qualquer tipo de pão, tirando talvez os pães insípidos e esponjosos que enchem as prateleiras dos supermercados, pode ser feito com fermento natural. E os pães conhecidos como pão azedo nem precisam ser azedos!

com fazer e manter um *starter* de fermento natural

É muito simples fazer um *starter* de fermento natural. Basta misturar farinha e água numa tigela e deixar a mistura sobre a bancada da cozinha por alguns dias, mexendo de vez em quando. As leveduras já estão lá, convivendo com bactérias ácido-lácticas e muitas outras, e se revelarão com o tempo. O que dá trabalho é desenvolver o vigor do *starter* e mantê-lo e vivo e forte. Um *starter* de fermento natural requer alimentação e atenção regulares, não muito diferente de um bichinho de estimação.

Tempo: Cerca de 1 semana

Ingredientes:

4 xícaras (640 g) de farinha (de qualquer tipo)

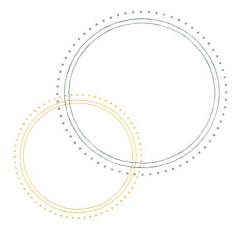

Modo de fazer:

Combine. Em um pequeno frasco ou tigela, misture ¼ xícara (40 g) de farinha e ¼ xícara (60 ml) de água sem cloro à temperatura ambiente. É interessante começar com uma quantidade pequena porque, a cada vez que você alimentar o *starter*, precisará adicionar três vezes mais farinha e água e o volume vai aumentar rapidamente! Costumo usar farinha de centeio porque ela forma bolhas mais rápido e eu adoro pão de centeio, mas você pode usar a farinha que preferir.

Mexa com frequência. Isso acelera o processo distribuindo a atividade microbiana e aerando a mistura, o que estimula o rápido crescimento das leveduras. Mexer também protege da formação de bolores. Basta mexer uma ou duas vezes por dia, todos os dias. Se você for do tipo impaciente, coloque algumas pequenas frutas inteiras na mistura. Se usar uvas e frutas vermelhas, vai até poder ver o filme de levedura se formando nas frutas, atraída pela doçura. Estes e outros frutos com pele comestível (não use bananas ou frutas cítricas) são excelentes para acelerar o borbulhamento do fermento natural. Se optar por esse

recurso, use frutas locais ou orgânicas. Nunca sabemos quais compostos antimicrobianos foram usados nas grandes plantações para otimizar a produção.

Cubra com um pano para impedir a entrada de moscas e ao mesmo tempo permitir a livre circulação do ar.

Deixe fermentar. O ideal é deixar num local não muito frio (pelo menos 21-27°C) com uma boa circulação de ar, mas tudo bem se você não tiver as condições ideais. Mexa vigorosamente pelo menos duas vezes por dia. Depois de alguns dias você vai notar minúsculas bolhas começando a aparecer na superfície da massa. Observe que a ação de mexer a mistura pode criar algumas bolhas. Não as confunda com as bolhas da fermentação. O tempo necessário para ativar o fermento vai depender da temperatura, da farinha, da água e de outros fatores ambientais. Se bolhas não se formarem na massa depois de três ou quatro dias, tente encontrar um local mais quente.

Alimente o *starter*. Quando a massa estiver borbulhando, o *starter* está vivo e precisa ser alimentado. Em uma tigela maior, misture ¾ xícara (120 g) de farinha e ¾ xícara (185 ml) de água. Adicione o *starter* borbulhante (retirando as frutas) e mexa vigorosamente. É importante alimentar o *starter* com uma grande proporção de farinha e água frescas, porque isso dilui e reduz a acidez, tornando o ambiente mais favorável à atividade das leveduras.

Mexa uma ou duas vezes por dia.

Note que o *starter* ficará borbulhante e o vigor diminuirá.

Alimente o *starter* novamente. Quando a atividade diminuir, volte a adicionar uma alta proporção de farinha e água frescas. Em uma tigela maior, misture 3 xícaras (480 g) de farinha e 3 xícaras (750 ml) de água. Adicione o *starter* borbulhante e mexa vigorosamente. Uma vez que esta mistura ficar ativa, o *starter* está pronto para uso.

Sempre guarde um pouco do *starter*. Use-o de fermento natural de acordo com as próximas receitas ou de outras formas. A cada vez que usar o *starter*, não se esqueça de guardar um pouco. Não precisa ser muito. Eu deixo o meu em um vidro de conserva (de 125 ml) e só alimento o *starter* que sobra nas laterais do vidro. Para alimentar o *starter*, adiciono cerca de ¾ xícara (120 g) de farinha e ¾ xícara (185 ml) de água sem cloro, mexo bem e deixo num lugar não muito frio para fermentar.

Mantendo seu *starter*. Em geral, quanto mais o fermento natural é usado e alimentado, mais vigoroso ele será. Se você só usar o *starter* esporadicamente, leve-o à geladeira um dia depois da alimentação para retardar o metabolismo microbiano. Um ou dois dias antes de usá-lo, tire o *starter* da geladeira, leve-o a um local não muito frio e alimente-o com um volume maior de farinha e água para reativá-lo. Se você abandonar seu fermento natural, ele pode ficar muito ácido e pode até apodrecer. Mesmo se ficar pútrido, o *starter* em geral pode ser revivido. Verta o líquido que subiu à superfície e descarte a metade superior do *starter*. Tire uma colher de chá de *starter* do fundo do frasco e coloque em um frasco limpo. Adicione 1 xícara (160 g) de farinha e 1 xícara (250 ml) de água e mexa bem. Essa alimentação de alta proporção vai diluir o sabor pútrido e despertar as leveduras e as bactérias ácido-lácticas dormentes. Mime o *starter*: mexa diariamente, mantenha-o aquecido e alimente-o a cada um ou dois dias. O fermento natural é muito resistente e pode se recuperar até de uma grande negligência.

panquecas salgadas de fermento natural e vegetais

Gosto de fazer panquecas para usar meu fermento natural com mais frequência e mantê-lo sempre renovado e vigoroso. Você pode fazer panquecas doces, se quiser (como a receita de panquecas de fermento natural dos pioneiros do Alasca, na p. 184), mas costumo fazer panquecas salgadas, incorporando vegetais, restos de cereais, queijo, ovos e até carne. Faço uma massa de panqueca uma ou duas vezes por semana e uso tudo o que tenho sobrando na cozinha. Nenhum lote fica igual ao outro. Mas veja uma receita básica para ter uma ideia das proporções.

Tempo: 12 a 24 horas para a fermentação inicial e depois até vários dias

Ingredientes (para 12-16 panquecas de 10 cm):

- ½ xícara (125 ml) de *starter* de fermento natural bem ativo
- 1 xícara (160 g) de farinha de trigo integral (experimente combinar ou substituir por outras farinhas e texturas)
- 2 xícaras (200 g) ou mais de rabanete cru (ou cozido), nabo, cenoura, batata-doce, batata e outros tubérculos, purê de abóbora, batata ou batata-doce, cebola refogada, alho-poró, cebolinha, alho selvagem, alho, aipo, pimentão, quiabo, cogumelo, qualquer tipo de verdura, brotos – o que você tiver!
- 1 xícara (200 g) ou mais de restos de cereais cozidos (opcional)
- 50 g ou mais de queijo (opcional)
- 1 colher (chá) de sal
- 1 ovo (opcional)
- Manteiga ou óleo para untar a frigideira

Modo de fazer:

Combine. Em uma tigela, misture o *starter* de fermento natural com 1 xícara (150 g) de farinha e 1 xícara (250 ml) de água sem cloro. Eu costumo usar farinha de trigo integral ou misturada com centeio, aveia ou qualquer cereal que estiver sobrando, mas experimente com outros cereais ou variações sem glúten, se quiser. Misture bem para não formar pelotas e obter uma massa homogênea. Adicione um pouco mais de água se a massa estiver grossa demais ou mais farinha se estiver rala e misture.

Não esqueça de repor seu *starter* de fermento natural!

Adicione os vegetais ralados ou picados à massa e mexa. Qualquer vegetal que você quiser, cozido ou cru, como sugiro ao lado.

Adicione queijo, se quiser, de qualquer tipo. Gosto de cortar em cubos para as panquecas ficarem com gotinhas de queijo derretido, mas depende do queijo. Ele também pode ser adicionado ralado.

Adicione cereais cozidos, se tiver: arroz, aveia, polenta, canjica, trigo integral, centeio, ou restos de cereais de outros projetos de fermentação.

Adicione os outros ingredientes que você quiser incorporar, como sobras de carne, molho pesto ou qualquer coisa que tiver vontade de comer no dia.

Misture bem e cubra com um pano.

Deixe fermentar por 12 a 24 horas ou mais. Quando a massa estiver borbulhante, está pronta para ser usada, mas você pode deixá-la fermentando por mais um ou dois dias para obter um sabor mais pronunciado.

Adicione sal quando for fazer as panquecas.

Adicione um ovo, se desejar. O ovo deixa as panquecas mais leves, mas é opcional.

Misture bem. Verifique a consistência da massa: ela precisa ser rala a ponto de poder ser vertida e espalhar na panela, mas espessa o suficiente para manter a forma. Se a mistura estiver grossa demais, adicione água aos poucos; se estiver rala demais, adicione farinha, um pouco de cada vez. Mexa bem e repita se necessário.

Pré-aqueça uma frigideira ou panela de ferro fundido. Eu uso uma panela de crepe com bordas bem baixas, porque é mais fácil virar as panquecas. Gosto de deixar a panela bem quente e depois uso fogo médio.

Unte a panela com manteiga ou óleo.

Verta a massa com uma concha ou diretamente da tigela para formar as panquecas. Costumo fazer três ou quatro panquecas pequenas, com apenas 3-4 colheres (sopa) de massa cada. Enquanto cozinham, elas formam bolhas e mudam de cor. Use uma espátula para erguer as bordas e dar uma espiada na cor embaixo. Se estiver dourada, vire-a e cozinhe do outro lado. Adicione manteiga se a panela estiver seca.

Saboreie! Gosto de comer as panquecas com condimentos à base de iogurte. Costumo usar molho picante de iogurte (iogurte misturado com um molho ou pasta picante qualquer) ou iogurte com raiz-forte. No verão, faço pesto de iogurte. Em vez de usar uma calda doce, você pode dar um toque especial às suas panquecas com qualquer condimento salgado e cremoso.

Se sobrar massa ou se você quiser esperar mais, pode deixá-la fermentando por vários dias. Gosto mais depois de três dias fermentando do que com um dia de fermentação. Depois de quatro dias, a massa pode começar a desenvolver odores e sabores menos agradáveis. A massa ativa pode ser guardada na geladeira por semanas.

panquecas de fermento natural dos pioneiros do Alasca

O fermento natural foi um alimento importante e até mitológico na fronteira norte-americana, apreciado pelos pioneiros por ser resistente e confiável. O fermento natural característico de São Francisco remonta à corrida do ouro na Califórnia. E, no Alasca, os pioneiros eram conhecidos como *sourdoughs* (em referência ao fermento de fazer pão): "Um verdadeiro *sourdough* do Alasca consegue passar um ano na floresta sem seu rifle mas não vive sem seu pote de fermento."

A citação é do livro de Ruth Allman, *Alaska sourdough: the real stuff by a real Alaskan*.[7] Nele, Allman conta histórias incríveis sobre a popularidade do fermento natural. "De alguma maneira, começou a correr o boato de que o fermento em pó, como o salitre, era um anafrodisíaco. O homem do Norte se orgulhava muito de sua virilidade... [e] não estava disposto a arriscar sua libido. O alasquiano dos velhos tempos não comeria biscoitos feitos com fermento em pó. Assim nasceram a fama e a popularidade do fermento natural."

Não era fácil mantê-lo no frio do Ártico. "É um problema quando o termômetro cai abaixo dos 45°C negativos. No inverno, muitos pioneiros enrolavam o pote de fermento em uma lona e o levavam para a cama para evitar que congelasse. Viajando de trenó com a temperatura pairando em torno dos 15°C negativos, Jack [o marido da autora] colocava um pouco do fermento numa velha lata de tabaco que levava no bolso de sua camisa de lã para evitar que o conteúdo congelasse. Basta um pouquinho de fermento para revitalizar um velho lote."

Allman recomenda usar bicarbonato de sódio em panquecas de fermento natural para neutralizar a acidez. "O fermento não precisa ser muito azedo, basta ter um ligeiro sabor fermentado", escreve, lembrando sempre: "Não esqueça que o bicarbonato de sódio adoça". Às vezes você pode não estar a fim do sabor azedo.

Tempo: 8 a 12 horas (misture a massa na noite anterior para fazer as panquecas no café da manhã)

Ingredientes (para 12-16 panquecas de 10 cm):

- ½ xícara (125 ml) de *starter* de fermento natural bem ativo
- 2 xícaras (275 g) de farinha de trigo integral (e/ou farinha branca)
- 1 colher (sopa) de açúcar (ou outro adoçante)
- 1 ovo
- 1 colher (sopa) de óleo vegetal
- ½ colher (chá) de sal
- ½ colher (chá) de bicarbonato de sódio

Modo de fazer:

Combine. Em uma tigela grande, misture o *starter* de fermento natural com 2 xícaras (500 ml) de água morna, a farinha e o açúcar. Mexa até a massa ficar homogênea. (Não se esqueça de alimentar seu *starter*.)

Deixe fermentar num local não muito frio, coberto, por 8 a 12 horas.

Adicione os outros ingredientes. Quando você for fazer as panquecas, bata o ovo e adicione-o à massa, juntamente com o óleo e o sal. Mexa até a massa ficar homogênea.

Dissolva o bicarbonato de sódio com 1 colher (sopa) de água morna e incorpore com delicadeza na massa.

Aqueça uma frigideira ou panela de ferro fundido e acrescente um fio de óleo.

Com uma concha, despeje a massa. Quando bolhas se formarem na superfície, vire as panquecas e cozinhe do outro lado até ficarem bem douradas.

Sirva as panquecas assim que estiverem prontas ou coloque-as no forno aquecido até terminar de fazer todas. Saboreie com iogurte, xarope de bordo ou frutas em conserva.

kvass

O *kvass* é uma deliciosa, refrescante e efervescente bebida fermentada azeda normalmente feita com pão velho e seco. É uma bebida tradicional na Rússia, na Ucrânia, na Lituânia e em outros países do Leste Europeu, onde vendedores ambulantes de *kvass* ainda podem ser encontrados, especialmente no verão. O *kvass* é tão icônico na região que outros tipos de bebidas azedas também são chamados de *kvass* – por exemplo, o *kvass* de beterraba (p. 100) ou o *kvass* de chá, outro nome para o *kombucha* (p. 115).

O *kvass* é nutritivo e revigorante. Esta receita produz um *kvass* bastante azedo, como imagino que a bebida era tradicionalmente saboreada na Rússia rural, onde as pessoas tinham pouco acesso a adoçantes. Eu acho delicioso, mas algumas pessoas acham azedo demais. O *kvass* engarrafado que encontrei para vender no Brooklyn era muito mais doce, como um refrigerante com sabor de melaço.

Tempo: 2 a 4 dias

Ingredientes (para 2 litros):

750 g de pão amanhecido (tradicionalmente se usa o nutritivo pão preto russo, feito de centeio integral moído e pedaços irregulares e/ou cevada, mas qualquer pão serve e nem precisa ser amanhecido)
3 colheres (sopa) (5 g) de hortelã seca em pedaços
¼ xícara (60 g) de açúcar ou mel
1 limão-siciliano espremido
1 pitada de sal marinho
¼ xícara (60 ml) de *starter* de fermento natural bem ativo (ou 1 pacote de levedura)
Algumas uvas-passas

Modo de fazer:

Corte e torre o pão. Corte o pão em cubos e faça torradas em um forno pré-aquecido a 150°C por cerca de 15 minutos, até secar.

Cubra com água. Coloque os cubos de pão em um pote ou frasco com a hortelã e 12 xícaras (3 litros) de água fervente. Mexa, cubra e deixe por oito horas (ou mais).

Coe os sólidos, pressionando para retirar o máximo de líquido possível. O pão encharcado vai reter parte da água e você vai acabar com menos líquido do que no começo.

Combine. Adicione o açúcar ou o mel, o suco de limão, o sal e o fermento natural ativo ao líquido coado. Misture bem, cubra e deixe à temperatura ambiente.

Deixe fermentar por um ou dois dias, mexendo periodicamente, até borbulhar.

Coloque em garrafas e feche bem. Transfira o *kvass* para garrafas de 1 litro. Adicione algumas uvas-passas em cada garrafa e feche bem. Deixe as garrafas à temperatura ambiente por um ou dois dias, até as uvas-passas boiarem. O *kvass* está pronto para beber e pode ser guardado na geladeira por algumas semanas.

okroshka (sopa fria de kvass)

Esta é uma refrescante sopa russa de verão. Ela é feita não só de *kvass* como também do suco de conserva em salmoura ou suco de chucrute e não vai ao fogo, de maneira que é uma sopa de cultura viva! Adaptei do livro *The food and cookery of Russia*, de Lesley Chamberlain.

Tempo: 2 horas

Ingredientes (para 4-6 porções):

2 batatas
1 cenoura
1 nabo
250 g de cogumelos
3 ovos (opcional)
4 cebolinhas
1 maçã
1 pepino
1 litro de *kvass*
½ xícara (125 ml) de suco de conserva em salmoura ou suco de chucrute
2 colheres (chá) de sementes de mostarda moídas
1 colher (sopa) de endro fresco ou seco
1 colher (sopa) de salsa fresca
Sal e pimenta a gosto

Modo de fazer:

Corte e cozinhe os vegetais. Corte as batatas, a cenoura, o nabo e os cogumelos e deixe cozinhar por 5 a 10 minutos, até ficarem macios.

Cozinhe os ovos em uma panela separada por cerca de dez minutos, se quiser incluí-los.

Pique a cebolinha, a maçã e o pepino.

Combine. Misture o *kvass*, o suco de conserva em salmoura ou o suco de chucrute, a mostarda, o endro, a salsa e os vegetais. Mexa bem e leve à geladeira por pelo menos uma hora.

Descasque e pique os ovos frios.

Antes de servir, adicione o sal, a pimenta e os ovos.

Sirva a sopa fria em um prato fundo com um cubo de gelo, acompanhada de iogurte, quefir ou creme azedo.

zur

O fermento natural pode ser usado não só para fazer sopas frias como a *okroshka*, mas também para engrossar sopas quentes. A culinária polonesa tem uma sopa deliciosa chamada *zur* (ou *zurek*), cuja base é o centeio fermentado e cozido para formar o que pode ser descrito como um mingau ralo de centeio, servido com linguiça e vegetais.

Tempo: 3 a 5 dias

Ingredientes (para 4-6 porções):

½ xícara (125 ml) de *starter* de fermento natural
1 xícara (100 g) de farinha de centeio
4 dentes de alho
4 folhas de louro
4 pimentas-da-jamaica
2 cebolas grandes
3-4 cenouras grandes
1-2 pastinacas (cherovias)
2-3 talos de aipo
3 batatas
Manteiga ou óleo para refogar
500 g de *kielbasa*, um tipo de linguiça polonesa (opcional; a maioria das receitas especifica linguiça fresca, não defumada)
1 colher (sopa) de manjerona seca
6 grãos de pimenta-do-reino preta
¼ xícara (60 ml) de raiz-forte branca ralada (fresca ou conservada em vinagre)
Sal e pimenta
1 xícara (250 ml) de creme azedo ou iogurte
Pão de centeio crocante para acompanhar (opcional)

Modo de fazer:

Prepare o *zakvas* ou *starter* de centeio fermentado. Em um vidro de conserva ou tigela de 1 litro, misture o *starter* de fermento natural, 2 xícaras de água sem cloro e a farinha de centeio. Mexa bem para não deixar pelotas. Adicione 2 dos dentes de alho, esmagados e picados, 2 folhas de louro e 2 pimentas-da-jamaica. Cubra com um pano e deixe por três a cinco dias, mexendo uma ou duas vezes por dia. Neste período, a mistura ficará ativa, em seguida o borbulhamento desacelerará e o *zakvas* desenvolverá um aroma azedo. Quando o *zakvas* ficar azedo, ele estará pronto para fazer o *zur*.

Faça um caldo de legumes. Encha uma panela com 6 xícaras de água e adicione uma cebola cortada em quatro com a pele e metade das cenouras, das pastinacas e dos talos de aipo. Deixe levantar fervura, abaixe o fogo e cozinhe por cerca de 45 minutos. Coe o caldo e descarte os vegetais. (Ou use um caldo de galinha ou de carne.)

Cozinhe as batatas. Enquanto cozinha o caldo, cubra as batatas com água, leve ao fogo até levantar fervura, abaixe o fogo e cozinhe por cerca de 15 minutos. Escorra e, quando as batatas esfriarem um pouco, corte-as em cubos pequenos.

Monte a sopa. Em uma panela, aqueça a manteiga ou o óleo e refogue a cebola e o alho restantes picados. Adicione a *kielbasa*, cortada em cubinhos. Refogue em fogo médio até dourar. Adicione o caldo de legumes, o *zakvas*, o restante das cenouras picadas, 2 folhas de louro, 2 pimentas-da-jamaica, a manjerona, a pimenta-do-reino e a raiz-forte. Deixe levantar fervura, abaixe o fogo e cozinhe em fogo baixo por 20 minutos. Adicione sal e pimenta a gosto. Coloque as batatas cozidas.

Sirva. Tire a sopa quente do fogo, retire as folhas de louro e sirva com uma porção generosa de creme azedo ou iogurte.

pão caseiro

O pão caseiro pega os mais humildes dos ingredientes, farinha e água, e os transforma em um alimento básico que é um dos pilares da civilização ocidental. É muito fácil fazer pão. Misture farinha, água, fermento e sal para formar uma massa; trabalhe um pouco a massa enquanto ela fermenta e cresce; modele o pão e deixe crescer uma última vez; asse, deixe esfriar e bom apetite! Qualquer pessoa consegue fazer pão e vou lhe ensinar algumas receitas simples de pães fermentados naturalmente.

O pão pode ser feito em muitos estilos variados e não existe um único jeito certo de fazer. Todos podem ser feitos usando fermento natural. Adoro fazer pão e é um hábito que tenho há mais de 25 anos. Eu curto improvisar e fazer experimentos. Muitos livros excelentes foram publicados sobre o tema (listei alguns no fim deste capítulo), apresentando técnicas muito mais elaboradas. Observei com admiração alguns mestres que dedicaram toda uma carreira a essa arte requintada e que conseguem percorrer com uma graça impressionante as tarefas rítmicas e repetitivas de misturar, fermentar, sovar, formar e assar centenas de pães maravilhosos.

Muitos padeiros que conheço dizem que fazer pão é um exercício espiritual que os conecta com as forças vitais. Posso dizer que concordo: como qualquer alimento fermentado, o pão requer mobilizar e cultivar com delicadeza as comunidades microbianas. Essas comunidades, na forma de um *starter* vigoroso, constituem o ingrediente mais importante para fazer o pão de fermento natural. Seu *starter* não precisa ter um *pedigree* antigo, mas deve ser vigoroso, o que significa que deve ser ativamente dinâmico e visivelmente borbulhante.

Não faça a massa com um *starter* inativo ou pouco ativo. Alimente e mexa o *starter* com frequência, como descrevi anteriormente, até ter um *starter* vigoroso e vivo, com espuma se formando na superfície. Só então ele estará pronto para fazer crescer a massa mais densa do pão.

A fermentação natural pode demorar um pouco, especialmente no frio. Seja paciente. Ela leva tempo. Aprecie os aromas do fermento natural e imagine como o pão vai ficar saboroso.

pão de cereais reciclados

Meu fanatismo pela reciclagem de alimentos e por evitar o desperdício me leva a fazer a maioria de meus pães com sobras de cereais. O pão pode incorporar uma grande variedade de sobras, não só cereais, mas também vegetais, sopas e muito mais. Minha amiga Amy, que adora resgatar alimentos e objetos no lixo, é guiada por uma deusa que ela chama de Refusa. Refusa diz: seja criativo e ousado na sua reciclagem de alimentos.

Este é o processo básico. A partir daí, usando seu *starter* de fermento natural, as possibilidades são infinitas.

Tempo: Alimente seu *starter* na noite anterior e mais uma vez, depois de 5 a 12 horas – ou mais, dependendo da temperatura. (Seja paciente!)

Equipamentos:

Tigela grande para mistura
2 fôrmas de pão de cerca de 13×23 cm

Ingredientes (para 2 pães):

½ xícara (125 ml) de *starter* de fermento natural bem ativo
2 xícaras (400 g) de sobras de cereais cozidos (arroz, aveia, painço, trigo-sarraceno etc.)
7 xícaras (1,1 quilo) de farinha (pelo menos dois terços de farinha de trigo) e mais um pouco para sovar a massa
2 colheres (sopa) de sal marinho
Óleo para untar as fôrmas

Modo de fazer:

Prepare o *starter*. Na noite anterior, alimente o *starter* já vigoroso com uma refeição de alta proporção. Em um vidro de conserva de pelo menos 500 ml, misture ½ xícara (125 ml) de água morna, ½ xícara (80 g) de farinha e 2 colheres (sopa) de *starter*. Mexa bem e deixe num local não muito frio para fermentar durante a noite. O *starter* estará pronto para ser usado quando crescer e estiver com muitas bolhas.

Faça a massa. Em uma tigela grande para mistura, adicione 4 xícaras (1 litro) de água morna, a cerca de 32°C. Adicione o *starter* de fermento natural. Veja se ele está bem ativo e use a proporção recomendada; neste caso, não é interessante usar mais do que o suficiente. (Não se esqueça de reabastecer o *starter*!) Adicione as sobras de cereais e a farinha. Use pelo menos dois terços de farinha de trigo ou farinha de espelta, mas complete com os outros cereais que tiver, como trigo-sarraceno, centeio, aveia em flocos e farinha de milho. Misture bem. Será um pouco difícil de mexer, mas a massa ainda deve estar mais para molhada e pegajosa do que para seca. Coloque a tigela inteira dentro de uma sacola plástica de supermercado (não a feche completamente) para manter a umidade da massa.

Deixe a massa descansar num local não muito frio para a farinha absorver completamente a água, por pelo menos meia hora e até uma hora.

Adicione o sal e sove a massa para distribuir.

Deixe a massa fermentar num local não muito frio, coberta, por três a seis horas. A cada meia hora, mais ou menos, passe um ou dois minutos sovando a massa para ajudar a fermentar o glúten. Ao fazer isso no decorrer da fermentação, você também vai ver e sentir a massa se transformando. É recomendável sovar a cada meia hora, mas não se preocupe se tiver de fazer intervalos mais longos. Depois de algumas horas, a massa vai começar a ficar leve e aerada. Caso contrário, continue sovando-a a cada meia hora até aerar. Pode demorar mais no frio.

Modele os pães. Deixe untadas duas fôrmas de pão. Eu gosto de modelar os pães diretamente sobre a bancada da cozinha. Polvilhe cerca de ¼ xícara (40 g) de farinha na superfície de trabalho e espalhe com a palma das mãos em uma área de cerca de 30 cm de diâmetro. Divida a massa mais ou menos ao meio, cortando com uma faca afiada e separando as partes. Coloque uma metade na área de trabalho enfarinhada e deixe a outra na tigela. Coloque os dedos por baixo da massa macia, para que a borda enfarinhada repouse em uma mão. Levante a borda, redistribua a farinha na superfície de trabalho com a outra mão e vire a massa, para que o lado úmido caia na farinha. Em seguida, dobre a borda na direção do centro, faça uma rotação de um quarto na massa, dobre outra borda na direção do centro, gire e repita até dar a volta completa e a massa ficar um pouco mais seca nas bordas e mais fácil de manusear. Achate a massa em um formato ovalado e enrole-a sobre si mesma. Levante-a delicadamente com as duas mãos e coloque-a com o lado da emenda para baixo na fôrma untada. Espalhe um pouco mais de farinha (se necessário) na superfície de trabalho e repita com o outro pão.

Deixe a massa crescer uma última vez. Coloque as fôrmas com os pães em sacolas plásticas de supermercado (não as feche completamente) para a massa não secar. Deixe num local não muito frio para crescer. Para obter pães mais leves e saborosos, deixe-os crescendo por uma ou duas horas. Mas se não tiver muito tempo, basta deixar por uma hora e, em alguns casos, só meia horinha pode bastar. O ideal é que a massa cresça antes de assar, mas não precisa ser nada grandioso.

Pré-aqueça o forno a 205ºC.

Asse os pães. Coloque as assadeiras no forno aquecido e reduza a temperatura para 175ºC.

Dê uma olhada nos pães depois de uns 40 minutos. Eles devem assar entre 45 ou 50 minutos, talvez uma hora ou mais. Para ver se o pão está assado, retire-o da fôrma e vire-o de cabeça para baixo. Dê uns tapinhas na parte inferior do pão. Se fizer um som oco, como um tambor, o pão está pronto. Caso contrário, devolva-o rapidamente ao forno e continue a assar.

Deixe esfriar. Quando o pão estiver assado, retire-o da assadeira e deixe esfriar em uma grelha ou superfície fria. Ele vai continuar cozinhando enquanto esfria. Sei que é difícil ser paciente quando o cheiro é tão bom, mas tente esperar pelo menos uma hora antes de cortá-lo e eu garanto que o sabor será muito melhor.

pão 100% de centeio

O centeio é doce e saboroso. Muitos pães de centeio são feitos com farinha de trigo e só com um pouco de centeio para dar sabor. Esses pães têm a textura do trigo, que pode ser ótima, mas eu adoro o pão feito só com centeio. No passado, o pão de centeio era típico de regiões frias e úmidas. Ele é um alimento substancial para nutrir as pessoas em climas inóspitos. "De onde eu venho, pão queria dizer pão, não um pretexto para comer uma salsicha nem uma esponja para limpar o molho do prato", conta o famoso padeiro e titereiro Peter Schumann, da Silésia, no leste da Alemanha, "mas uma comida rústica com sabor forte e que exigia muita mastigação".[8]

Trabalhar com a massa de centeio é muito diferente de trabalhar com a massa de trigo. Para começar, o centeio não dá liga rapidamente e não é tão fácil de manusear. A massa do pão não tem a elasticidade característica das massas de trigo. Por isso, em vez de trabalhar com as mãos enfarinhadas, é melhor molhá-las para manusear a massa de centeio.

Peter Schumann, fundador da Bread and Puppet Theater, assando pão de centeio em seu forno a lenha.

Tempo: 16 horas ou mais

Equipamentos:
Tigela grande para mistura
Fôrmas de pão

Ingredientes (para 2 pães):
1 xícara (250 ml) de *starter* de fermento natural bem ativo
1 xícara (200 g) de grãos de centeio inteiros, em flocos ou moídos em pedaços irregulares
8 xícaras (800 g) de farinha de centeio peneirada
4 colheres (chá) de sal
Óleo para untar as fôrmas
¼ xícara (45 g) de grãos de centeio em flocos ou moídos em pedaços irregulares, quirera de milho ou sementes de gergelim

Modo de fazer:

Prepare o pré-fermento. Faça o pré-fermento líquido (chamado de "esponja") na véspera de assar o pão. Combine 3 xícaras de água morna, a cerca de 32°C, com o fermento natural bem ativo, os grãos de centeio inteiros, em flocos ou moídos em pedaços irregulares e 4½ xícaras (450 g) de farinha de centeio. (Não se esqueça de nutrir seu *starter* de fermento natural.) Mexa bem até ficar uniforme, como um creme, e deixe num local não muito frio para fermentar durante a noite.

Deixe fermentar por pelo menos 12 horas e até cerca de 24 horas. O pré-fermento ficará bem aerado e leve.

Misture o pré-fermento na massa. Adicione o sal e as 3½ xícaras (350 g) restantes de farinha de centeio. Misture bem até formar uma massa pegajosa e mexa por alguns minutos.

Divida a massa para fazer os pães. Deixe untadas duas fôrmas de pão. Para a massa não grudar na fôrma, polvilhe o fundo e as laterais com centeio moído grosseiramente, quirera de milho ou sementes de gergelim. Com as mãos molhadas, divida a massa em duas, molde-as em formato de pão (achate a massa em um formato ovalado e enrole-a sobre si mesma) e coloque-as nas fôrmas. Use as mãos molhadas para alisar a superfície dos pães. Coloque as fôrmas com os pães em sacolas plásticas de supermercado (não as feche completamente) para a massa não secar.

Deixe fermentar num local não muito frio por mais duas a três horas, até os pães crescerem, mesmo que só um pouco.

Pré-aqueça o forno a 175°C.

Asse os pães. Dê uma olhada nos pães depois de uma hora e meia. Deve assar em duas horas, ou até mais, mas é bom dar uma olhada antes. Retire um pão da fôrma e dê umas batidinhas no fundo para ver se já está assado. Se fizer um som oco, como um tambor, o pão está pronto. Caso contrário, devolva-o rapidamente ao forno e continue a assar.

Deixe o pão esfriar completamente em uma grelha antes de cortar ou, melhor ainda, corte só no dia seguinte. Ao contrário dos pães de farinha de trigo com fermento, que devem ser consumidos frescos e ressecam rapidamente, o pão de centeio com fermento natural continua molhadinho e melhora com o tempo, podendo ser consumido até várias semanas depois de assado. Se a crosta ficar dura e seca, corte o pão usando uma faca serrilhada afiada e você encontrará um pão macio, molhadinho, delicioso e com um toque azedo no meio. É melhor cortar pães densos como este em fatias finas.

Variações: Adicione cebolas refogadas à massa...ou sementes de alcaravia... ou ainda grãos de centeio inteiros, deixados de molho por um tempo e depois cozidos ou só deixados de molho.

Cereais fermentados

sonnenblumenkernbrot (pão alemão de semente de girassol)

A França e a Itália são países famosos por seus pães, talvez porque seus pães sejam muito leves e aerados. Mas o pão que mais me empolga é o alemão. Adoro o *sonnenblumenkernbrot*, azedo, úmido e denso.

Tempo: 2 a 3 dias

Ingredientes (para 2 pães):

- 3 xícaras (500 g) de sementes de girassol (sem casca)
- 1 xícara (250 ml) de *starter* de fermento natural bem ativo
- 4 xícaras (640 g) de farinha de trigo (branca e/ou integral) mais um pouco para sovar a massa
- 1 xícara (100 g) de farinha de centeio
- 4 colheres (chá) de sal

Modo de fazer:

Deixe as sementes de girassol de molho na água por 24 horas ou mais antes de preparar a massa.

Prepare o *starter*. Na noite anterior, alimente o *starter* já vigoroso com uma refeição de alta proporção. Em um vidro de conserva de pelo menos 1 litro, misture ¾ xícara (185 ml) de água morna, ¾ xícara (120 g) de farinha de trigo e ¼ xícara (60 ml) de *starter* vigoroso. Mexa bem e deixe num local não muito frio para fermentar durante a noite. Quando a mistura formar muitas bolhas e crescer, o *starter* estará pronto para ser usado.

Faça a massa. Escorra as sementes e descarte a água do molho. Em uma tigela grande para mistura, adicione 2 xícaras (500 ml) de água morna, 1 xícara de *starter* bem vigoroso, as sementes que ficaram de molho bem escorridas e as farinhas de trigo e centeio. Mexa bem para formar uma massa mais sólida do que líquida, porém ainda molhada e pegajosa. Adicione um pouco mais de farinha se necessário. Sove. Cubra colocando a tigela inteira dentro de uma sacola plástica de supermercado (não a feche completamente) para manter a umidade.

Deixe a massa descansar num local não muito frio por pelo menos meia hora e até uma hora, para a farinha absorver completamente a água.

Adicione sal e sove a massa para distribui-lo.

Deixe fermentar num local não muito frio, coberta, por três a seis horas. Mais ou menos a cada meia hora, passe um ou dois minutos sovando a massa. Não se preocupe se tiver de fazer intervalos mais longos. Depois de algumas horas, a massa vai começar a ficar leve e aerada. Caso contrário, deixe fermentar mais, sovando a massa a cada meia hora ou até aerar. Pode demorar mais tempo no frio.

Modele os pães. Unte duas fôrmas de pão. Polvilhe cerca de ¼ xícara (40 g) de farinha na sua superfície de trabalho e espalhe com a palma das mãos em uma área de cerca de 30 cm de diâmetro.

Divida a massa mais ou menos ao meio, cortando com uma faca afiada e separando as partes. Coloque uma metade na área de trabalho enfarinhada e deixe a outra na tigela. Coloque os dedos por baixo da massa macia, para que a borda enfarinhada repouse em uma mão. Levante a borda, redistribua a farinha na superfície de trabalho com a outra mão e vire a massa, para que o lado úmido caia na farinha. Em seguida, dobre a borda na direção do centro, faça uma rotação de um quarto na massa, dobre outra borda na direção do centro, gire e repita até dar a volta completa e a massa ficar um pouco mais seca nas bordas e mais fácil de manusear. Achate a massa em um formato ovalado e enrole-a sobre si mesma. Levante-a delicadamente com as duas mãos e coloque-a com o lado da emenda para baixo na fôrma untada. Espalhe um pouco mais de farinha (se necessário) na superfície de trabalho e repita com o outro pão.

Deixe a massa crescer uma última vez. Coloque as fôrmas com os pães em sacolas plásticas de supermercado (não a feche completamente) para a massa não secar. Deixe num local não muito frio para crescer. Para obter pães mais leves e saborosos, deixe-os crescendo por uma ou duas horas. Mas se não tiver muito tempo, basta deixar por uma hora e, em alguns casos, meia horinha pode bastar. A ideia é deixar a massa crescer um pouco antes de levar ao forno.

Pré-aqueça o forno a 205°C. Coloque as fôrmas no forno aquecido e reduza a temperatura para 175°C.

Dê uma olhada nos pães depois de uns 40 minutos. Eles devem levar um pouco mais tempo para assar, talvez uns 45 ou 50 minutos, talvez uma hora ou mais. Para ver se o pão está assado, retire-o da assadeira e vire-o de cabeça para baixo. Dê uns tapinhas na parte inferior do pão. Se fizer um som oco, como um tambor, o pão está pronto. Caso contrário, devolva-o rapidamente ao forno e continue a assar.

Deixe esfriar e aproveite!

Etain Addey assando pães em seu sítio localizado na Úmbria, Itália.

challah (pão judaico)

Os pães de fermento natural não se restringem a pães integrais densos como os que vimos até agora. O pão tradicional do ritual do Shabat judaico é a *challah*, um pão trançado leve e feito com ovos. Em minha família, não seguíamos as tradições religiosas, mas adorávamos *challah*.

Tobye Hollander, mãe de meu tio Len, era famosa pelo *challah* que fazia para o Shabat todas as sextas-feiras. Ela nasceu no século XIX e, quando eu era moleque, ela e o marido, Herman, eram as pessoas mais velhas de meu mundinho. A receita de Tobye era tão elogiada que chegou a ser publicada no The New York Times. A receita (como todas as receitas de *challah* que já vi) pede fermento industrializado, mas a adaptei para mostrar a versatilidade do fermento natural.

Tempo: Alimente o *starter* na noite anterior e mais uma vez entre cinco ou oito horas antes, dependendo da temperatura.

Ingredientes (para 1 pão grande):

- 5½ xícaras (700 g) de farinha branca e mais um pouco para sovar a massa
- ½ xícara (125 ml) de *starter* de fermento natural bem ativo
- 1 colher (sopa) de açúcar
- 2 colheres (chá) de sal marinho
- 3 colheres (sopa) de óleo vegetal
- 3 ovos batidos

Modo de fazer:

Prepare o *starter*. Na noite anterior, alimente o *starter* já vigoroso com uma refeição de alta proporção. Em um vidro de conserva de pelo menos 500 ml, misture ½ xícara (60 ml) de água morna, ½ xícara (60 g) de farinha e 2 colheres (sopa) de *starter* vigoroso. Mexa bem e deixe num local não muito frio para fermentar durante a noite. Quando a mistura formar muitas bolhas e crescer, o *starter* estará pronto para ser usado.

Peneire a farinha em uma tigela grande para mistura. Faça um buraco no centro.

Despeje a massa borbulhante de fermento no buraco e polvilhe com farinha. (Não se esqueça de alimentar seu *starter* de fermento natural.)

Combine o açúcar, o sal, o óleo e 1½ xícara (375 ml) de água em um frasco de vidro ou em uma pequena tigela de aço inoxidável. Aqueça deixando o frasco ou a tigela em banho-maria. Quando a mistura estiver morna, adicione os ovos batidos, reservando cerca de 1 colher (sopa) dos ovos para pincelar no pão assado. Continue aquecendo a panela de água em fogo baixo, mexendo sempre até a mistura ficar uniforme e cremosa. Se você mergulhar a ponta do dedo na mistura e queimar, é sinal de que você a deixou esquentar demais; mantenha abaixo dos 46°C.

Faça a massa. Adicione a mistura quente de ovos ao *starter* vigoroso que você verteu no buraco da farinha. Misture os ingredientes molhados com a farinha para formar a massa. Quando ela se transformar em uma bola macia e coesa, como disse Tobye ao The New York Times: "É o momento da revolução".

Sove a massa. Tobye recomenda sovar diretamente na tigela, que é mais fácil de limpar do que usar a bancada da cozinha. Sove por pelo menos dez minutos. "Sove como se a sua vida dependesse disso", instrui Tobye, "para cima e para os lados, para baixo e para fora. Dê uns tapinhas de leve na massa e faça uma prece." Esta parte é importantíssima: faça uma oração clara para o pão.

Deixe fermentar. Unte levemente com óleo a superfície da massa sovada e coloque-a na tigela. Cubra colocando a tigela inteira dentro de uma sacola plástica de supermercado (não a feche completamente) para manter a umidade. Deixe a massa descansar num lugar não muito frio por cerca de três horas, até ela dobrar de tamanho.

Trance a massa. Sove um pouco a massa crescida, divida em três partes iguais e enrole cada parte para formar três tiras de cerca de 45 cm de comprimento. Coloque as tiras lado a lado, junte-as em uma das pontas e trance-as, passando uma tira de um lado para o centro, depois a outra e assim por diante. Quando chegar ao fim das tiras, junte-as e enrole por baixo do pão, no fim da trança.

Deixe a massa crescer uma última vez. Unte levemente com óleo uma assadeira e coloque o pão trançado com cuidado. Deixe o pão num local não muito frio para crescer por uma ou duas horas, até dobrar de tamanho.

Pré-aqueça o forno a 250ºC.

Pincele delicadamente a parte de cima do pão com o ovo reservado.

Asse os pães por 30 a 45 minutos, até dourar um pouquinho. Deixe esfriar em uma grelha perto de uma janela aberta para o pão ficar mais crocante.

Saboreie a *challah* fresca. Se ela secar, aproveite para fazer uma rabanada espetacular.

pão afegão

Em 11 de setembro de 2001, eu estava começando a trabalhar neste livro e me senti impotente diante dos trágicos eventos daquele dia e suas repercussões. Como a primeira retaliação militar foi contra o Afeganistão, decidi homenagear a cultura daquele país aprendendo sobre sua culinária. Como seria de se esperar, como qualquer outra, a tradição culinária afegã também inclui a fermentação. Quando li sobre o pão afegão, o *noni afghani*, lembrei que minha mãe, uma eterna aventureira gastronômica, tinha levado esse pão para casa para provarmos em minha infância.

O pão afegão é um delicioso pão achatado, temperado com sementes de cominho-preto (*Nigella sativa*), uma especiaria do Oriente Médio bem diferente das sementes de cominho maiores e mais comuns.

Tempo: Alimente o *starter* na noite anterior; e mais uma vez entre 4 ou 8 horas antes de preparar o pão

Ingredientes (para 1 pão grande; 6-8 porções):

- ½ xícara (125 ml) de *starter* de fermento natural bem ativo
- 2 xícaras (320 g) de farinha de trigo integral
- 2 xícaras (240 g) de farinha de trigo
- 2 colheres (chá) de sal marinho
- ¼ xícara (60 ml) de óleo vegetal
- 1 gema de ovo
- 1 colher (sopa) de sementes de cominho-preto

Modo de fazer:

Prepare o *starter*. Na noite anterior, alimente o *starter* já vigoroso com uma refeição de alta proporção. Em um vidro de conserva de pelo menos 500 ml, misture ½ xícara (125 ml) de água morna, ½ xícara (80 g) de farinha e 2 colheres (sopa) de *starter* vigoroso. Mexa bem e deixe num local não muito frio para fermentar durante a noite. Quando a mistura formar muitas bolhas e crescer, o *starter* estará pronto para ser usado. (Não se esqueça de reabastecer seu *starter*.)

Faça a massa. Misture as farinhas e o sal em uma tigela e faça um buraco no centro. Despeje o *starter* e o óleo no buraco e misture para formar uma massa. Adicione mais ¾ xícara (185 ml) de água morna, um pouquinho de cada vez, até misturar toda a farinha e formar uma bola coesa.

Sove a massa na tigela ou em uma superfície levemente enfarinhada por cerca de cinco minutos. Cubra a massa colocando a tigela inteira dentro de uma sacola plástica de supermercado (não a feche completamente) para manter a umidade.

Deixe a massa descansar num lugar não muito frio por cerca de três horas, até dobrar de tamanho. Pode demorar mais tempo no frio.

Pré-aqueça o forno a 175°C.

Abra a massa. Em uma superfície enfarinhada, abra a massa com cerca de de 2,5 cm de espessura. Passe um rolo de macarrão do centro para as laterais, tentando manter uma espessura uniforme. Vire a massa e passe o rolo no outro lado. Você pode fazer um retângulo ou um formato ovalado ou deixar um formato amorfo, como uma ameba. Coloque a massa em uma assadeira não untada.

Toques finais. Misture a gema de ovo com 1 colher (sopa) de água. Pincele essa mistura na superfície da massa e espalhe as sementes de cominho-preto por cima.

Asse por 20 a 25 minutos, até dourar. A massa pode inchar e formar um pão árabe gigante.

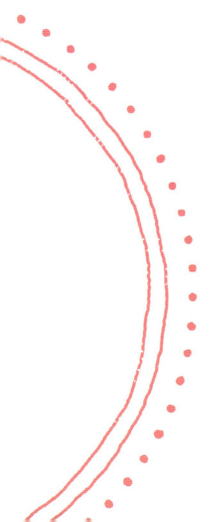

Cereais fermentados

bolachas salgadas de centeio e trigo-sarraceno

Estas bolachas salgadas, tipo *cracker*, são fáceis de fazer, deliciosas e maravilhosamente rústicas quando feitas à mão.

Tempo: 26 horas (ou mais)

Ingredientes (para cerca de 36 bolachas):

½ xícara (100 g) de trigo-sarraceno torrado (*kasha*) e seco
1 cebola média
4 dentes de alho
2 colheres (sopa) de óleo ou manteiga para refogar a cebola
2 colheres (sopa) de óleo para a massa
2 colheres (chá) de sal
2 colheres (chá) de sementes de alcaravia
2 colheres (chá) de sementes de cominho-preto (*Nigella sativa*)
½ xícara (125 ml) de *starter* de fermento natural bem ativo
1 xícara (160 g) de farinha de trigo integral
1 xícara (100 g) de farinha de centeio
2 colheres (sopa) de óleo para assar

Modo de fazer:

Torre o trigo-sarraceno. Aqueça uma frigideira de ferro fundido bem seca e torre delicadamente o trigo-sarraceno, mexendo com frequência para não queimar. Torre até ele começar a escurecer e ficar aromático. (Ou compre o *kasha*, que é o trigo-sarraceno, também chamado de trigo-mourisco, já torrado).

Cozinhe o *kasha*. Numa panela pequena com tampa, misture o *kasha* com 1 xícara (250 ml) de água. Deixe levantar fervura, abaixe o fogo e cozinhe em fogo baixo por cerca de cinco minutos. Retire do fogo, mas deixe a panela tampada por mais dez minutos. Em seguida, destampe e deixe o *kasha* esfriar.

Refogue a cebola e o alho. Descasque e pique bem a cebola e o alho. Refogue no óleo ou na manteiga até começar a dourar, mexendo com frequência para não queimar. Retire do fogo para esfriar.

Misture o pré-fermento. Em uma tigela, misture o *kasha*, a cebola e o alho refogados, o óleo, o sal e

Cozinha ao ar livre em Embercombe, Inglaterra.

¼ xícara (60 ml) de água. Triture as sementes de alcaravia e o cominho-preto com um pilão ou *mixer* e adicione à mistura. Teste a temperatura e veja se está abaixo da temperatura corporal antes de adicionar o *starter*. Por fim, adicione metade da farinha de trigo integral e metade da farinha de centeio e misture para formar uma massa espessa e homogênea, com a textura de uma massa de panqueca.

Deixe fermentar por pelo menos 24 horas ou vários dias.

Faça a massa. Adicione o sal e misture. Em seguida, acrescente o restante das farinhas, um pouco de cada vez, e misture até engrossar e formar uma massa coesa.

Deixe a massa descansar. Coloque a tigela inteira dentro de uma sacola plástica (não a feche completamente) para manter a umidade. Deixe a tigela num lugar não muito frio por pelo menos 2 horas ou até 24 horas.

Divida a massa em bolinhas quando for assar as bolachas.

Pré-aqueça o forno a 177°C.
Unte uma assadeira com óleo.
Faça as bolachas. Em uma superfície enfarinhada, passe o rolo de macarrão em cada bola de massa como se fosse uma pizza. Passe o rolo do centro para as laterais em direções diferentes. Vire a massa algumas vezes enquanto faz isso. Passe o rolo até atingir cerca de 3 milímetros de espessura ou até mais fino, se conseguir. Use um cortador de pizza ou uma faca afiada para cortar a massa em bolachas individuais. Eu gosto de cortar em formato de diamantes, triângulos e trapézios variados, mas fique livre para usar a imaginação. Fure as bolachas com um garfo para aumentar a área de superfície e ajudá-las a ficar crocantes enquanto assam. Coloque-as na assadeira e pincele com óleo.

Asse as bolachas por 15 a 20 minutos, até ficarem secas e crocantes.

Deixe esfriar completamente antes de empilhar ou armazenar.

amazake

O *amazake* é um creme ou bebida japonesa saborosa e doce e representa uma das fermentações mais impressionantes. O arroz (ou qualquer outro cereal) fica com uma doçura intensa em questão de horas pela ação do *koji*, cereais inoculados com o bolor *Aspergillus oryzae*, um fungo que produz uma infinidade de enzimas, dentre elas algumas que transformam rapidamente carboidratos complexos em açúcares simples. É incrível que um cereal possa ficar tão doce sem a adição de qualquer açúcar. O *koji* também é usado para fazer saquê, missô, molho de soja e outros alimentos fermentados, e fungos similares são usados em variados processos de fermentação por toda a Ásia. (Saiba mais sobre o *koji* no Capítulo 9.) Para saber onde obter o *koji*, consulte o Apêndice; veja meu livro *A arte da fermentação* para informações detalhadas sobre como fazer o seu.

O *amazake* é tradicionalmente feito com arroz tipo japonês, mas pode ser feito com qualquer cereal.

Tempo: 8 a 24 horas

Equipamentos:

2 vidros de conserva de 1 litro
Cooler térmico com capacidade para conter os vidros de conserva, mas o menor possível para reter o calor

Ingredientes (para cerca de 1,5 litro):

2 xícaras (500 g) de arroz tipo japonês (ou qualquer outro cereal)
2 xícaras (330 g) de *koji*

Modo de fazer:

Cozinhe o arroz em cerca de 1,5 litro de água. Use uma panela de pressão, se preferir. Essa alta proporção de água (3:1) resultará em grãos um pouco mais empapados do que o normal.

Pré-aqueça o cooler térmico e os vidros de conserva enchendo-os com alguns centímetros de água quente.

Resfrie o arroz cozido até 60°C. Retire do fogo, destampe a panela e revire o arroz de baixo para cima para liberar o calor. Não deixe esfriar demais. O *koji* é capaz de tolerar até 60°C. Resfrie até essa temperatura ou, se não tiver um termômetro, até conseguir deixar o dedo no arroz sem se queimar, mas enquanto ele ainda estiver fumegante.

Adicione o *koji* ao arroz cozido e mexa bem.

Comprima a mistura nos vidros de conserva. Retire a água quente dos vidros e encha-os com a mistura quente de arroz e *koji*. Comprima bem para toda a mistura caber nos dois frascos. Feche as tampas de rosca.

Deixe fermentar no *cooler* térmico pré-aquecido. Verifique a temperatura depois alguns minutos e coloque mais água quente para ajudar a manter o calor. Feche o *cooler* e deixe-o num local não muito frio.

Verifique depois de 8 a 12 horas. O *amazake* leva cerca de 8 a 12 horas a 60°C ou 20 a 24 horas a 32°C para ficar pronto. Ele estará pronto quando estiver bem doce. Caso contrário, aqueça os potes de *amazake* adicionando água quente no *cooler* e deixe fermentar por mais algumas horas.

Leve para ferver. Quando o *amazake* estiver doce, leve ao fogo baixo até levantar fervura para interromper a fermentação. Cuidado para não queimar. Eu fervo cerca de ½ xícara (125 ml) de água numa panela e adiciono lentamente o *amazake*, mexendo sempre para evitar queimar o fundo.

Sirva o *amazake* como um creme, espesso e com os grãos de arroz intactos, ou dilua-o com mais água e passe por um processador de alimentos para formar uma consistência líquida. Ele é delicioso tanto quente quanto frio. O *amazake* puro tem uma doçura bastante característica, mas nada o impede de dar seus toques especiais. Você pode colocar um pouco de noz-moscada (e talvez até um pouco de rum) para fazer um *eggnog* japonês. Ou pode adicionar essência de baunilha, gengibre ralado, amêndoas torradas, café expresso e qualquer outro condimento. O *amazake* também pode ser usado para adoçar outros pratos e pode ser guardado por algumas semanas na geladeira.

rejuvelac

Mat Defiler, uma amiga e vizinha de longa data, foi quem me apresentou ao *rejuvelac*, que ela estava tomando para ajudar a combater a cândida. Trata-se de uma bebida feita com cereais germinados fermentados.

Popularizado pela guru do crudivorismo Ann Wigmore, o *rejuvelac* é facílimo de fazer. É um tônico agradável e revigorante – mas, se a fermentação for levada longe demais, a bebida pode assumir um sabor pútrido.

Tempo: Cerca de 4 a 6 dias (incluindo o tempo de germinação)

Ingredientes (para cerca de 1 litro):

1 xícara (200 g) de qualquer cereal integral

Modo de fazer:

Deixe os grãos germinarem em um pote de 2 litros ou maior, conforme a descrição na p. 268.

Deixe os brotos de molho. Quando os grãos germinarem, enxágue-os e cubra com 1 litro de água.

Deixe fermentar no pote, coberto para evitar a entrada de moscas e poeira, por cerca de dois dias à temperatura ambiente.

Decante. Despeje o *rejuvelac*, deixando os brotos no fundo do pote. Beba fresco ou guarde na geladeira.

Segundo lote. Um segundo lote de *rejuvelac* pode ser feito com os mesmos brotos. Basta encher de água o pote com os brotos e deixar fermentar, desta vez por apenas 24 horas.

outros cereais fermentados

Veja também *kishk*, no Capítulo 7; *dosas* e *idlis*, missô e *tempeh* de feijão-fradinho e aveia, no Capítulo 9; e cervejas no Capítulo 11.

Agricultores de subsistência que moem seus grãos em um moinho de água em uma aldeia do Himalaia, Kalap, Uttarahkand, Índia.

Para saber mais

ALFORD, Jeffrey; DUGUID, Naomi. *Flatbreads and flavors: a baker's atlas*. Nova York: William Morrow, 1995.

BERTINET, Richard. *Crust: from sourdough, spelt, and rye bread to ciabatta, bagels, and brioche*. Londres: Kyle Books, 2007.

BROWN, Edward Espe. *The Tassajara bread book*. Boston: Shambhala Publications, 2011.

BUEHLER, Emily. *Bread science: the chemistry and craft of making bread*. Hillsborough: Two Blue Books, 2006.

FORKISH, Ken. *Flour water salt yeast: the fundamentals of artisan bread and pizza*. Berkeley: Ten Speed Press, 2012.

HAMELMAN, Jeffrey. *Bread: a baker's book of techniques and recipes*. 2. ed. Hoboken: Wiley, 2013.

LEADER, Daniel; BLAHNIK, Judith. *Bread alone: bold fresh loaves from your own hands*. Nova York: William Morrow, 1993.

MARDEWI, Yoke. *Wild sourdough: the natural way to bake*. Sydney: New Holland Publishers, 2009.

MASON, Jane. *Pães artesanais: passo a passo da fermentação natural para preparar pães perfeitos, saudáveis e deliciosos*. São Paulo: Quarto Editora, 2015.

RAYNER, Lisa. *Wild bread: handbaked sourdough artisan breads in your own kitchen*. Flagstaff: Lifeweaver, 2009.

REINHART, Peter. *The bread baker's apprentice: mastering the art of extraordinary bread*. Berkeley: Ten Speed Press, 2001.

RISGAARD, Hanne. *Home baked: Nordic recipes and techniques for organic bread and pastry*. White River Junction: Chelsea Green Publishing, 2012.

ROBERTSON, Chad. *Tartine book no. 3: modern ancient classic whole*. São Francisco: Chronicle Books, 2013.

ROBERTSON, Laurel; FLINERS, Carol; GODFREY, Bronwen. *Laurel's kitchen bread book: a guide to whole-grain breadmaking*. Nova York: Random House, 1985.

WHITLEY, Andrew. *Bread matters: the state of modern bread and a definitive guide to baking your own*. Kansas City, MO: Andrews McMeel Publishing, 2009.

_____. *Do sourdough: slow bread for busy lives*. Londres: Do Books, 2014.

9. Leguminosas fermentadas

Assim como os cereais, as leguminosas preservam-se melhor se mantidas em seu estado maduro em um local fresco, seco e escuro. Sua fermentação é feita menos para preservá-las e mais para torná-las mais digeríveis, liberar seu potencial nutricional e conferir-lhes sabores e texturas agradáveis. Por exemplo, a soja, conhecida por sua riqueza proteica, praticamente não é digerida pelo trato digestivo humano (se for apenas cozida), de modo que não só não temos acesso a suas proteínas como ela contém compostos tóxicos associados a uma série de problemas. A fermentação pré-digere as leguminosas, decompondo as proteínas em aminoácidos que absorvemos com mais facilidade ao mesmo tempo que destrói compostos tóxicos e bloqueadores de nutrientes. A fermentação é a melhor maneira de concretizar o potencial nutritivo da soja e de outras leguminosas, como feijão, lentilha, grão de bico e ervilha. Além disso, quando as leguminosas são fermentadas com cereais, o resultado contém todos os aminoácidos essenciais para a nutrição humana.

Registros históricos da fermentação de leguminosas remontam a milhares de anos. Textos chineses antigos fazem referência a *jiangs*, condimentos fermentados com base em leguminosas e em peixe, carne, cereais e verduras. Os *jiangs* eram (e são) preparados em uma variedade enorme e são repletos de significado. *Os Analectos* de Confúcio (cerca de 500 a.C.) declaram que "Alimentos não acompanhados da variedade apropriada de *jiang* não devem ser servidos. Em vez de usar somente um deles para condimentar todos os alimentos, é necessário usar muitos para garantir a harmonia de todos os tipos básicos de alimentos".[1]

O processo de fermentação de leguminosas é como o de cereais: adiciona-se água para revitalizar a semente, que inchará e despertará a atividade microbiana e enzimática adormecida.

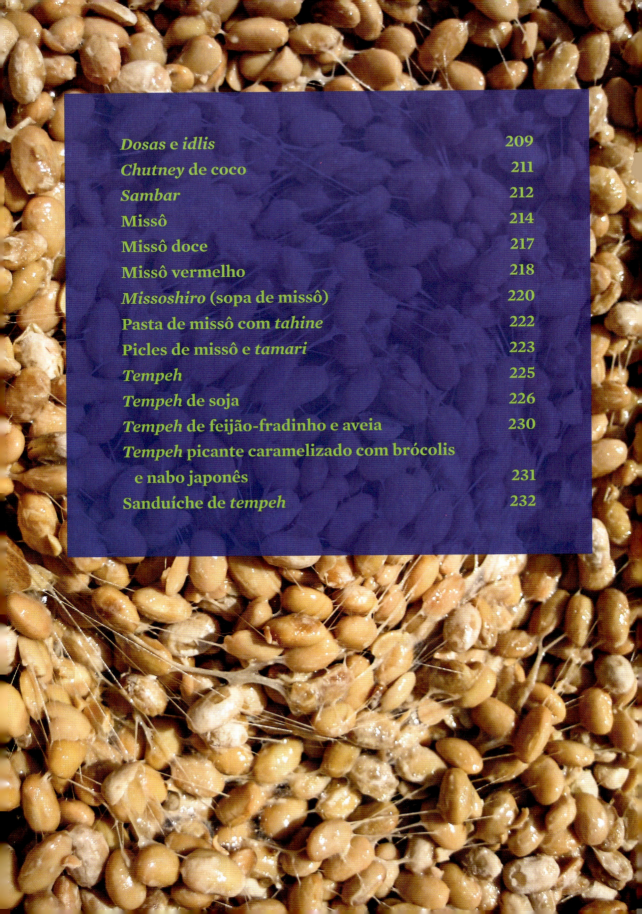

Dosas e *idlis*	209
Chutney de coco	211
Sambar	212
Missô	214
Missô doce	217
Missô vermelho	218
Missoshiro (sopa de missô)	220
Pasta de missô com *tahine*	222
Picles de missô e *tamari*	223
Tempeh	225
Tempeh de soja	226
Tempeh de feijão-fradinho e aveia	230
Tempeh picante caramelizado com brócolis e nabo japonês	231
Sanduíche de *tempeh*	232

dosas e idlis

Dosas e *idlis* são alimentos fermentados do sul da Índia. Os *dosas* são panquecas finas, e os *idlis* são pães cozidos no vapor. Os dois são feitos com a mesma massa de arroz e lentilhas fermentadas em apenas um ou dois dias. Eles têm um sabor maravilhoso, com texturas muito diferentes. Já vi os *idlis* sendo comparados com os *kneidelach* da cozinha judaica, mas eu diria que eles têm uma textura esponjosa característica. *Dosas* e *idlis* são os alimentos fermentados de leguminosas mais fáceis, rápidos e simples deste livro.

Tempo: 1 a 2 dias

Equipamentos:

Para fazer os *dosas*, você só vai precisar de uma panela de crepe ou frigideira antiaderente.

Para fazer os *idlis*, você vai precisar de forminhas de empada e uma panela a vapor. Usei um modelo de quatro andares que cozinha no vapor 16 *idlis* por vez e um modelo de seis andares que cozinha 24.

Ingredientes (para aproximadamente 32 *dosas* ou *idlis* pequenos):

- 2 xícaras (400 g) de arroz (eu costumo usar arroz branco, mas já provei com arroz integral e gostei; muitas receitas indianas sugerem usar arroz parboilizado)
- ½ xícara (120 g) de lentilhas (a maioria das receitas pede *urad daal*, um tipo de lentilha branca indiana; na maioria das vezes usei lentilhas vermelhas, que produzem uma bela massa cor-de-rosa, e obtive excelentes resultados com outras leguminosas)
- 1 colher (chá) de sementes de feno-grego
- 1 colher (chá) de sal
- Óleo de coco ou outro óleo vegetal

Modo de fazer:

Deixe o arroz de molho. Enxágue o arroz até a água ficar limpa, cubra com água e deixe de molho por pelo menos 8 horas (se tiver mais tempo, melhor).

Deixe as lentilhas e o feno-grego de molho. Lave as lentilhas, adicione o feno-grego e cubra com água – pelo menos o dobro do volume das lentilhas, pois elas dobrarão de tamanho. Deixe de molho por pelo menos 8 horas.

Passe as lentilhas e o feno-grego no liquidificador ou processador de alimentos para formar uma mistura com a consistência de uma massa de panqueca. Adicione a água do molho conforme necessário, mas o mínimo possível. Bata no liquidificador até a massa ficar homogênea e aerada. Passe a massa para uma tigela.

Bata o arroz no liquidificador, em mais de um lote, se precisar. Adicione a água do molho conforme necessário, mas, também neste caso, o mínimo possível. Bata no liquidificador até formar uma pasta homogênea e coloque na tigela com as lentilhas e o feno-grego.

Misture a massa. Adicione o sal e misture tudo.

Deixe a massa fermentar numa tigela ou vidro de conserva com bastante espaço para a expansão, por 8 a 24 horas (ou até mais) num lugar fresco, até dobrar de volume. Quando a massa crescer, faça os *dosas* e/ou *idlis* ou leve à geladeira para usar depois.

Para os *dosas*:

Adicione água para deixar a massa mais rala colocando um pouquinho de água de cada vez e mexendo até atingir a consistência de uma massa de panqueca.

Aqueça uma frigideira antiaderente. Ela não deve ficar muito quente, mas quente o suficiente para a massa chiar quando for vertida. É melhor não untar, mas se for necessário use pouco óleo. Este é um daqueles casos em que menos é mais.

Frite os *dosas*. Use uma concha ou colher para verter a massa no centro da panela e use a parte de baixo da colher para espalhar a massa do centro em direção às bordas em movimentos circulares. Faça como uma panqueca, virando quando formar bolhas na superfície. Os *dosas* devem ser finos, com bordas crocantes. Se necessário, dilua a massa adicionando um pouco mais de água.

Saboreie os *dosas* enquanto ainda estão quentes. Coma-os puros, com *chutney* de coco (receita ao lado), com iogurte ou quefir ou um recheio salgado de vegetais.

Para os *idlis*:

Unte levemente as forminhas com óleo.

Despeje a massa nas forminhas com uma colher, enchendo mais ou menos até a metade para deixar espaço para a massa crescer.

Cozinhe no vapor. Leve a panela a vapor ao fogo até a água ferver, coloque com cuidado a(s) base(s) de furos com as forminhas, tampe a panela e cozinhe por 15 a 20 minutos, até os *idlis* ficarem firmes.

Tire os *idlis* das fôrmas usando uma colher. Limpe e unte as forminhas entre os lotes.

Sirva os *idlis* com *chutney* de coco ou outro sabor, ou com *sambar*, um delicioso *dal* picante de vegetais (p. 212).

Provando uma variedade de sabores de missôs experimentais na cozinha de teste do Momofuku, em Nova York.

chutney de coco

Os *chutneys* são condimentos da culinária indiana feitos com uma variedade infinita de sabores. Este *chutney* de coco, do sul da Índia, é um excelente acompanhamento para os *idlis* ou *dosas*. É ao mesmo tempo doce e azedo e pode ser comido fresco ou fermentado por alguns dias. Esta receita foi adaptada do livro *Flavors of India: Vegetarian Indian Cuisine*, de Shanta Nimbark Sacharoff.

Tempo: 20 minutos a 4 dias

Ingredientes (para cerca de 2 xícaras/500 ml):

- 1 xícara (80 g) de coco ralado, fresco ou seco
- 3 colheres (sopa) de *chana dal* (um grão-de-bico indiano partido, opcional)
- 2 colheres (sopa) de óleo de coco ou outro óleo
- 2 colheres (sopa) de pasta de tamarindo ou suco de 1 limão-siciliano
- 1 colher (chá) de sal
- 1 colher (chá) de cominho
- 1 colher (chá) de sementes de coentro
- 1 colher (sopa) de mel
- ½ colher (chá) de sementes de mostarda
- Pitada de assafétida em pó
- ¾ xícara (185 ml) de quefir ou iogurte

Modo de fazer:

Deixe o coco de molho em ½ xícara (125 ml) de água morna.

Frite o *chana dal*, se optar por usar, rapidamente no óleo até começar a escurecer (mas não deixe queimar).

Combine e faça um purê. Em um processador de alimentos ou liquidificador, misture o *chana dal* frito com a pasta de tamarindo ou o suco de limão, o sal, o cominho, as sementes de coentro, o mel e o coco que ficou de molho. Bata até ficar tudo bem misturado e atingir consistência de purê.

Frite as sementes de mostarda rapidamente em 1 colher (sopa) de óleo. Quando elas começarem a estourar, adicione a assafétida e metade do iogurte ou quefir e misture. Retire do fogo.

Combine e faça um purê. Adicione a mistura de iogurte à mistura de coco e especiarias no processador de alimentos ou no liquidificador e bata até misturar bem. Por fim, adicione o restante do iogurte ou quefir não cozido, com as bactérias ainda vivas.

Saboreie o *chutney* fresco ou deixe-o fermentar para obter um toque azedo e culturas vivas mais desenvolvidas. Para fermentar, transfira o *chutney* para um vidro de conserva e deixe num local não muito frio, com a tampa sem rosquear até o fim, por alguns dias. Depois disso, guarde na geladeira.

sambar

O *sambar* é um *dal* de vegetais que eu adoro por sua riqueza de sabores e versatilidade, pois possibilita usar os vegetais que eu tiver sobrando. Quem me apresentou ao *sambar* foi meu finado amigo e colega Frank Cook, que viajou muito pelo sul da Índia e de quem sinto muita saudade. Sempre servíamos *idlis* e *sambar* nos nossos *workshops*.

Tempo: meia hora de preparação e pelo menos 1 hora de cozimento, mas é melhor reservar mais tempo

Ingredientes (para 6-8 porções):

¾ xícara (180 g) de lentilhas vermelhas (ou outro tipo de feijão-da-índia)
3 colheres (sopa) de coco ralado, seco ou fresco (opcional)
3 colheres (sopa) de *ghee* (ou manteiga ou óleo)
1 pitada de assafétida
1 colher (sopa) de sementes de coentro, inteiras ou moídas
1 colher (sopa) de cominho, inteiro ou moído
¼ colher (chá) de cravo moído
1 colher (sopa) de pimenta-caiena ou outra pimenta em flocos ou moída
1 colher (sopa) de sementes de mostarda
1 cebola grande ou 2 pequenas
3 dentes de alho (ou mais!)
2-3 tomates frescos picados em cubos
1 colher (sopa) de açafrão
5 cm (20 g) de gengibre, descascado e picado
Algumas pimentas-malaguetas inteiras secas ou frescas
1 colher (sopa) de mel
2 colheres (sopa) de pasta de tamarindo (ou suco de limão-siciliano, *kimchi* ou suco de chucrute)
1 batata média picada em cubos pequenos
2-3 xícaras (500 g) (ou mais) de vegetais picados, como cenoura, couve-flor, berinjela, quiabo, rabanete e nabo
Sal e pimenta a gosto

Modo de fazer:

Cozinhe as lentilhas em cerca de 3 xícaras de água. Deixe levantar fervura, abaixe o fogo e cozinhe por 30 minutos, mexendo de vez em quando, até as lentilhas começarem a se desfazer.

Torre o coco, se optar por usá-lo, em uma frigideira em fogo médio. Mexa até ficar aromático e começar a dourar. Retire do fogo e reserve.

Aqueça 2 colheres de sopa de *ghee* em uma panela grande o suficiente (6 litros ou maior) para você poder misturar o *sambar*.

Frite as especiarias em fogo médio. Comece com uma pitada de assafétida e adicione as sementes de coentro, o cominho, o cravo e a pimenta-caiena. Mexa para não queimar. Empurre as especiarias para as bordas da panela para abrir um espaço no centro. Adicione a colher de sopa restante de *ghee* e, quando aquecer, adicione as sementes de mostarda e frite até começar a estourar. Misture com as outras especiarias.

Adicione a cebola e o alho picados e cozinhe com as especiarias por cerca de 5 minutos.

Adicione as lentilhas com a água do cozimento, o coco e todos os outros ingredientes à panela, com um pouco de água se necessário. Cozinhe em fogo baixo, mexendo para não queimar, pelo menos até os vegetais ficarem macios, o que deve levar uma meia hora. Enquanto cozinha, adicione água, de necessário, para manter consistência de sopa. Cozinhe por algumas horas, ou tire do fogo, deixe esfriar e volte a levar ao fogo, para mesclar melhor os sabores do *sambar*.

Prove e adicione temperos a gosto antes de servir. O *sambar* é uma delícia requentado; adicione um pouco de água a cada vez que requentar.

Sala do *koji* na South River Miso, empresa produtora de missô em Massachusetts.

missô

Missô é uma pasta japonesa de soja fermentada feita em uma ampla variedade de estilos. Variedades de missô podem ser fermentadas em apenas algumas semanas ou por muitos anos. O missô tem sabor forte e pode ser bastante salgado. Ele é mais conhecido quando usado para fazer *missoshiro*, mas também é usado como agente de conserva e para dar sabor a molhos, patês e condimentos. No Japão, o missô é um alimento icônico, associado à boa saúde e à longevidade.

O primeiro missô caseiro que provei foi feito por meu finado amigo dr. Crazy Owl, um praticante peculiar da medicina chinesa que exaltava os poderes curativos do missô, e me apaixonei imediatamente pela textura e pelo sabor. Resolvi aprender a fazer missô e todo ano, no inverno, preparo um lote. De todos os alimentos que fermentei, esse é o que mais faz sucesso. São raras as pessoas que fazem o próprio missô, o que faz dele um ótimo presente. Fazer o próprio missô para compartilhar com as pessoas que você ama é uma excelente maneira de cuidar delas.

Embora o missô clássico seja feito com soja, você pode usar qualquer leguminosa ou combinação delas. A cor e o sabor característicos de cada uma são transportados para o missô resultante. Use o que você tiver sobrando e seja ousado nas suas experimentações!

O produtor de missô Connor Eller de Ionia em Kasilof, Alaska, com seus barris e potes cheios de missô.

É bem simples fazer missô. O mais difícil é fazer ou encontrar o *koji*, um ingrediente indispensável para produzi-lo. O *koji* é um cereal ou leguminosa inoculado com o fungo *Aspergillus oryzae*, usado como *starter* para fazer missô, bem como saquê, molho de soja, *amazake* e outras fermentações. A preparação do *koji* está além do escopo deste livro, embora seja possível fazer. Você pode encontrar informações sobre o processo em meu livro *A arte da fermentação*, e informações ainda mais detalhadas em *The book of miso*, de William Shurtleff e Akiko Aoyagi. Para comprar *koji* (ou o *starter* de *koji* para fazer o seu), veja as fontes listadas no Apêndice.

O missô é feito em muitos estilos diferentes, refletindo a enorme variação regional. Seria possível separar o missô em duas categorias: o missô doce, fermentado por menos tempo, que requer menos sal e usa mais *koji*, o que lhe dá um sabor adocicado; e o missô salgado, fermentado por muito mais tempo e com o dobro de sal e a metade do *koji*. Eu recomendaria tentar fazer um missô salgado de fermentação longa só se você tiver uma adega ou outro ambiente mais frio na sua casa, como uma uma garagem ou galpão. Se o ambiente for muito quente, o missô pode secar e formar um tijolo denso, bem diferente da uniformidade macia e pastosa que conhecemos. Os missôs doces são deliciosos e podem ser fermentados praticamente em qualquer lugar, e por apenas uma a quatro semanas, facilitando sua preparação.

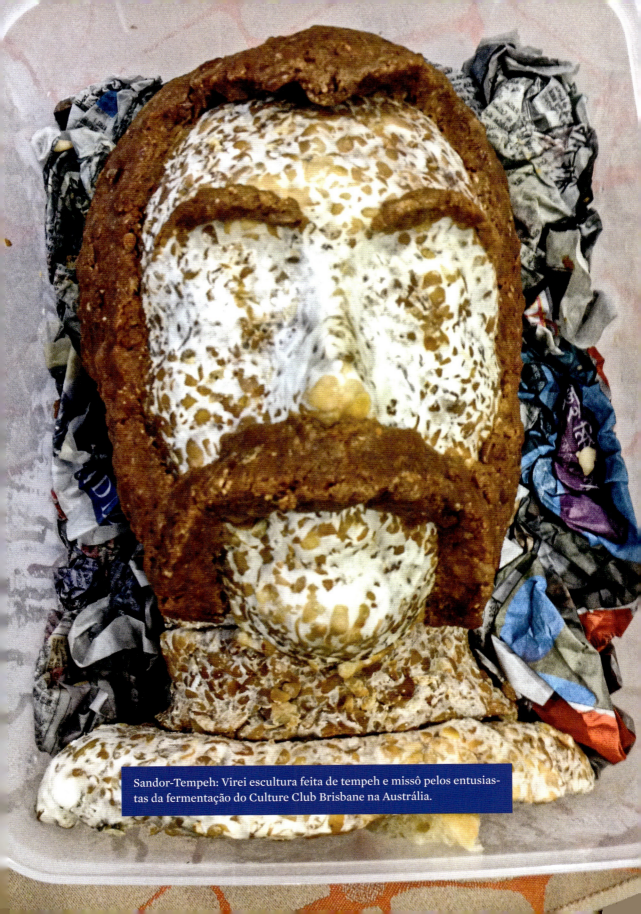

Sandor-Tempeh: Virei escultura feita de tempeh e missô pelos entusiastas da fermentação do Culture Club Brisbane na Austrália.

missô doce

O missô doce é quase como um *chutney*, pode ser usado como condimento e não é tão forte como seu primo mais salgado que precisa ser diluído. Gosto do sabor e da textura resultantes da adição de outros ingredientes além das leguminosas e do *koji*. Um de meus estilos favoritos é o *namemisso*, que incorpora vegetais. Também gosto muito de missô *nattoh*, de grãos inteiros, com algas e adoçante. O missô doce desta receita é uma combinação dos dois estilos. Ele precisa de uma semana para adquirir um sabor rico e complexo que evoluirá com o tempo.

Tempo: 1 a 4 semanas

Equipamentos:

Pote de cerâmica ou balde plástico para alimentos de 4 litros

Tampa que se acomoda no interior do pote ou balde (um prato ou disco de madeira)

Peso (um jarro cheio d'água ou uma pedra de rio bem lavada e fervida)

Pano (para cobrir o pote e impedir a entrada de moscas e poeira)

Ingredientes (para 2 litros):

3 xícaras (500 g) de koji

2 xícaras (500 g) de *azuki* (feijão-vermelho japonês) ou outros feijões secos

6 colheres de sopa (90 g) de sal marinho

2-3 xícaras (500 g) de vegetais: repolho, rabanete, nabo, pimentas (doces e/ou apimentadas), berinjela, cebola, alho, algas etc., em qualquer combinação.

½ xícara (125 ml) de mel, xarope de bordo, xarope de arroz, malte de cevada, açúcar ou outro adoçante

Modo de fazer:

Providencie o *koji* antes de começar.

Deixe o feijão de molho durante a noite com bastante água para continuar coberto mesmo se dobrar de tamanho.

Escorra para retirar a água do molho e coloque o feijão em uma panela. Adicione água o suficiente para cobrir o feijão.

Leve ao fogo até levantar fervura e cozinhe em fogo baixo até ficar macio. O tempo depende do grão, podendo levar entre 30 minutos e várias horas, e pode ser reduzido usando uma panela de pressão.

Escorra os feijões cozidos, reservando uma xícara do caldo do cozimento. Deixe esfriar.

Dissolva o sal no caldo reservado ainda quente.

Pique ou rale os vegetais, uma pequena quantidade de cada. Se optar por usar algas marinhas, deixe-as de molho em um pouco de água quente para reidratar antes de picar.

Enquanto os feijões ainda estiverem esfriando, assim que atingirem 60°C, frio o suficiente para você conseguir tocar por alguns segundos, adicione o *koji*. O *koji* tolera o calor e suas enzimas funcionam até melhor a essa temperatura. Adicione o sal dissolvido na água do feijão e o adoçante. Misture. Quando esfriar à temperatura corporal, acrescente os vegetais. Misture tudo.

Comprima a mistura em um vidro de conserva, pressionando bem para impedir a formação de bolsas de ar. Coloque o peso para mantê-la pressionada e cubra com o pano para manter as moscas afastadas.

Mexa a cada dois dias, prove para monitorar o sabor, limpe as bordas se necessário, nivele a superfície, coloque o peso e cubra.

Saboreie enquanto o sabor evolui. Leve à geladeira se quiser retardar a fermentação.

Leguminosas fermentadas

missô vermelho

Este missô é forte e salgado. Requer quase um ano de fermentação ou mais. Nunca fermente o missô em um ambiente com aquecimento, porque isso o seca, formando um tijolo denso. Se fermentar em uma adega ou outro ambiente fresco sem aquecimento, ele fica ainda melhor se você puder esperar alguns anos. Na culinária japonesa tradicional, o missô vermelho é feito com soja, mas sua cor pode variar se você usar leguminosas diferentes. Gosto de fazer missô com grão-de-bico e feijão-rajadinho. Fiz muitos experimentos e posso dizer sinceramente que todas as leguminosas que testei resultaram em um missô delicioso.

Tempo: 1 ano ou mais

Equipamentos:

Pote de cerâmica ou balde plástico para alimentos de pelo menos 4 litros
Tampa que se acomoda no interior do pote ou balde (um prato ou disco de madeira)
Peso (um jarro cheio d'água ou uma pedra de rio bem lavada e fervida)
Pano (para cobrir o pote e impedir a entrada de moscas e poeira)

Ingredientes (para 4 litros):

3 xícaras (500 g) de *koji*
4 xícaras (1 quilo) de soja seca
¾ xícara (185 g) de sal marinho e ¼ xícara (60 g) a mais para o pote ou balde
2 colheres (sopa) de missô maduro não pasteurizado

Modo de fazer:

Providencie o *koji* antes de começar.

Deixe a soja de molho durante a noite com bastante água para continuar coberta mesmo se dobrar de tamanho. Escorra a soja para retirar a água do molho.

Cozinhe a soja em água. Leve ao fogo até levantar fervura, retire qualquer borra acumulada na superfície e cozinhe em fogo baixo até ficar macia. O tempo vai depender da soja, podendo levar entre 30 minutos e várias horas, e pode ser reduzido usando uma panela de pressão.

Escorra a soja cozida, reservando o líquido de cozimento. Deixe esfriar.

Prepare a salmoura. Dissolva o sal em cerca de 2 xícaras (500 ml) do líquido de cozimento da soja (ou água fervente). Mexa por alguns minutos para dissolver o máximo de sal possível. Reserve a salmoura e deixe esfriar.

Amasse a soja para obter a textura desejada, usando os utensílios que tiver à disposição. Costumo usar espremedor de batatas e gosto de uma textura mais rústica, deixando alguns pedaços.

Misture tudo. Primeiro, verifique a temperatura da salmoura. A temperatura ideal é de 43°C, como um banho quente de banheira. Coloque o missô maduro na salmoura e misture na soja cozida. Em seguida, adicione o *koji* e mexa até obter uma textura uniforme. A massa deve ficar um pouco massuda e seca, firme o suficiente para manter a forma. Adicione um pouco mais de líquido de cozimento da soja (ou água) se necessário, mas não muito, já que a fermentação vai liberar água. Essa mistura vai se transformar em missô e as outras etapas envolvem preparar essa massa para sua longa fermentação.

Salgue o fundo e as laterais do pote. Enxágue para molhar as superfícies e polvilhe com sal fino. A ideia é proporcionar maior teor de sal nas superfícies para proteger o missô.

Comprima o missô no pote, tomando o cuidado de eliminar as bolsas de ar. Alise a parte de cima e polvilhe uma generosa camada de sal.

Cubra o missô com uma tampa, um peso e um tecido (conforme explicado no "Método do pote de cerâmica: usando recipientes maiores", p. 76). Identifique claramente o lote usando um pincel atômico. É especialmente importante fazer isso se você tiver vários lotes de diferentes anos. Armazene em uma adega, garagem ou outro ambiente fresco sem aquecimento.

Espere. Prove um pouco após o primeiro ano de fermentação. Volte a comprimir a massa com cuidado e renove a camada superior de sal. Vá provando a cada ano. O sabor do missô vai amadurecer e se desenvolver com o tempo. Provei um missô de 9 anos que estava divino, como um vinho bem envelhecido.

Uma observação sobre a decantação: Ao abrir um pote de missô que passou alguns anos fermentando, a camada superior pode estar bem feia e nada apetitosa, com uma colônia de variados organismos amantes do oxigênio. Retire essa camada feia e jogue na compostagem. Acredite: por baixo da superfície, o missô estará magnífico, com aroma e sabor deliciosos. Costumo trabalhar um lote inteiro de missô de uma só vez. Uso potes de vidro esterilizados e, se as tampas forem metálicas, coloco uma camada de papel-manteiga entre o pote e a tampa, pois o missô corrói o metal. Feito isso, guardo os potes no porão. Como o missô continuará fermentando, os potes acumularão pressão e precisarão ser abertos periodicamente. Pode acontecer de um bolor se formar na superfície do missô. Basta retirar essa camada superficial e saborear o missô que se esconde por baixo dela. Para evitar essas chateações, você pode armazenar o missô na geladeira.

Missô fermentando em barris grandes na South River Miso, em Massachusetts.

missoshiro (sopa de missô)

O *missoshiro* é a maneira clássica de saborear o missô. Nenhum outro alimento que conheço é mais reconfortante.

O missô é o último ingrediente da preparação do *missoshiro*. Em sua forma mais simples, o *missoshiro* não passa de água quente com missô – cerca de 1 colher (sopa) de missô para 1 xícara (250 ml) de água. Adicione a água quente ao missô e misture bem. Evite ferver para preservar a vitalidade do alimento.

Você também pode fazer um *missoshiro* elaborado. Costumo começar adicionando algas. As algas marinhas têm sabores complexos e profundos. Algumas pessoas gostam de chamá-las de "vegetais do mar" (*sea vegetables*). Mas eu prefiro respeitar sua natureza selvagem e chamá-las de *sea weeds*, as ervas-daninhas do mar. Elas carregam a essência do mar. São ricas em minerais e nutrem o sistema cardiovascular, melhoram a digestão, acalmam o sistema nervoso e ajudam a regular o metabolismo e os fluxos glandulares e hormonais.[2] Um de seus benefícios é um composto chamado ácido algínico, que se liga a metais pesados, como chumbo e mercúrio, e a elementos radioativos, como o estrôncio-90, e os transporta para fora do corpo. Adoro usar um pouco de algas marinhas em praticamente tudo o que cozinho. O *missoshiro* é quase sempre preparado com algas marinhas. As receitas japonesas tradicionais de *dashi*, ou caldo, normalmente pedem *kombu*, uma alga do Oceano Pacífico. Essa alga pode ser encontrada desidratada em mercados de produtos asiáticos ou pela internet. O equivalente do Atlântico Norte é a *Laminaria digitata*, uma variedade espessa e robusta de alga. Cada caule se divide em vários dedos carnudos e verde-amarronzados, daí o nome "*digitata*".

Tive uma experiência inesquecível ajudando meus amigos Matt e Raivo a colher *digitata* na costa do Maine. Acordamos às quatro da manhã, nos enfiamos em roupas de borracha e fomos de carro ao porto. Embarcamos num barco de madeira que Matt construiu com as próprias mãos e rebocamos um bote de madeira, também feito por ele. O movimento do "faça você mesmo" não tem limites. Passamos um bom tempo deslizando pelas águas calmas da baía na madrugada nevoenta. Eu me perguntava como meus guias sabiam para onde ir naquele cinza sem fim, onde o mar, o céu e a terra se mesclavam numa coisa só. Vimos gaivotas e focas. A água começou a se agitar enquanto nos dirigíamos às águas turbulentas do oceano, repletas de *digitata*.

Chegamos ao nosso destino no momento exato em que a maré baixou a ponto de nos dar acesso às algas. A colheita de algas marinhas é regrada pela maré. Ancoramos o barco maior, embarcamos no bote e nos dirigimos a um grande canteiro de *digitata* que crescia em uma rocha subaquática. Quando nos aproximamos, mergulhamos na água gelada e agitada. Matt e Raivo se revezavam no bote para evitar que ele se afastasse, remando o tempo todo para onde estávamos, para que pudéssemos jogar no bote a *digitata* que colhíamos.

Lá estava eu, no oceano, com uma faca afiada na mão. A ideia era ficar na borda da rocha onde a *digitata* crescia e cortar o talo para colher as algas. Parece fácil. E teria sido, se o mar estivesse tranquilo. Mas sempre que uma onda chegava, a água subia de meio metro para um metro e meio de profundidade. Para encontrar o talo da *digitata* nas águas mais profundas, eu precisava mergulhar o corpo inteiro, incluindo a cabeça, no oceano. Além disso, a maior parte do tempo as ondas me derrubavam da rocha.

Passei a manhã inteira tentando manter o equilíbrio, com a faca numa mão e algas na outra, como um personagem de uma comédia. Nas raras ocasiões em que eu conseguia colher um punhado de *digitata*, o objetivo era jogá-lo no bote, outro desafio dificultado pelas águas agitadas. Foi uma experiência maluca e incrivelmente divertida, apesar dos frutos irrisórios de minha colheita. Enquanto meu corpo era empurrado pelas ondas ritmadas, me identifiquei com as algas marinhas, que vivem sob o ritmo constante das marés. Quando a maré subiu a ponto de não conseguirmos continuar, voltamos, no meio da manhã, ao porto de South Gouldsboro, aninhados numa cama de algas escorregadias.

A maior parte das algas disponíveis nos Estados Unidos é importada do Japão, onde ela é um alimento popular cultivado intensivamente. Ninguém sabe como a radiação do desastre nuclear de Fukushima está afetando as algas. Eu gostaria de fazer um anúncio em prol do biorregionalismo das algas. Algas marinhas comestíveis são abundantes em muitas áreas costeiras mais frias, mas raramente são colhidas. Se você morar numa região assim, tente encontrar locais limpos e acessíveis para colher as algas. Pegue só o que precisar para minimizar seu impacto sobre o ambiente. Ou tente encontrar e apoiar pequenos colhedores de algas das regiões costeiras próximas.

Estávamos fazendo *missoshiro*. Veja como eu faço:

Comece com a água. Um litro de água é o suficiente para duas a quatro porções de sopa. As quantidades dos outros ingredientes são para 1 litro de água. Comece aquecendo a água enquanto adiciona outros ingredientes; quando levantar fervura, abaixe o fogo e cozinhe em fogo baixo.

Adicione as algas. Ao cozinhar, os sabores e os nutrientes da alga se dissolvem no caldo. Eu uso uma tesoura para cortar algas secas em pedaços pequenos, fáceis de pegar com uma colher. Corte uma tira de 5-8 cm de *digitata*, *kombu* ou outra variedade de alga marinha ou mais de um tipo diferente. Adicione os pedaços de alga à água. Quando essa mistura cozinhar em fogo baixo por um tempo, você terá um *dashi* japonês tradicional, ou um caldo.

Adicione o missô e os temperos. Retire o caldo do fogo. Pegue uma xícara do caldo e misture cerca de 3 colheres (sopa) de missô. Adicione um pouco de gengibre ralado e/ou alho. Misture bem, adicione ao restante do caldo e mexa. Prove a sopa. Adicione mais missô ou temperos, conforme necessário, usando a mesma técnica.

Decore a sopa com cebolinha picada ou salsinha.

Requente. Aqueça o *missoshiro* que sobrar em fogo baixo, tentando não ferver o missô.

Variações: Faça uma um *missoshiro* simples como o desta receita ou elabore o quanto quiser, adicionando um ou todos os ingredientes a seguir: raízes comestíveis, incluindo raiz de bardana (*gobô*, em japonês), que contribui com um sabor terroso e poderes de tonificação e desintoxicação, cogumelos, repolho, folhas, tofu ou *tempeh*, restos de cereais integrais cozidos, *tahine* (para uma sopa mais substancial). Você pode usar o missô para dar sabor e corpo a caldos de legumes ou carne.

pasta de missô com *tahine*

Outra excelente maneira de saborear o missô é como uma pasta, patê ou molho.

Tempo: 2 minutos

Ingredientes (para uma porção pequena, cerca de ¼ xícara/60 ml):

1 colher (sopa) de missô
2-4 colheres (sopa) de *tahine*
Suco de ½ limão-siciliano (ou mais)
1 dente de alho (ou mais), amassado ou bem picado

Modo de fazer:

Misture bem todos os ingredientes. Adicione mais suco de limão, suco de conserva, água, soro de leite ou caldo do cozimento de vegetais para obter a consistência desejada. Saboreie com pão ou bolachas ou use como tempero para cereais, vegetais ou para salada. O missô e o *tahine* formam uma dupla versátil.

Experimente combinar o missô com manteiga de amêndoa ou pasta de amendoim. Faça seus experimentos com diferentes variações!

picles de missô e *tamari*

O missô é um excelente meio de conserva de vegetais. Adoro fazer rabanetes, nabos e outras raízes comestíveis em conserva no missô. Se os vegetais forem pequenos (até cerca de 5 cm), você pode deixá-los inteiros; caso contrário, pique em pedaços irregulares. Faça experimentos com outros vegetais.

Tempo: 1 a 3 semanas (ou mais)

Recipiente: Pote de boca larga, tigela ou pote de cerâmica pequeno

Ingredientes (para 500 ml):
Pouco mais de 1 xícara (250 ml) de missô salgado de fermentação longa
Cerca de 125 g de rabanete, nabo, cenoura ou outros vegetais fatiados
½ cabeça de alho descascado

Modo de fazer:

Espalhe uma fina camada de missô no fundo do frasco.

Adicione os vegetais e os dentes de alho inteiros. Procure deixar os vegetais afastados uns dos outros para que todos os pedaços fiquem envoltos em missô.

Repita com outra camada de missô e outra camada de vegetais.

Cubra a camada superior de vegetais com missô e comprima. Coloque um peso ou comprima a mistura periodicamente e deixa-a fermentar num local fresco, mas não frio.

Prove. Depois de uma semana, "desenterre" um dos vegetais, faça um corte e prove. Repita periodicamente para monitorar a evolução do sabor. Os vegetais absorverão o sabor e o sal do missô e serão fermentados enquanto o missô absorve o sabor e a água dos vegetais. Tanto o missô quanto os vegetais saem transformados do processo. Sirva as conservas de missô em fatias finas ou em pedaços maiores, como preferir. Use o missô em sopas, pastas, patês ou molhos. Lembre que agora o missô tem uma proporção maior de água e uma proporção menor de sal; portanto, embora ele tenha ganhado sabor, durará menos.

Um líquido pode se acumular na superfície, trata-se do adocicado e forte *tamari* de missô. Retire e aproveite seu sabor complexo como tempero de mesa, em molhos, marinadas ou para cozinhar outros alimentos.

José e Damian Caraballo no The Tempeh Shop em Gainesville, Florida.

Leguminosas fermentadas • 223

Tempeh-mãe crescendo em folhas de waru (*Hibiscus tiliaceus*), usado para perpetuar a cultura na Indonésia.

Tempeh

Tempeh é um alimento fermentado de soja da Indonésia que se popularizou como um substituto da carne na culinária vegetariana ocidental. Vale muito a pena fazer o seu. A versão congelada vendida no mercado é o que eu chamo de "isopor", sem sabor algum. Já o *tempeh* recém-fermentado tem sabor e textura complexos, especiais e deliciosos.

O *tempeh* foi popularizado nas culturas vegetarianas americanas pela The Farm, a famosa comunidade hippie dos anos 1970, que chegou a ter mais de mil moradores com uma dieta à base de soja, que, como eles logo perceberam, precisava ser fermentada. O pessoal da The Farm aprendeu a cultivar os esporos do fungo *Rhizopus oligosporus* e os distribuiu com instruções detalhadas para a produção caseira, disponíveis no livro *The New Farm vegetarian cookbook*, um clássico vegetariano publicado até hoje. Veja o Apêndice para saber onde conseguir o *starter* de *tempeh*.

Além de obter os esporos, a maior dificuldade para fazer o *tempeh* pode ser manter o ambiente quente ideal. Aprendi a fazer *tempeh* com o método da The Farm, que sugeria manter temperaturas típicas da Indonésia, por volta de 29-32°C por 24 horas. O mais fácil é esperar o clima quente do verão. Passei anos usando o forno de um fogão a gás só com a chama-piloto acesa, com o anel de borracha de um vidro de conserva mantendo uma fresta da porta do forno aberta para não esquentar demais. Você também pode usar o calor gerado pela lâmpada de iluminação do forno. Montei uma incubadora simples que funcionou muito bem, usando um refrigerador quebrado aquecido por uma lâmpada incandescente regulada pelo controle que tirei de uma estufa. Alguns anos atrás, conheci um casal indonésio que fazia *tempeh* para vender na Califórnia e incubava o *tempeh* a 22°C por 48 horas, usando uma unidade de aquecimento termostático adaptada em um pequeno cômodo. Ultimamente, no inverno, incubo o *tempeh* numa prateleira de grade alta perto do fogão a lenha.

Vá inovando até dar certo. Não deixe de manter uma boa circulação de ar ao redor do *tempeh* em incubação. Ele precisa de oxigênio, mas não pode secar, por isso deve ser embrulhado de um jeito que mantenha a umidade e ao mesmo tempo permita a entrada de ar. Tradicionalmente, o *tempeh* era embrulhado em folhas de bananeira. Em climas temperados, costuma-se usar saquinhos plásticos com furinhos a intervalos regulares.

tempeh de soja

Tempo: 1 a 3 dias

Equipamentos:

Moedor de grãos (para facilitar a remoção da casca da soja)
Panos de prato limpos ou um ventilador, para secar os grãos cozidos
Sacos do tipo "zip lock" ou outros sacos plásticos (de 18×20 cm mais ou menos)

Ingredientes (para cerca de 1 quilo de *tempeh*):

2 xícaras (500 g) de soja
1 colher (sopa) de vinagre (não é necessário se você puder deixar a soja de molho por um bom tempo)
1 colher (chá) de *starter de tempeh* (siga as proporções recomendadas da sua fonte)

Modo de fazer:

Descasque a soja. O método mais fácil é usar um moedor de grãos, quebrando os grãos em alguns pedaços grandes para separar a casca. Quando você deixar a soja de molho, grande parte da casca vai boiar. Retire as cascas que boiarem na água do molho e durante o cozimento. Não se preocupe se não conseguir tirar tudo. É importante descascar a soja, o grão-de-bico e algumas outras leguminosas porque os fungos não conseguem penetrar nas cascas. Se não tiver um moedor de grãos, parta os grãos depois do molho.

Deixe a soja de molho em um recipiente grande com muita água, já que os grãos devem dobrar de volume. O molho, na verdade, é uma fermentação preliminar na qual os grãos se acidificam levemente, tornando o ambiente mais favorável ao fungo e menos hospitaleiro ao potencial desenvolvimento de bactérias. Deixe de molho por cerca de 24 horas, a menos que você more em uma região especialmente quente. Se não puder deixar de molho ou se precisar tirar do molho em menos tempo, adicione o vinagre após o cozimento.

Escorra a água dos grãos e transfira-os para um saco plástico. Se ainda não os partiu, coloque em uma bancada e passe por cima deles um rolo de massa repetidamente, com força. Quando a maioria estiver partida, transfira para uma tigela e cubra com água. Massageie os grãos debaixo d'água para remover

Tempeh fermentando em casca de banana.

as cascas e partir os grãos inteiros, depois enxágue e retire o máximo das cascas.

Cozinhe a soja. Use bastante água para cozinhar, assim as cascas restantes irão boiar. Não coloque sal, deixe levantar fervura e cozinhe por cerca de 45 minutos em fogo baixo até a soja ficar macia o suficiente para mastigar, mas não para comer. Não deixe os grãos ficarem tão macios como você gostaria de comer. A fermentação continuará a amolecê-los. Enquanto você cozinha e mexe a soja, o restante da casca vai boiar na superfície e uma espuma vai se formar. Retire a espuma com as cascas e descarte.

Escorra os grãos cozidos e deixe-os secar e esfriar. Use um escorredor de macarrão grande para escorrer os grãos. Mexa com frequência para expor superfícies diferentes e favorecer o resfriamento e a evaporação da umidade. A umidade excessiva estimula o crescimento bacteriano e pode impedir o desenvolvimento do fungo do *tempeh*. O processo de secar e resfriar pode ser acelerado usando um ventilador direcionado aos grãos fumegantes. Outra estratégia é secar usando panos de prato. Faça uma trouxa para envolver os grãos e dê tapinhas até a maior parte da umidade da superfície ser absorvida pela toalha; repita se necessário.

Adicione o *starter*. Transfira os grãos, resfriados até mais ou menos a temperatura corporal, mas sem chegar à temperatura ambiente, para uma tigela. Se você não deixou os grãos de molho, adicione vinagre para acidificar e favorecer o crescimento de fungos. Misture bem. Adicione o *starter* e misture por vários minutos, girando a tigela para distribuí-lo uniformemente entre os grãos de soja.

Encha os sacos plásticos. Preencha-os até a metade, espalhando os grãos uniformemente e feche bem. Use um picador de gelo ou garfo para fazer furinhos com 5 cm de distância entre eles dos dois lados dos sacos. Os sacos mantêm a umidade dos grãos e os furos garantem a circulação de ar – condições essenciais para o fungo crescer. Você pode reutilizar os sacos limpando-os e secando-os bem após o uso e armazenando-os em um lugar seco. Acomode os sacos de *tempeh* com cuidado sobre grades no ambiente de incubação aquecido.

Incube o *tempeh* para fermentar a 29-32°C por cerca de 24 horas ou por volta de 22-24°C por cerca de 48 horas. Nenhuma mudança drástica deve ocorrer na primeira metade do período de fermentação. Com o tempo, um mofo branco e peludo vai começar a se formar em todos os espaços entre os grãos de soja, ficando cada vez mais denso. O *tempeh* também vai começar a gerar calor, então fique de olho e ajuste a temperatura da sua câmara de incubação conforme necessário. O bolor vai ficar cada vez mais denso até formar um tapete uniforme mantendo os grãos juntos. O *tempeh* deve ter um cheiro agradável e terroso, como champignons frescos. Ele estará pronto para comer quando um fungo cinza ou preto começar a surgir perto dos furos, indicando que o desenvolvimento micelial está completo.

Retire o *tempeh* da incubadora e deixe esfriar antes de levar à geladeira. Refrigere ou congele sem empilhar. Se você empilhar o *tempeh* antes de resfriar, o bolor continuará crescendo e gerando calor, até no congelador. Saboreie o *tempeh* fresco por até mais ou menos cinco dias na geladeira. Para guardar por mais tempo, congele.

O *tempeh* normalmente não é comido cru. Ao contrário da maioria dos alimentos fermentados por bactérias, o *tempeh* é cozido antes de comer. Para provar o sabor do *tempeh* fresco, frite as fatias sem tempero em óleo de coco ou manteiga ou deixe-o marinando em uma salmoura com sementes de coentro. Incorpore-o a um *curry* ou adicione-o a um molho barbecue. Experimente as receitas deste livro ou prepare de seu jeito.

tempeh de feijão-fradinho e aveia

A receita que vimos nas páginas anteriores é para fazer o *tempeh* básico. Você pode incorporar qualquer tipo de leguminosa, bem como cereais, no *tempeh*. Veja um exemplo de *tempeh* feito com feijão-fradinho e aveia.

Tempo: 2 a 3 dias

Equipamentos:

3 ou 4 sacos do tipo "zip lock" pequenos ou outros sacos de plástico ou uma assadeira e papel-alumínio

Ingredientes (para cerca de 1 quilo de *tempeh*):

2 xícaras (400 g) de feijão-fradinho (ou outras leguminosas)
1 xícara (200 g) de aveia integral (ou outros cereais)
1 colher (chá) de *starter* de *tempeh* (siga as proporções recomendadas da sua fonte)

Modo de fazer:

Deixe o feijão-fradinho de molho em bastante água, por cerca de 24 horas. Em seguida, esfregue os grãos com as mãos para soltar e remover as cascas.

Deixe a aveia de molho, em uma tigela separada, em apenas ½ xícara (125 ml) de água, pelo mesmo tempo.

Escorra a água dos feijões e transfira-os para um saco plástico. Coloque em uma bancada e passe um rolo de massa repetidamente, com força, para partir os feijões. Quando a maioria estiver partida, transfira para uma tigela e cubra com água. Massageie os grãos para remover as cascas e partir os grãos ainda inteiros, depois enxágue para retirar o máximo possível das cascas.

Cozinhe o feijão-fradinho com bastante água para as cascas boiarem e você conseguir retirá-las com facilidade. Não cozinhe por muito tempo. Se você deixou o feijão de molho, cerca de 15 minutos em fogo baixo devem bastar. Eles não devem ficar macios, já que o fungo vai amolecer os grãos. Se eles se desfizerem, não haverá espaço entre eles e o *tempeh* não se desenvolverá. A regra geral para cozinhar os feijões é: até ficarem quase comestíveis ou, em outras palavras, até você conseguir mordê-los. Calcule não mais que 25% do tempo de cozimento normal.

Cozinhe a aveia separadamente. Leve ao fogo usando apenas a água do molho. Deixe levantar fervura, abaixe o fogo e tampe a panela até a água ser absorvida, o que deve acontecer em 20 minutos. Fique de olho para não queimar. Você pode adicionar qualquer tipo de cereal ao *tempeh*; mas ele precisa estar bem cozido e seco, para evitar excesso de umidade e para ajudar a absorver a umidade da superfície dos grãos.

Coe os feijões, deixe escorrer bem e passe para uma tigela.

Adicione a aveia cozida, ainda quente.

Misture bem, mexendo periodicamente para liberar o vapor. Se a mistura parecer úmida, com superfícies brilhantes, use um ventilador ou uma toalha de pano para secá-la.

Quando os grãos estiverem secos e mornos, adicione o *starter*, prepare e encha os sacos plásticos, incube e saboreie como detalhei na receita *Tempeh* de soja (p. 226).

tempeh picante caramelizado com brócolis e nabo japonês

Meu amigo Orchid, que morou comigo nos primórdios da nossa comunidade, é uma grande fonte de inspiração culinária para mim. Veja um prato delicioso que ele criou com um *tempeh* que eu fiz.

Tempo: Menos de 1 hora

Ingredientes (3-4 porções como prato principal, 4-6 porções como acompanhamento):

250 g de *tempeh*
1 xícara (85 g) de brócolis
1 xícara (125 g) de nabo japonês (*daikon*) cortado em meia-lua
¼ xícara (60 ml) de suco de laranja
2 colheres (sopa) de mel
1 colher (sopa) de farinha de araruta
1 colher (chá) de óleo de gergelim
1 colher (sopa) de vinagre de arroz
1 colher (sopa) de vinho
2 colheres (chá) de pimenta-malagueta em pasta
3 colheres (sopa) de *tamari*
1 colher (sopa) de missô
2 colheres (sopa) de óleo vegetal
2 colheres (sopa) de gengibre fresco ralado
3 colheres (sopa) de alho amassado
½ colher (chá) de pimenta-branca moída

Modo de fazer:

Corte o *tempeh* em cubos do tamanho de petiscos e cozinhe no vapor por cerca de 15 minutos.

Adicione o brócolis e o *daikon* nos últimos dois minutos de cozimento a vapor.

Misture em uma tigela o suco de laranja, o mel, a araruta, o óleo de gergelim, o vinagre de arroz, o vinho, a pimenta-malagueta em pasta e 2 colheres de sopa do *tamari*. Mexa até dissolver bem o mel e a araruta. Em outra tigela pequena, misture o missô com a colher de sopa restante do *tamari*.

Aqueça um *wok*, adicione o óleo e deixe-o esquentar. Frite o gengibre por cerca de um minuto. Adicione o alho e frite por dois minutos ou até dourar um pouco, junte a pimenta-branca e frite por mais 30 segundos. Mexa novamente a mistura de sucos, adicione ao *wok* e cozinhe por alguns minutos, mexendo sempre, até o molho engrossar.

Tire o *wok* do fogo, adicione o *tempeh* e os vegetais cozidos no vapor e mexa. Adicione a mistura de missô e *tamari* e mexa novamente. Sirva com arroz.

A incubadora de *tempeh* do meu amigo Lagusta Umami.

sanduíche de *tempeh*

Um jeito excelente de saborear o *tempeh* é fazendo um sanduíche. Este sanduíche incorpora quatro alimentos fermentados diferentes: pão, *tempeh*, chucrute e queijo.

Refogue fatias de *tempeh* em uma panela antiaderente com um pouco de óleo.
Monte sanduíches. Espalhe molho Thousand Island (feito com ketchup, maionese e temperos) em fatias de pão (o melhor é o de centeio) e coloque fatias de *tempeh* refogadas sobre o molho.
Em seguida, coloque uma porção generosa de chucrute.
Cubra o chucrute com uma fatia de queijo suíço (ou seu queijo favorito).
Esquente na grelha ou no forno por um minuto ou mais, até o queijo derreter.
Sirva aberto, com picles azedos (p. 82).

Para saber mais

SHURTLEFF, William; AOYAGI, Akiko. *The book of miso*. Berkeley: Ten Speed Press, 2001.
____. *The book of tempeh*. Berkeley: Ten Speed Press, 2001.

Produtores de *tempeh* na Indonésia.

10. Vinhos

(Incluindo hidromel, sidra e outras bebidas alcoólicas feitas a partir de açúcares simples)

O álcool sem dúvida é o produto mais antigo, difundido e conhecido da fermentação. As bebidas alcoólicas fermentadas são praticamente universais, apesar de haver alguma confusão em torno do tema. Ainda no século XX, muitos etnógrafos difundiram a ideia absurda de que as bebidas alcoólicas não eram encontradas entre povos indígenas (tantas vezes repudiados como "não civilizados" ou "primitivos").[1] Embora as práticas tradicionais variem muito, muitos povos, praticamente em todas as regiões do mundo, têm longas tradições de fermentação de bebidas alcoólicas feitas com qualquer fonte de carboidratos disponível. A sobrevivência cultural e os registros históricos foram severamente reprimidos por genocídios coloniais, desalojamento em massa e leis proibindo os nativos de fermentarem suas bebidas tradicionais. Muitas práticas tradicionais, inclusive a fermentação, foram perdidas. No entanto, antigas tradições de fermentação do álcool sobreviveram para sugerir que elas não só foram difundidas como são praticamente universais.

A produção e o consumo de bebidas alcoólicas fermentadas eram, em geral, comunais e ritualísticos. Algumas culturas criaram rituais ruidosos, com a ideia de que "uma energia forte, às vezes até furiosa, ajudava a ativar a levedura".[2] Outras culturas acreditavam que o fermento precisava de paz e que se assustava com sons e movimentos bruscos, e criaram processos cercados de reverências silenciosas. De qualquer forma, o contexto era ritualístico e sagrado. Fazer sua própria bebida fermentada é uma forma de recuperar a sacralidade ritual da fermentação do álcool.

T'ej (hidromel ao estilo etíope ou vinho de mel)	238
Hidromel de ervas (*metheglin*)	239
Sidra ou vinho de fermentação espontânea	240
Garrafões e válvulas *airlock*	242
Envelhecimento: sifonagem e envasamento	244
Envasamento de bebidas alcoólicas para a carbonatação	248
Uma variação de sidra	249
Country wine	250
Vinho de morango	253
Vinho de sabugueiro	254
Vinhos de flores	256
Champanhe de gengibre	258
Sopa de borra de vinho	260

Comecei a fazer meus experimentos com a fermentação de vinho e cerveja aprendendo com livros. Os métodos complicados e *high tech* que a maioria dos livros detalhava me desanimavam um pouco. Eu não gostava da ênfase na esterilização química e da prática de destruir a levedura selvagem presente na casca das frutas para assegurar o sucesso de uma variedade industrial de levedura. Essa prática agride minha sensibilidade de adepto da fermentação selvagem.

Eu sabia que fermentações simples, rápidas e deliciosas de bebidas alcoólicas eram possíveis, tendo provado muitas bebidas locais diferentes em uma viagem à África (muito antes de me interessar pela fermentação). Quase todas as aldeias rurais que visitamos tinham alguma bebida fermentada para oferecer, incluindo os vinhos de palma e as cervejas de mandioca e painço. Essas bebidas locais nunca eram envasadas nem ficavam guardadas por muito tempo. Eram bebidas jovens (não envelhecidas) e servidas diretamente de recipientes de fermentação abertos.

O que poderia explicar o abismo entre essas tradições de fermentação nativa de baixa tecnologia e todas as informações que eu encontrava sobre como fazer cerveja e vinho em casa? Os livros de fermentação caseira e as lojas especializadas enfatizavam equipamentos específicos, cepas puras de levedura, muitos aditivos e produtos clarificados, livres dos resíduos turvos da levedura. Não questiono que essas práticas podem levar a resultados maravilhosos. Mas eu sabia que métodos muito mais acessíveis existiam por aí.

As receitas que se seguem são principalmente fermentações selvagens de baixa tecnologia. A ideia é demonstrar uma ampla gama de possibilidades. Meus métodos de fermentação de bebidas alcoólicas são extremamente simples e podem ser motivo de zombaria para os especialistas. Para complementar minha abordagem primitiva, também descrevo técnicas usadas por alguns amigos meus. Embora os métodos variem, bem como algumas das suposições que os embasam, todos produzem bebidas deliciosas. Mergulhe de cabeça, faça seus experimentos e encontre o processo que é mais a sua cara.

Este capítulo começa com receitas simples de vinhos e hidroméis baseados em açúcares simples que fermentam espontaneamente para produzir bebidas alcoólicas. Depois passaremos para métodos um pouco mais complexos envolvendo envasamento e uma fermentação mais longa para produzir bebidas mais fortes. No próximo capítulo, abordarei as bebidas alcoólicas à base de cereais (cervejas), que são mais difíceis, demandando um processo enzimático adicional para decompor os carboidratos complexos em açúcares simples que podem ser fermentados em álcool.

Vinho de cadeia

Para mostrar como ninguém precisa de equipamentos especializados ou ingredientes sofisticados para fermentar o álcool, vou começar com o vinho de cadeia (conhecido na gíria dos detentos como "maria-louca"). Quem me mandou esta receita foi Ron Campbell, um veterano de 18 anos do sistema prisional de Illinois. Enquanto cumpria sua pena, Ron ganhou o apelido carinhoso de "Bartles & Jaymes" (uma marca de *wine cooler*) por sua prolífica produção de vinho atrás das grades. Veja como ele fazia, nas palavras dele:

Primeiro a gente mandava umas duas ou três pessoas pegar salada de frutas ou pêssegos no refeitório. Era o nosso *starter*. O *starter* ficava um ou dois dias ao ar livre para pegar todas as leveduras do ar. [A fermentação selvagem está por toda parte.] Misturávamos isso com seis latas de suco de laranja e meio quilo de açúcar bem dissolvido em 1 litro de água quente. Tinha gente que dizia que eu usava açúcar demais, mas ninguém reclamava do produto final.

Colocávamos tudo isso num saco de lixo de 20 litros e reforçávamos com outro saco para não cheirar muito e deixávamos por três dias num lugar quente, liberando a pressão sempre que necessário. Ninguém quer uma explosão na cadeia, não é? Então era só esperar e ficar acordado à noite para liberar a pressão. Nós fazíamos isso em turnos. Nossa bebida era importante demais para ser desperdiçada. Depois de três dias ou quando a bebida não estava mais "cozinhando", nós tirávamos as frutas. Quando precisávamos abrir o saco só a cada uma ou duas horas, e não mais a cada meia hora, sabíamos que a bebida estava pronta. Também provávamos para ver se estava forte, dando um golinho, deixando a bebida parada na parte da frente da boca e inalando pelos lábios. Dava para provar o álcool assim.

O processo todo era muito arriscado, porque era ilegal e a gente podia pegar solitária por isso. Anos atrás, o mínimo era 20 litros, mas agora eles estão punindo por qualquer volume. Só fui pego uma vez e foi só algumas semanas antes de eu sair da prisão. Fiquei um mês na solitária e fui para casa. Meu último lote foi compartilhado com um pessoal da solitária. Passamos dias guardando o suco do café da manhã, açúcar, geleia e frutas e fizemos uns 10 litros. Tem gente na prisão que usa ketchup ou purê de tomate, mas eu sempre preferi usar frutas. É preciso se acostumar com o sabor, mas posso dizer que a bebida dá conta do recado!

t'ej (hidromel ao estilo etíope ou vinho de mel)

Aprendi a fazer o *t'ej* com um livro de receitas chamado *Exotic Ethiopian cooking: society, culture, hospitality & traditions*, de Daniel Jote Mesfin. Seguindo essas proporções e passos básicos, fiz muitos excelentes hidroméis. Embora tradicionalmente o *t'ej* seja consumido jovem (como a maioria das bebidas tradicionais), ficando pronto para beber em questão de semanas, o hidromel melhora com o tempo e pode ser fermentado por mais tempo, engarrafado e envelhecido (veja "Envelhecimento: sifonagem e envasamento", p. 244).

Tempo: 2 a 4 semanas

Equipamentos:

Pote de cerâmica, vidro de conserva de boca larga ou balde plástico para alimentos de 4 litros (ou maior)
1 garrafão de vidro de 4 litros
Válvula *airlock* e batoque (à venda em lojas de produtos para fazer cerveja e vinho artesanal; são úteis, mas não necessários)

Ingredientes (para 4 litros):

3 xícaras (1 quilo) de mel (não processado, se disponível)
Um punhado de frutas vermelhas orgânicas frescas ou secas ou outras frutas de casca comestível (opcional)

Modo de fazer:

Misture o mel com 2 litros de água sem cloro no pote de cerâmica ou vidro de conserva. Você vai adicionar mais água depois, para completar os 4 litros, mas por enquanto a ideia é deixar espaço para poder mexer.
Mexa vigorosamente, até o mel dissolver.
Adicione as frutas, se desejar, e mexa um pouco mais.
Cubra com uma toalha de mesa ou pano.
Deixe fermentar num local não muito frio.
Mexa sempre que lembrar, pelo menos duas vezes por dia. Mexa com vontade! Você está oxigenando e distribuindo as leveduras. As leveduras do mel e das frutas vão se desenvolver e outras leveduras do ar serão atraídas pela doçura da água com mel. Depois de três ou quatro dias (ou mais se fizer frio e menos se fizer calor), a bebida deve estar borbulhante e aromática. Continue mexendo! Quando a fermentação estiver vigorosa, deixe as frutas por mais cerca de uma semana.
Coe para retirar as frutas e transfira a água com mel borbulhante para um garrafão de vidro limpo. Adicione água para encher o galão até o gargalo. Feche com uma válvula *airlock* (veja a ilustração na p. 243). Se não tiver um *airlock*, feche o garrafão com uma bexiga, uma camisinha ou uma tampa não rosqueada para reduzir a entrada de ar sem manter a pressão dentro do garrafão.
Deixe fermentar por duas a quatro semanas, até o borbulhamento diminuir. Este é um vinho de gratificação "instantânea". Beba ou deixe maturando (veja "Envelhecimento: sifonagem e envasamento", p. 244). Fazer bebidas alcoólicas deliciosas e inebriantes pode ser assim fácil.
Variações: Use ameixa, pêssego, uva, abacaxi banana com café (misture grãos de café torrados e moídos a bananas) e qualquer tipo de ervas medicinais ou culinárias.

hidromel de ervas (*metheglin*)

A maioria dos hidroméis incorpora ingredientes botânicos e, no movimento revivalista, forrageadores, cultivadores de ervas, herboristas e alquimistas passaram a criar hidroméis de ervas. Na Etiópia, o *t'ej* tradicional é feito com uma planta amarga chamada *gesho* (*Rhamnus prinoides*). Eu nunca usei essa erva e tive bons resultados sem ela. Podemos substituir por outras ervas amargas, como o lúpulo e o milefólio, entre muitas outras. Além delas, qualquer erva medicinal ou culinária pode ser usada. Faça uma decocção ou infusão de uma ou mais ervas em água quente e misture com o mel; ou deixe as ervas em infusão no mel e depois adicione água; ou misture as ervas frescas com mel e água fria. Adoro fazer hidromel de hibisco, deixando em infusão alguns punhados de hibisco seco na água quente, misturando a infusão no mel e incluindo um pouco de hibisco seco para atuar como *starter*. Fiz um lote inesquecível com ervas cítricas, em que acrescentei um punhado de ervas frescas – erva-cidreira, lúcia-lima, tomilho-limão, capim-limão e manjericão-limão – no início do processo. Deixei as ervas na mistura por cerca de uma semana, mexendo com frequência, coei, passei a bebida para um galão limpo de 4 litros e fechei com a válvula *airlock*. Use as ervas que quiser. Experimente!

sidra ou vinho de fermentação espontânea

Um suco de fruta fresca feito na hora fermenta espontânea e rapidamente. É assim que o vinho sempre foi feito, com uvas prensadas; a sidra, feita com maçãs prensadas; a perada, com peras prensadas; e assim por diante.

Nem sempre é fácil extrair o suco de todas as frutas, já que algumas têm a polpa densa. Para tirar o suco das uvas, basta espremê-las com a mão ou prensar um pouco. Eu gosto de deixar as peles quando o suco começa a fermentar para extrair a cor vermelha e os taninos e as retiro depois de uma semana ou mais de fermentação. Cerca de 7 quilos de uvas fazem 4 litros de suco. Maçãs e peras não podem ser espremidas à mão e requerem uma prensa de sidra, e as proporções de fruta são similares. Nada impede de extrair o suco usando uma centrífuga.

Você pode até fermentar sucos industrializados, mas lembre que normalmente o suco é pasteurizado e não contém mais as leveduras selvagens. Para obter melhores resultados, adicione ao suco pasteurizado algumas frutas orgânicas frescas e cruas com a pele para obter leveduras e bactérias.

Este processo, que só leva cerca de uma semana, resulta em uma bebida levemente alcoólica e ainda um pouco doce. É assim que a maioria das bebidas alcoólicas tem sido fermentada ao longo da história, em recipientes abertos e apreciadas ainda jovens. Se a bebida continuar a fermentar no recipiente aberto, à medida que a fermentação do álcool desacelera, os organismos do vinagre começam a transformar o álcool em vinagre. Para continuar o processo e produzir uma bebida alcoólica seca, é preciso proteger o suco do ar, já que os organismos do vinagre precisam de oxigênio para atuar (veja "Garrafões e válvulas *airlock*", na p. 242).

Tempo: Cerca de 1 semana

Recipiente: Pote de cerâmica, tigela ou balde com uma ampla área de superfície e com capacidade de mais de 4 litros para mexer vigorosamente

Ingredientes (para 4 litros):

4 litros de suco natural de uva, maçã, pera ou outra fruta (é melhor usar suco natural, mas se for usar industrializado, leia o rótulo para ver se o suco é puro e não contém conservantes)

Modo de fazer:

Deixe fermentar o suco à temperatura ambiente, em um recipiente com uma ampla área de superfície, com espaço suficiente para mexer vigorosamente. Cubra com um pano para proteger das moscas e permitir a entrada do ar (e de leveduras).

Mexa com frequência, pelo menos duas vezes ao dia e, se possível, mais vezes. Mexa com vontade! Você estará estimulando a fermentação ao aerar e oxigenar a mistura – e quanto mais vigorosamente misturar, mais ar entrará. Mexer também distribui as leveduras do ar que pousam na superfície e a atividade das leveduras, ao mesmo tempo que impede o desenvolvimento de bolores na superfície. Mexa, mexa, mexa.

Observe o borbulhamento. No começo você vai notar algumas bolhas. Continue mexendo com frequência e o borbulhamento se intensificará. Depois de mais ou menos uma semana, o borbulhamento atingirá o pico e começará a desacelerar.

Prove à medida que a fermentação evolui. No decorrer de dez dias, os estágios podem ser descritos como "doce, levemente alcoólico", depois "mais forte, perdendo a doçura mas nada azedo" até "começar a ter um toque azedo". É realmente muito simples preparar sua bebida em casa.

Cortando uma agave madura no México para acessar o centro, a fim de coletar seiva, ou *aguamiel*, para fermentar *pulque*.

garrafões e válvulas *airlock*

Todas as bebidas alcoólicas que vimos até agora podem ser fermentadas exclusivamente em recipiente abertos e desfrutadas jovens. Em um recipiente aberto, é só uma questão de tempo para a bebida se transformar em vinagre. O envelhecimento das bebidas alcoólicas em geral é feito em recipientes com válvula *airlock*. Nos estágios iniciais da fermentação, quando a atividade das leveduras e o borbulhamento são mais vigorosos, a superfície é protegida pelo dióxido de carbono liberado continuamente; as bactérias do vinagre, mesmo quando presentes, não têm acesso ao oxigênio necessário para metabolizar o álcool em ácido acético. É só quando o borbulhamento desacelera que os organismos aeróbios produtores de vinagre podem se estabelecer.

A maioria das bebidas alcoólicas tradicionais é consumida parcialmente fermentada, levemente alcoólica, ainda doce e às vezes ácida. Produzir uma bebida seca (convertendo todos os açúcares em álcool) e evitar a acidificação requer minimizar a área de superfície e impedir o acesso ao ar fresco. Isso é feito com uma tecnologia simples composta de um garrafão e um dispositivo plástico chamado válvula *airlock*. Um garrafão é qualquer garrafa grande com um gargalo estreito, que reduz a área de superfície em contato com o ar. Para lotes de 4 litros, você pode usar garrafões de vinho ou de suco de uva.

O garrafão é fechado com uma válvula *airlock*, um dispositivo que permite a saída do dióxido de carbono produzido pela fermentação e evita a entrada do ar no recipiente. Os designs podem variar, mas todos usam água para bloquear a entrada do ar e ao mesmo tempo permitir a liberação da pressão. Ao usar a válvula *airlock* nas fermentações mais prolongadas, não deixe de dar uma olhada de vez em quando para ver se a água não evaporou, o que pode quebrar a válvula; basta completar com água, conforme necessário. As válvulas *airlock* são baratas e podem ser compradas pela internet e em lojas de equipamentos de cervejaria e vinificação.

Se você não tiver uma válvula *airlock*, basta colocar uma bexiga ou camisinha na boca do recipiente de fermentação. Isso impede a entrada do ar e absorve a pressão do dióxido de carbono liberado na fermentação, enchendo a bexiga. Só não deixe de liberar manualmente a pressão conforme necessário (ou a bexiga/camisinha pode se soltar ou explodir).

Vinho fermentando em barril em Pratale, uma fazenda na Umbria, Itália.

envelhecimento: sifonagem e envasamento

O *t'ej* fica alcoólico e delicioso depois de algumas semanas, mas a maioria dos hidroméis e vinhos fica muito melhor depois de alguns anos. Para envelhecer ou armazenar os hidroméis ou vinhos, eles precisam ser engarrafados. Mesmo antes do envasamento, quando a fermentação vigorosa diminui, é melhor transferir por sifonagem o vinho ou o hidromel do recipiente de fermentação inicial para uma garrafa limpa, deixando o sedimento, ou as borras, para trás. Esse processo é chamado de trasfega. A sifonagem agita e areja o líquido, permitindo que as leveduras completem a fermentação, e a remoção dos sedimentos evita que eles deixem qualquer sabor indesejável.

Os vinhos industrializados estão cheios de agentes clarificadores estranhos, incluindo claras de ovos, caseínas do leite, gelatina e cola de peixe, um extrato da bexiga do esturjão (você não fica sabendo disso porque bebidas alcoólicas não precisam ter seus ingredientes listados no rótulo, como outros alimentos e bebidas).[3]

Lojas de equipamentos de cervejaria e vinificação e lojas on-line vendem mangueiras de sifonagem, que consistem em um tubo de plástico flexível ligado a alguns centímetros de tubo de plástico rígido. O tubo rígido entra no garrafão, com a extremidade acima da borra, sendo muito mais fácil de controlar que o tubo flexível. Na ausência desse equipamento, qualquer tubo de plástico flexível serve.

Antes da sifonagem, coloque o garrafão sobre uma mesa ou bancada e deixe-o descansar por algumas horas, para o sedimento assentar. Coloque outra garrafa de fermentação limpa no chão ou em uma superfície mais baixa. A garrafa vazia precisa ficar abaixo da garrafa cheia. Deixe um copo à mão, para poder provar o vinho. Quando estiver pronto, retire a válvula *airlock* e coloque a extremidade do tubo rígido no garrafão, dentro do vinho, mas acima do nível dos sedimentos. Segure o tubo (ou, melhor ainda, peça para um amigo segurar) nesse nível enquanto você faz a sifonagem. Coloque a boca na outra extremidade da mangueira e chupe até sentir o gosto do vinho. Tampe com o dedo limpo a extremidade da mangueira para manter o líquido nela, leve-a até a boca do garrafão limpo, solte o dedo e encha. Ao deixar o sedimento para trás, o novo garrafão não ficará cheio até onde o pescoço se estreita; misture um pouco de mel fresco ou água com açúcar nas mesmas proporções do lote original e complete se necessário.

Coloque uma válvula *airlock* no novo garrafão e continue a fermentar. Em geral, os vinhos são deixados para fermentar durante pelo menos três a seis meses antes do envasamento. Se você envasar o vinho antes de a fermentação estar completa, corre o risco de a pressão expelir as rolhas. Mesmo sem borbulhamento visível ou liberação de pressão depois de algumas semanas, o vinho continuará fermentando lentamente durante meses.

Enquanto isso, guarde – ou colete num centro de reciclagem – garrafas de vinhos industrializados (com rolha, não tampa de rosca) e de cervejas de tampa normal (não de rosca) para o envase. Quando estiver pronto para envasar, lave bem as garrafas com sabão e água quente, usando uma escova flexível, se necessário. Enxágue bem as garrafas para eliminar qualquer resíduo de sabão. Eu me contento com uma boa lavada, mas alguns vinicultores mais meticulosos fervem as garrafas de ponta cabeça numa panela grande, tampada, por cerca de dez minutos.

Coloque o garrafão em uma mesa ou bancada, organize as garrafas limpas por perto, em uma bandeja numa superfície mais baixa ou no chão, e faça a sifonagem da primeira garrafa. Quando enchê-la (não até a boca, mas a cerca de 5 cm abaixo dela), tape a mangueira (com o dedo, com um prendedor ou dobrando-a) para impedir o fluxo de líquido enquanto passa o sifão para a próxima garrafa. Aproveite para encher um copo e saborear. Encha as garrafas até chegar perto da borra da levedura no fundo do garrafão.

Você vai precisar tampar bem as garrafas. As rolhas tradicionais são feitas da casca de árvores nativas do Mediterrâneo (a casca volta a crescer na árvore), e alguns produtores de vinho preferem rolhas sintéticas. Ambas podem ser encontradas em lojas de equipamentos de vinificação. As rolhas são mais largas que a boca das garrafas e você vai precisar de um arrolhador para fechar as garrafas. Você encontrará muitas engenhocas à venda para fazer isso. Mergulhe as rolhas em água fervida por alguns minutos para higienizá-las e amaciá-las.

O envelhecimento matura os vinhos. Armazene o vinho em um local fresco e escuro (como uma adega). Se usar rolhas tradicionais, deixe as garrafas de pé por cerca de uma semana até as rolhas se expandirem completamente, depois guarde as garrafas deitadas para o vinho manter as rolhas umedecidas e expandidas. (Não é necessário fazer isso se usar rolhas sintéticas.) Rotule seus vinhos com clareza para distinguir as safras.

envasamento de bebidas alcoólicas para a carbonatação

Fechar as garrafas com rolhas como descrevi só dá certo para sidras, vinhos ou hidroméis sem gás. A fermentação deve estar completa antes do envasamento; se a fermentação continuar na garrafa, a pressão aumentará e a rolha será expelida. Já aconteceu comigo mais de uma vez! Bebidas gasosas, incluindo cervejas carbonatadas, requerem garrafas com tampas seguras capazes de suportar alguma pressão.

As garrafas mais fáceis, se você conseguir encontrá-las, vêm com fecho de arame e tampa equipada com borracha de vedação. Guarde-as quando as encontrar e procure-as em centros de reciclagem. Você também pode usar garrafas de cerveja com tampas normais (não de rosca) e comprar as tampinhas e uma tampadora em lojas de produtos de cervejaria para reutilizar essas garrafas indefinidamente. Ou pode usar as pesadas garrafas de champanhe, feitas para resistir à pressão. Essas garrafas usam rolhas especiais presas por uma gaiola de arame (você pode improvisar com qualquer arame).

Outra opção é usar garrafas PET de refrigerante com tampas de rosca – um método pouco ortodoxo mas engenhoso e eficaz para saborear a bebida antes de envelhecer muito. Também é mais fácil monitorar as garrafas plásticas, apertando-as para avaliar a pressão.

Tome muito cuidado com garrafas pressurizadas demais! Se sobrar muito açúcar para fermentar, as garrafas podem explodir, como vimos na seção "Envasamento e carbonatação", no Capítulo 6. Em geral, as bebidas alcoólicas espumantes são fermentadas até a secura e é feito o *priming*, adicionando uma minúscula quantidade de açúcar no envase. Eu vejo se os açúcares estão todos fermentados simplesmente provando a bebida. Se o vinho ainda estiver doce, não está pronto para engarrafar. Só envaso se a bebida não estiver nem um pouco doce. Se você preferir uma abordagem mais técnica, use um hidrômetro.

Quando a bebida estiver pronta para o *priming*, faça a sifonagem em uma garrafa limpa, deixando a borra da levedura para trás. Adicione 1 xícara (250 ml) de adoçante para 20 litros ou 3 colheres de sopa para 4 litros. Retire cerca de 1 xícara (250 ml) da bebida e misture o adoçante. Depois de dissolver bem, acrescente essa mistura no resto da bebida para distribuir o açúcar do *priming*. Em seguida, engarrafe, tampe e deixe as garrafas para fermentar por pelo menos duas semanas antes de beber ou deixe envelhecer por mais tempo.

uma variação de sidra

Fiquei sabendo que um dos meus editores, Ben Watson, é um produtor artesanal de sidra de longa data e autor do livro *Cider, hard and sweet*. Ben achou que minha receita anterior de "Sidra de fermentação espontânea" não fazia jus à sidra. "A sidra fermentada até a secura pode levar até seis meses para ser produzida e maturada antes do envase", ele observou num post-it anexado ao meu manuscrito. Adoro uma boa sidra seca e incluí o que Ben chama em seu livro de "Sidra 101".[4]

A sidra seca era a bebida favorita na Nova Inglaterra colonial. Os colonos colhiam as maçãs de seus pomares para fermentá-las e transformá-las em sidra. Em Massachusetts, em 1767, o consumo de sidra era superior a 140 litros por pessoa.[5] A sidra foi perdendo popularidade à medida que a sociedade rural norte-americana se urbanizava e só agora está ressurgindo. Este processo produz uma sidra caseira tradicional seca e sem gás.

Tempo: 6 meses ou mais

Recipiente: Garrafão de 4 litros com válvula *airlock*

Ingredientes (para 4 litros): 4 litros de sidra de maçã fresca não pasteurizada (sem conservantes químicos)

Modo de fazer:

Encha o garrafão quase até a boca com a sidra doce. Reserve cerca de 2 xícaras (500 ml) de sidra para adicionar depois, deixando um pouco de espaço para a espuma da fermentação.

Cubra o garrafão com um filme plástico e deixe-o num local não muito quente e protegido da luz solar direta. Depois de alguns dias, a sidra deve começar a espumar vigorosamente.

Remova o filme plástico e cubra com um pano. Deixe a sidra continuar fermentando. Limpe as laterais do recipiente todos os dias para remover qualquer resíduo de espuma até a vigorosa fermentação desacelerar (o que pode levar várias semanas, dependendo da temperatura).

Adicione a sidra reservada para preencher o garrafão, deixando cerca de 5 cm de espaço no gargalo. Instale a válvula *airlock*.

Deixe fermentar por um ou dois meses, até as bolhas constantes do dióxido de carbono que escapam pelo *airlock* desacelerarem e a sidra começar a clarear. Muitos sedimentos se acumularão no fundo do garrafão.

Passe a sidra para um garrafão limpo, deixando a borra, ou sedimento, para trás. Troque a água da válvula *airlock* e instale no novo garrafão. Deixe a sidra maturar por mais um ou dois meses.

Engarrafe. Mais ou menos entre quatro e cinco meses depois do início, a sidra deve estar totalmente fermentada até a secura, ou quase, e pronta para o envase. O sabor vai melhorar se a bebida for envelhecida na garrafa por mais um ou dois meses antes de beber.

country wine

Embora a palavra *vinho* venha do latim *vinum*, que significa o suco da uva, o vinho pode ser feito fermentando qualquer substância doce, e os vinhos produzidos com infusões adocicadas de todos os tipos de frutas, vegetais e flores são conhecidos como *country wines*.

Por ter morado em uma comunidade rural onde muitas pessoas testavam técnicas simples para fazer vinho, tive o grande privilégio de provar uma incrível variedade de *country wines*. Meus amigos Stephen e Shana faziam deliciosos vinhos de tomate e de jalapeño. O único limite para os ingredientes que podem ser transformados em vinho é a sua imaginação. Para dar uma ideia das possibilidades, fiz uma lista dos vinhos da nossa adega comunal. Listei vinhos de mirtilo, amora, cereja doce, ginja (também conhecida como cereja ácida), morango, maçã, ameixa, muscadínea (uma variedade de uva), caqui, fruto do sabugueiro, nectarina, melão, sumagre, morango com hibisco, pêssego, uva selvagem, figueira-da-índia, banana, pera, pera asiática e um "vinho de frutas surpresa". Também encontrei vinhos de flores e ervas: dente-de-leão, flor de sabugueiro, hidromel de pétalas de glória-da-manhã, hidromel de pétalas de lilás, equinácea, urtigas comuns, artemísia, casca de cerejeira selvagem, e dois "blends" diferentes: um de lúpulo, camomila, valeriana, erva-dos-gatos, sorgo e mel e outro de alho com anis e gengibre. E também encontrei vinhos de vegetais, incluindo cenoura, milho, batata, beterraba, cebola doce (que dá um vinho de cozinha excepcional), flores de *redbud* com laranja e ameixa, amêndoa e melancia com camomila. Tudo o que você tiver sobrando na sua casa e for gostoso ou aromático pode ser transformado em vinho.

O processo básico para fazer o *country wine* é fermentar uma infusão doce da fruta, da flor, do vegetal ou do que você quiser para dar

sabor ao vinho. Os métodos variam: eu costumo usar as frutas cruas e à temperatura ambiente; e, com as ervas, faço infusões ou decocções com água quente. Algumas pessoas usam água quente com frutas ou usam um extrator de sucos a vapor.

Uma variável importante é a quantidade de adoçante adicionada à mistura não fermentada. Eu particularmente gosto mais de vinhos secos do que doces. O menos pode ser mais. Até certo ponto, incluir adoçantes pode levar a um maior teor alcoólico. Depois desse ponto, adicionar mais açúcar só faz que o vinho seja mais doce. Uma ironia da fermentação alcoólica é que, à medida que as leveduras produzem álcool e o teor alcoólico aumenta, o meio vai ficando inóspito às leveduras e elas acabam morrendo. O teor alcoólico que as leveduras conseguem suportar varia um pouco com as cepas; a levedura do champanhe, por exemplo, é muito popular por sua tolerância relativamente alta ao álcool. Este é um dos aspectos imprevisíveis da fermentação selvagem.

Outra variável importante é o tipo de adoçante utilizado. É possível fermentar qualquer adoçante. Eu costumo usar mel em vez de açúcar. Para uma bela e informativa ode ao mel, confira o livro *Sacred and herbal healing beers*, de Stephen Harrod Buhner. Ele observa que as antigas bebidas fermentadas de mel incluíam não só mel, mas também outras substâncias e organismos relacionados encontrados na colmeia, como pão de abelha (o pólen coletado e armazenado pelas abelhas), própolis, geleia real e até abelhas venenosas, e lista os enormes benefícios à saúde de cada um desses ingredientes. A única vantagem do açúcar de cana ou de beterraba na produção do vinho (além do preço) é que seu sabor e sua cor são neutros, deixando espaço aos sabores e às cores das flores e frutas silvestres. O mel deixa o próprio sabor e cor nos vinhos. Xarope de bordo, sorgo, xarope de arroz, agave, melaço e outros adoçantes também podem ser usados e cada um contribui com o próprio sabor e características.

Ye Olde Cider Bar List

Draught Cider
	ABV	Half	Pint
Sam's Medium	6%	£1.20	£2.40
Sam's Dry	6%	£1.20	£2.40
Sam's Autumn Scrumpy	7.5%	£1.55	£3.10
Thatchers Black Rat	6%	£1.25	£2.60
Thatchers Diesel	6%	£1.25	£2.60
Westons Old Rosie	7.3%	£1.55	£3.20
Westons Country Perry	4.5%	£1.55	£3.20
Wiscombe Suicider	8%	£1.60	£3.20

Keg Cider
	ABV	Half	Pint
Westons Stowford Press	4.5%	£1.50	£3.10
Thatchers Gold	4.8%	£1.50	£3.10
Sam's Pound House	6%	£1.55	£3.10
Westons LBW	7.3%	£1.60	£3.30

Bottled Cider
	ABV	Bottle
Westons Vintage	8.2%	£3.40
Westons Extra Dry Oak	6%	£3.30
Westons Med/Dry Oak	6.5%	£3.30
Thatchers Katy	7.4%	£3.30
Thatchers Old Rascal	4.5%	£3.30
Kingstone Press	5.3%	£3.30
Gaymer's Olde English	4.5%	£2.50
Sheppy's Tremlett's Bitter	7.2%	£2.90
Sheppy's Kingston Black	7.2%	£2.90
Sheppy's Dabinett	7.2%	£2.90
Westons L.A	0.5%	£1.80
Norcott's Elderflower Cider	4%	£3.40
Westons Perry	7.4%	£3.40

House Wine, Sherry & Port
Same Price As Country Wines Per Glass

Country Wines
ABV 125ml 175ml
£2.60 £3.10

Sweet
- Cherry
- Ginger
- Mead

Medium/Sweet
- Apricot
- Blackcurrant
- Peach

Medium
- Blackberry
- Raspberry
- Sloe
- Strawberry

Medium/Dry
- Quince

Dry
- Elderflower
- Nettle

Off/Dry
- Cowslip
- Damson
- Elderberry
- Gooseberry

Also Available as Cooler's £3.30

Soft Drinks
	Half	Pint
Coca Cola	£1.30	£2.00
Diet Coke		
Schweppes Lemonade		
Bitter Lemon		
Ginger Beer		
Apple Tango	£1.30 can	
Cherry Tango	£1.30 can	
J20's	£2.20 Bottle	
Cordial & Soda	50p	£1.00

vinho de morango

O vinho de morango é um *country wine* clássico e delicioso. Use esta receita para fazer outros *country wines* de frutas.

Tempo: Para um vinho jovem e doce, 1 a 2 semanas; para um vinho seco, 3 a 6 meses; para um vinho envelhecido, 1 ano ou mais

Equipamentos:

Pote de cerâmica, tigela ou balde de mais de 4 litros para mexer vigorosamente

Garrafão de 4 litros com válvula *airlock*, se você for fazer vinho seco

Ingredientes (para 4 litros):

2-3 quilos de morangos. Como a fruta será a fonte das leveduras, use morangos orgânicos e crus. O melhor é usar morangos frescos, mas tudo bem se só tiver congelado. Quanto mais morangos usar, mais forte será o sabor da fruta.

2 xícaras (500 g) de açúcar

Modo de fazer:

Prepare os morangos. Lave bem e retire a parte verde. Eu prefiro não esmagar nem cortar os morangos. Quero a essência e a doçura da fruta, que vai impregnar na bebida, não sua polpa e pectina, que quero deixar o máximo possível para trás.

Prepare a solução de açúcar. Adicione o açúcar a 4 litros de água sem cloro e mexa até dissolver completamente.

Encha um recipiente. Use um recipiente aberto de boca larga, com bastante espaço para mexer vigorosamente. Adicione os morangos e a solução de açúcar. Cubra com um pano e prenda se necessário para proteger das moscas.

Mexa com frequência, pelo menos duas vezes por dia; ou, melhor, dez vezes. Depois de alguns dias, a solução deve começar a borbulhar.

Continue mexendo! Depois de cerca de uma semana de borbulhamento vigoroso, os morangos estarão "exauridos".

Coe e descarte os morangos.

Saboreie o vinho agora, levemente fermentado e ainda doce. É um processo facílimo, usado por muitas pessoas no decorrer da história para saborear bebidas alcoólicas.

Ou você pode fermentar por mais tempo em um garrafão de pescoço estreito equipado com uma válvula *airlock*. Se o vinho não encher o garrafão até ao gargalo, adicione água açucarada conforme necessário. Deixe fermentar por pelo menos um ou dois meses, até parar de borbulhar. Transfira para um garrafão limpo. Se voltar a borbulhar, deixe fermentar até cessar. Engarrafe. Deixe o vinho envelhecer por seis meses ou mais.

Variações: Framboesa, mirtilo, amora, cereja, ameixa, pêssego... Se usar frutas maiores, corte-as em pedaços.

É assim que faço quase todos meus *country wines*. Gosto de usar métodos extremamente simples. Só para ilustrar a diversidade de técnicas que as pessoas podem usar, as receitas a seguir apresentam métodos peculiares usados por alguns amigos meus.

vinho de sabugueiro

Este é o método que meu amigo e vizinho Sylvan usa para fazer um vinho sempre excelente usando frutos de sabugueiro, a fruta mais abundante da nossa região. Eles são deliciosos, nutritivos e ainda fortalecem o sistema imunológico. Você pode substituir o fruto de sabugueiro por amoras ou mirtilos.

Tempo: 1 ano ou mais

Equipamentos:

Pote de cerâmica, tigela ou balde de pelo menos 4 litros para mexer vigorosamente
Garrafão de 4 litros equipado com válvula *airlock*

Ingredientes (para 4 litros):

1,5 quilo de frutos de sabugueiro
1 envelope de levedura de vinho ou levedura de champanhe
4 xícaras (1 quilo) de açúcar

Modo de fazer:

Prepare os frutos. Retire os talos e lave os frutos. É uma boa atividade para fazer entre amigos. Pegue uma tigela cheia de frutos sem os talos de cada vez, cubra com água e mexa. Os frutos maduros afundam e folhas, insetos e frutos podres boiam. Retire tudo o que estiver boiando com um coador ou escumadeira, descarte a água e coloque os frutos limpos em um balde ou pote de cerâmica. Repita até terminar de lavar todos os frutos. "Quanto mais frutos, mais intenso será o sabor", explica Sylvan.

Ferva a água. Prepare 2 litros, mas só adicione a água necessária para cobrir os frutos. Cubra com um pano de prato e deixe durante a noite para os frutos ficarem em infusão e esfriarem.

Adicione a levedura. Retire 1 xícara do líquido, dissolva um envelope de levedura e deixe por alguns minutos, até o líquido ficar borbulhante e ativo. Adicione a mistura aos frutos e à água, mexa e cubra.

Deixe fermentar por dois a três dias, mexendo com frequência. Ainda não adicionamos nenhum açúcar. "A levedura deve se alimentar do açúcar dos frutos antes de você a alimentar com qualquer outra coisa", explica Sylvan. Durante este tempo, o vinho vai ficar um pouco espumoso, mas não tão ativo como quando você colocar o açúcar.

Depois de dois ou três dias, adicione o açúcar. Despeje-o em uma panela e adicione água, só o suficiente para liquefazer; aqueça lentamente, mexendo sempre, até o açúcar dissolver e formar um xarope claro. Deixe a panela tampada até a calda esfriar e adicione-a à mistura de frutos.

Deixe fermentar por cinco a sete dias, coberto, mexendo com frequência, até o borbulhamento vigoroso começar a diminuir.

Coe e transfira. Coe esse líquido inicial de fermentação usando um tecido ou uma peneira. Transfira para um garrafão de gargalo estreito, que só vai encher até a metade, já que ainda não adicionamos toda a água. Devolva os frutos ao recipiente aberto inicial e cubra com água. Deixe por um tempo e em seguida coe, pressionando delicadamente os frutos. Passe o líquido resultante para o garrafão. Se necessário, adicione um pouco mais de água para enchê-lo até o ponto em que o pescoço estreita, mas não até a boca, deixando um pouco de espaço para a formação de espuma. Instale a válvula *airlock*.

Deixe fermentar à temperatura ambiente por um ou dois meses. No início, deixe o garrafão dentro de uma panela para o caso de a espuma transbordar. Se isso acontecer, remova a válvula *airlock*, limpe a boca do garrafão e o gargalo e torne a fechar. A fermentação vai desacelerar aos poucos.

Faça a sifonagem. Depois de dois meses fermentando num local não muito frio, transfira o vinho sem sedimento para um garrafão limpo. Instale uma válvula *airlock* e leve o garrafão para um local fresco e escuro. Deixe fermentar por mais pelo menos nove meses. Dê uma olhada de vez em quando para ver se a água do *airlock* não evaporou. Reponha a água e limpe a válvula conforme necessário.

Engarrafe, deixe maturar, se quiser, e saboreie.

Colheita de uvas para vinho na fazenda Pratale, na Umbria, Itália.

vinhos de flores

"O vinho feito de flores preserva os sabores requintados e as propriedades benéficas das flores. Também preserva as lembranças de dias belos e ensolarados – passados em solitude ou em companhia de Alguém –, nos bosques, prados e colinas, colhendo milhões de minúsculas flores durante horas até elas ficarem gravadas no interior das pálpebras." Essas sábias palavras foram escritas por minha amiga e vizinha Merril Harris, no artigo "Colhendo as flores da vida: como fazer vinho de flores", publicado na revista *Ms. Magazine* quase 50 anos atrás.

O vinho de dente-de-leão é o vinho de flores clássico, feito com as flores amarelo-vibrantes dessa planta abundante e fácil de encontrar. Não caia na onda do jardim minimalista; o dente-de-leão não só é bonito como é saboroso, além de ser um poderoso desintoxicante do fígado. Muitas outras flores podem transferir seus delicados aromas e essências características aos vinhos, incluindo pétalas de rosas, flor de sabugueiro, violeta, flor de maracujá, milefólio, botões de trevo vermelho (*red clover*) e muitas outras.

"Comece colhendo as flores", escreve Merril, "talvez a parte mais agradável do processo de vinificação." Em geral, colha o mesmo volume de flores para o volume de vinho que pretende produzir. Se não conseguir colher tudo de uma só vez, congele as que colher até juntar o suficiente. Evite colhê-las perto de grandes plantações pulverizadas com agrotóxicos.

Tempo: 1 ano ou mais

Equipamentos:

Pote de cerâmica, tigela ou balde de pelo menos 4 litros para mexer vigorosamente

Garrafão de 4 litros equipado com válvula *airlock*

Ingredientes (para 4 litros):

Recipiente de 4 litros com flores em plena floração (equivale a 250 g de pétalas)

4 xícaras (1 quilo) de açúcar

2 limões (orgânicos, porque você vai usar a casca)

2 laranjas (orgânicas, porque você vai usar a casca)

500 g de uvas-passas (as brancas preservarão mais a tonalidade do dente-de-leão que as escuras)

½ xícara (125 ml) de frutas de casca comestível (para fazer a fermentação selvagem) ou 1 envelope de levedura de vinho

Modo de fazer:

Prepare as flores. Separe, o máximo que puder, as pétalas da base das flores, que pode deixar um sabor amargo.

Faça a infusão. Coloque as pétalas em um pote de cerâmica, reservando cerca de 1 xícara (250 ml) para adicionar depois. Adicione o açúcar, o suco e as cascas dos limões e das laranjas (para acrescentar acidez) e as uvas-passas (para acrescentar os taninos adstringentes). Em seguida, despeje 4 litros de água fervente sobre esses ingredientes e mexa até dissolver o açúcar. Cubra o pote para impedir a entrada de moscas e deixe esfriar até a temperatura corporal.

Coloque a levedura. Adicione as pétalas e frutas reservadas para introduzir leveduras selvagens. (Ou, para usar uma levedura industrializada, retire 1 xícara da mistura resfriada, dissolva um envelope de levedura de vinho e, quando começar a borbulhar vigorosamente, devolva a mistura ao pote de cerâmica.) Cubra o pote.

Deixe fermentar, mexendo sempre que lembrar, por três a quatro dias.

Coe usando um pano ou coador, espremendo as flores.

Transfira para um garrafão equipado com uma válvula *airlock* e deixe fermentar por cerca de três meses, até a fermentação desacelerar.

Faça a sifonagem e transfira o conteúdo para um garrafão limpo, deixando o sedimento para trás.

Deixe fermentar pelo menos mais três meses.

Engarrafe.

Deixe maturar por pelo menos três meses; se puder deixar mais, melhor.

champanhe de gengibre

Qualquer *country wine* ou hidromel pode ser carbonatado com o processo do *priming* (p. 248). Meu amigo Dashboard (na época conhecido como Nettles), com quem construí e dividi uma casa, fez esta receita de champanhe de gengibre em 1998, já pensando em comemorar a chegada do novo milênio, em 2000. Para nossa sorte, Dashboard registrou os ingredientes e as etapas no nosso diário de cozinha e me ajudou a recriar a receita para passar aos leitores.

Os espumantes usam uma variedade específica de levedura – a levedura de champanhe –, capaz de tolerar graus mais elevados de álcool. Depois que todo o açúcar é transformado em álcool e a bebida está pronta para ser envasada, adicionamos um pouco de açúcar para a fermentação continuar na garrafa, prendendo o dióxido de carbono e criando as bolhas. Como muita pressão se acumula na garrafa, o champanhe é envasado em garrafas pesadas. Rolhas especiais podem ser compradas em lojas de equipamentos de vinificação e você vai precisar prendê-las com uma gaiola de arame.

Tempo: 1 ano

Equipamentos:

1 garrafão com válvula *airlock*
5 garrafas de champanhe com rolhas de champanhe e gaiolas de arame ou garrafas de cerveja

Ingredientes (para 4 litros):

30-60 cm (125-250 g) de gengibre orgânico fresco
4 xícaras (1 quilo) de açúcar
Suco de 1 limão-siciliano
1 colher (chá) de essência de baunilha
1 envelope de levedura de champanhe

Modo de fazer:

Faça uma infusão com o gengibre. Fatie, pique ou rale o gengibre. A quantidade utilizada vai determinar a intensidade do sabor. Coloque em uma panela grande com o açúcar e 4 litros de água. Tampe, deixe levantar fervura e cozinhe em fogo baixo por uma hora, mexendo de vez em quando. Depois disso, desligue o fogo.

Adicione o suco de limão e a essência de baunilha.

Tampe e deixe esfriar à temperatura corporal.

Adicione a levedura. Coe 1 xícara (250 ml) da infusão resfriada em um copo de medição e dissolva um pacote de levedura. Coe o restante da mistura no garrafão. Quando o copo com a levedura começar a borbulhar vigorosamente, adicione a mistura ao garrafão e instale a válvula *airlock*.

Deixe fermentar por dois a três meses à temperatura ambiente, até a fermentação desacelerar.

Faça a sifonagem transferindo o vinho para um garrafão limpo, deixando os sedimentos para trás. Complete o volume perdido com água e açúcar misturada na proporção de ¼ xícara (60 ml) de açúcar para 1 xícara (250 ml) de água. Instale a válvula *airlock* e deixe fermentar por mais uns 6 meses, até parar totalmente de borbulhar.

Faça o priming com uma pequena quantidade de açúcar para reativar a levedura, dormente depois de consumir todo o açúcar que foi convertido em álcool e dióxido de carbono (liberado no ar). O açúcar do *priming* é fermentado na garrafa, gaseificando o champanhe. Não use muito açúcar ou o champanhe vai jorrar e as garrafas podem explodir! Primeiro, faça a sifonagem do vinho para um recipiente limpo e aberto, deixando o sedimento para trás. Adicione 4 colheres de chá de açúcar e mexa bem para dissolver.

Encha as garrafas.

Feche com rolhas de champanhe e prenda as rolhas com gaiolas de arame.

Espere pelo menos 1 mês para a fermentação final ser concluída. O champanhe pode passar anos guardado, pronto para transformar qualquer ocasião em uma celebração.

Leve as garrafas à geladeira antes de abrir para não jorrar muita bebida.

sopa de borra de vinho

Depois de fazer a sifonagem e envasar o vinho, você vai ficar com sedimentos de levedura (a borra) no fundo do recipiente de fermentação. Sua aparência não é apetitosa, mas toda aquela levedura, tanto morta quanto viva, está cheia de vitaminas do complexo B. A borra de vinho é um saboroso complemento para sopas e guisados. Cozinhe por um tempo para eliminar o álcool.

Para saber mais

B<small>UHNER</small>, Stephen Harrod. *Sacred and herbal healing beers: the secrets of ancient fermentation*. Boulder: Siris Books, 1998.
G<small>AREY</small>, Terry A. *The joy of home winemaking*. Nova York: Avon, 1996.
S<small>PENCE</small>, Pamela. *Mad about mead! Nectar of the gods*. St. Paul: Llewellyn Publications, 1997.
V<small>ARGAS</small>, Pattie; G<small>ULLING</small>, Rich. *Making wild wines and meads: 125 unusual recipes using herbs, fruits, flowers, and more*. Pownal: Storey Books, 1999.
W<small>ATSON</small>, Ben. *Cider, hard and sweet*. Woodstock: Countryman Press, 1999.
Z<small>IMMERMAN</small>, Jereme. *Make mead like a viking: traditional techniques for brewing natural, wild-fermented, honey-based wines and beers*. White River Junction: Chelsea Green Publishing, 2015.

Pulque no Mexico.

11. Cervejas

A cerveja é uma bebida alcoólica feita principalmente de cereais. Ao contrário das bebidas à base de mel, açúcar e frutas – todos carboidratos simples fermentados espontaneamente para produzir álcool – que vimos até agora, os cereais são carboidratos complexos que precisam ser transformados em carboidratos simples antes de poderem ser transformados em álcool pelas leveduras. Como isso requer uma etapa adicional, a produção de cerveja é sempre um processo mais complexo.

Na tradição ocidental, isso é feito pela maltagem, ou seja, fazer o cereal germinar, ou brotar. A germinação libera enzimas que decompõem os carboidratos complexos em açúcares simples, um processo destinado a nutrir a nova planta, mas que, por ironia do destino, acaba nutrindo as leveduras para produzir álcool (as instruções para germinar os cereais estão na p. 268). Ensinarei a fazer algumas cervejas que começam com os cereais integrais, processos que transformam simples cereais secos em deliciosas bebidas. A maioria dos produtores de cerveja caseira não malta os próprios cereais. Cereais maltados encontrados no mercado são mais eficientes, amplamente disponíveis, muito mais fáceis e produzem cervejas saborosas e características.

As pessoas convertem os carboidratos complexos dos cereais em açúcares simples para fermentar cervejas de duas outras maneiras. Uma delas é pela ação do bolor. Na Ásia, o arroz e outros cereais são fermentados para fazer bebidas alcoólicas como o saquê usando o *Aspergillus* e outros fungos, que contêm enzimas capazes de decompor os carboidratos complexos em açúcares simples. O *koji*, usado para fazer *amazake* (Capítulo 8), missô (Capítulo 9) e saquê, é um exemplo tradicional do Japão. O outro método utilizado para fazer essa importante conversão de carboidratos é mastigar os cereais e saturá-los com saliva, que também contém enzimas capazes de digerir os carboidratos complexos. Você deve ter notado que, se mastigar bem um pedaço de comida rica em amido, ele começa ficar com um sabor doce. A digestão começa na

Chicha (cerveja andina de milho mastigado)	264
Cerveja de arroz	266
Maltagem	268
Bouza (cerveja egípcia)	270
Cerveja africana de sorgo	272
Tesgüino	275

boca e o nosso corpo não perde tempo para decompor a comida em nutrientes mais simples. Mastigar os cereais e cuspi-los é uma técnica antiga e de baixa tecnologia para converter carboidratos e produzir cerveja. É assim que faremos a nossa próxima bebida fermentada, a *chicha*. Depois, veremos exemplos de cervejas produzidas usando fungos e malte.

Barris com cerveja envelhecendo na fábrica da Allagash Brewing Company, no Maine.

chicha (cerveja andina de milho mastigado)

Começo com esta cerveja porque mastigar é o jeito mais simples de converter carboidratos e acredita-se que seja a técnica mais antiga. A palavra *chicha* descreve uma ampla gama de bebidas sul-americanas, em geral alcoólicas (mas nem todas), à base de milho (mas nem todas), e com muitos outros ingredientes variados. A *chicha* era considerada pelos incas "o meio que ligava o homem a seus deuses pela fecundidade da terra".[1] A variante mastigada está perdendo popularidade, mas dizem que a tradição é mantida em algumas comunidades andinas. Esta *chicha* tem um sabor leve e delicioso, que remete ao milho.

Uma parte integral do processo de produção da *chicha* é mastigar o milho para saturá-lo com saliva, rica em enzimas. (Depois a bebida é fervida por uma hora, matando quaisquer "germes".) A pasta de milho salivada é chamada de *muko*. Segundo a tradição, o *muko* deve ser produzido coletivamente, por pessoas mais velhas e crianças sentadas em círculo e compartilhando histórias.

Foi uma experiência bem interessante recrutar pessoas para mastigar milho comigo. A mim me parece uma aventura estranhamente íntima mastigar comida, cuspi-la e misturar tudo junto em um recipiente. Alguns amigos ficaram empolgados com o convite mas os mais melindrosos ficaram enojados só de pensar. Nós, os intrépidos mastigadores, nos divertimos muito com as recusas enfáticas dos "salivafóbicos". Se você decidir embarcar numa aventura de produção de *chicha*, as histórias que vai ouvir o acompanharão por muito mais tempo que seu suprimento de deliciosas cervejas de milho.

Esta receita usa frutas vermelhas para iniciar a fermentação, produzindo uma variação de *chicha* chamada *frutillada*, com sabor e cores intensos. Framboesas negras produziram um lote com tom de salmão.

Tempo: Cerca de 2 semanas

Ingredientes (para 2 litros):

4 xícaras (700 g) de milho inteiro (use milho nixtamalizado, como descrito na p. 172, ou grãos não nixtamalizados)
1 xícara (180 g) de fubá
½ xícara (70 g) de frutas vermelhas orgânicas

Modo de fazer:

Cozinhe o milho por uma a duas horas até ficar macio o suficiente para mastigar, mas não para comer. Ele será cozido novamente depois. Deixe esfriar até uma temperatura agradável para mastigar.

Mastigue o milho. Chame vários amigos para ajudar no processo, que só pode avançar uma bocada de cada vez. Mastigue uma colherada por vez, lentamente, misturando com a saliva e formando uma massa com a língua contra o céu da boca. Em seguida, cuspa a bola de massa. A maior dificuldade é evitar que o milho se liquefaça e se desfaça na boca. Esta receita pede um pouco mais de milho que o necessário, já prevendo que você e seus amigos inevitavelmente vão engolir um pouco no processo.

Leve as bolas de milho para secar ao sol, em um desidratador ou em um forno aquecido. Não deixe a temperatura subir mais que 68°C. Quando secar, o *muko* estará estável e pode ser armazenado. Vocês podem mastigar um pouco de cada vez até obter a quantidade necessária com o tempo.

Faça um purê. Em uma panela, misture o *muko* seco com o fubá e 2 litros de água. As enzimas do milho mastigado vão converter os carboidratos do fubá.

Aqueça essa mistura a 68°C, temperatura na qual as enzimas se tornam mais ativas. Desfaça as bolas de milho e mantenha nessa temperatura por 20 minutos. Tampe a panela, retire do fogo e reserve até esfriar.

Coe e esprema, descartando os sólidos.

Ferva o líquido restante por uma hora. Deixe esfriar.

Deixe fermentar em um pote de cerâmica e adicione frutas vermelhas para introduzir leveduras. Mexa bem e cubra para proteger das moscas.

Mexa com frequência. Continue mexendo por mais ou menos uma semana; a fermentação vai se intensificar, ficar vigorosa, atingir o pico e começar a desacelerar.

Coe para separar as frutas.

Saboreie a *chicha* fresca ou engarrafe. Deixe as garrafas à temperatura ambiente por mais um dia para carbonatar, se quiser.

Mauricia Vargas mostra como fazer o *starter* para preparar a *chicha* na tradição de seu povo, os Bribri da Costa Rica.

cerveja de arroz

O saquê é o exemplo mais conhecido de bebida fermentada de arroz e resulta de um elaborado e refinado processo. Ele às vezes é descrito como um vinho de arroz – mas, como a característica que define uma cerveja é que ela é feita de cereais, eu o considero uma cerveja de arroz. A bebida resultante desta receita, como a *chicha* e a maioria das cervejas nativas do mundo, é opaca, uma suspensão amilácea como um mingau ralo. Bebidas similares, usando *starters* variados, processos e ingredientes específicos, são fermentadas por toda a Ásia, com base em arroz e outros cereais.

Este método simples e acessível usa um *starter* chinês conhecido como *jiuqu* (bolas de levedura chinesas, *chinese yeast balls* ou *dry yeast balls* em inglês) que pode ser encontrado em sites estrangeiros.

Cerveja de arroz com batata-doce.

Tempo: 5 a 10 dias, dependendo da temperatura

Recipiente: Pote de cerâmica, vidro de conserva ou tigela de vidro ou cerâmica de pelo menos 4 litros

Ingredientes (para 2 litros):

4 xícaras (1 quilo) de arroz
1 *jiuqu* (bola de levedura chinesa)

Modo de fazer:

Cozinhe o arroz usando proporções normais, sem sal. Deixe o arroz de molho antes se quiser.

Deixe esfriar até ficar confortável ao toque, mas ainda quente.

Transfira para um pote de cerâmica ou outro recipiente aberto.

Adicione água. Use cerca de 1 litro de água sem cloro.

Separe os grãos de arroz. Use as mãos para espremer suavemente o arroz, desfazendo as pelotas e separando os grãos individuais.

Adicione a bola de levedura. Moa em um pilão até formar um pó ou pressione com as costas de uma colher contra uma tigela de vidro. Adicione o pó na mistura de arroz e água. Cubra o recipiente com um pano ou tampa não rosqueada.

Deixe fermentar num local não muito frio.

Mexa várias vezes ao dia para ajudar a distribuir e espalhar a atividade enzimática e das leveduras. No início, toda a água que você adicionou será absorvida pelo arroz, mas, à medida que a digestão enzimática progride, a liquefação ocorre gradualmente e em pouco tempo o arroz estará boiando em líquido.

Prove. A cerveja de arroz é deliciosa no decorrer de todo seu desenvolvimento, no começo bem doce e aos poucos mais alcoólica. Deixe fermentar até a maior parte dos grãos de arroz afundar. Isso pode demorar apenas alguns dias em um ambiente quente ou até duas semanas em um local mais fresco.

Coe com um coador de malha fina ou morim. Esprema bem para extrair todo o líquido. Despeje um copo de água sobre o que sobrar e volte a pressionar. Use o resíduo espremido ainda saboroso para fazer panquecas, pães e outros alimentos. Saboreie a cerveja de arroz fresca, ou engarrafe. Deixe as garrafas à temperatura ambiente por mais um dia para carbonatar, se quiser.

Beba. Leve à geladeira para preservar por pouco tempo ou pasteurize para armazenar por mais tempo. Caso contrário, as bactérias ácido-lácticas da cultura mista continuarão a acidificar a bebida.

Mais forte. Para fazer uma cerveja de arroz mais forte, cozinhe mais 4 xícaras (1 quilo) de arroz, deixe esfriar, despeje a cerveja de arroz sobre o arroz fresco e repita o processo.

Variações: Cozinhe o arroz com especiarias. Adicione batata-doce cozida ao purê de arroz quente ou tente incluir outros cereais.

maltagem

Germinar cereais, um processo conhecido como maltagem, faz que eles fiquem muito mais doces. A germinação cria enzimas que decompõem os carboidratos complexos dos cereais em açúcares simples. O processo começa deixando os cereais (e outras sementes) de molho na água. Se você deixá-los muito tempo de molho, porém, eles vão fermentar (e até apodrecer) em vez de germinar. Como a germinação requer oxigênio e água, as sementes precisam ser escorridas para ter acesso ao oxigênio e, depois, repetidamente enxaguadas e escorridas para manter a umidade. Quando usadas com grãos não maltados, as enzimas do malte podem decompor mais carboidratos, especialmente em temperaturas elevadas.

Esta é uma receita geral para maltagem com germinação.

Tempo: 2 a 5 dias

Recipiente: Se você tiver um recipiente feito especificamente para a maltagem, use-o. Eu uso um vidro de conserva de boca larga de 4 litros com uma tela cobrindo a boca, presa por um elástico.

Modo de fazer:

Coloque os cereais integrais no recipiente com água e deixe de molho por cerca de 24 horas à temperatura ambiente.

Escorra e descarte a água. Deixe o recipiente virado para baixo para escorrer bem. Eu gosto de deixá-lo sobre um copo de medição. O importante é que o recipiente fique bem acima da água escorrida, para que os grãos não fiquem mergulhados na água.

Enxágue os brotos com água fresca pelo menos duas vezes por dia, de manhã e à noite, ou mais vezes, se você lembrar. Em climas quentes, enxágue com frequência. A ideia é evitar que os brotos sequem ou que fungos se formem neles. Você vai saber que os cereais germinaram quando vir pequenas caudas emergindo. Não se esqueça de enxaguar os brotos pelo menos duas vezes ao dia. Quando o broto atingir cerca de três quartos do comprimento da semente, os açúcares fermentáveis e as enzimas desejadas estarão no auge. Use logo os brotos, guarde-os na geladeira por alguns dias ou deixe-os secar para armazenar por mais tempo. Se os grãos continuarem brotando, eles perderão rapidamente a doçura.

Aprendendo a fazer o *starter* para a cerveja de chicha com a família Vargas de Finca Loroco na Costa Rica.

bouza (cerveja egípcia)

A *bouza* é uma ancestral da nossa cerveja e continua a ser feita em diferentes variações no Egito, na África Oriental, na Turquia, nos Balcãs e em outros lugares. Como a maioria das cervejas nativas, a *bouza* é uma suspensão turva e amilácea. Espumante, acre e levemente alcoólica, a *bouza* feita com o processo descrito aqui tem mais de 5 mil anos, mas os detalhes da receita são interpretações minhas, baseadas em informações retiradas de várias fontes, com destaque para um artigo publicado na revista de antropologia *Food and foodways*.[2]

A *bouza* usa só dois ingredientes, cereais (trigo, cevada ou possivelmente outros) e água, manipulados de várias maneiras diferentes. O processo de produção da *bouza* ilustra com clareza a ligação entre o pão e a cerveja. O trigo incorporado ao pão faz parte do processo, e uma maneira tradicional de armazenar leveduras para fazer a *bouza* era em pães parcialmente assados, com o miolo cru e vivo. "A panificação era basicamente uma maneira prática de armazenar as matérias-primas para produzir a cerveja", explica a revista *Archaeology*.[3]

Tempo: 4 a 7 dias

Recipiente: Pote de cerâmica ou outro recipiente aberto de 4 litros

Ingredientes (para 4 litros):

4 xícaras (1 quilo) de bagos de trigo
1 xícara (250 ml) de *starter* de fermento natural (p. 180)

Modo de fazer:

Este processo, na verdade, é constituído de três processos distintos – maltagem, panificação e fermentação da cerveja –, e todos começam com um primeiro passo que dá início a tudo: o molho.

Deixe de molho os bagos de trigo. Cubra com bastante água para eles permanecerem cobertos enquanto aumentam de volume. Deixe de molho por cerca de 24 horas.

Escorra e divida os bagos de trigo em duas partes mais ou menos iguais. Metade será maltada ou germinada e a outra metade será moída, fermentada e assada em pães.

Maltagem:

Deixe a metade do trigo germinar, seguindo o processo descrito em "Maltagem" (p. 268). Deixe germinar por dois a três dias, em um local protegido da luz do sol direta, enxaguando com frequência, até as caudas ficarem com cerca de três quartos do comprimento dos grãos. Para a *bouza*, os grãos maltados em geral são usados frescos, mas você pode deixá-los secar para armazenar.

Panificação:

Triture em pedaços irregulares a outra metade do trigo. Use um processador de alimentos, um moedor manual ou um pilão. Adicione ½ xícara (125 ml) de *starter* vigoroso de fermento natural e um pouco de água, se necessário, para formar uma massa coesa. Coloque a massa em uma tigela e coloque a tigela em uma sacola de plástico (não a feche completamente) para a massa não secar.

Deixe fermentar por 12 horas ou mais num local não muito frio, mexendo algumas vezes.

Modele alguns pãezinhos redondos. Coloque-os em uma assadeira não untada.

Deixe os pães fermentarem por cerca de uma hora antes de assar.

Pré-aqueça o forno a 150°C.

Asse os pães por cerca de 15 minutos para que a casca fique assada mas o miolo continue cru, com as leveduras vivas. Deixe esfriar e armazene os pães, protegidos de roedores, até o cereal maltar e você querer preparar o *bouza*.

Fermentação da cerveja:

Aqueça a água (4 litros) a cerca de 77°C.

Triture em pedaços irregulares os cereais germinados usando um processador de alimentos, moedor manual ou pilão.

Misture. Despeje a água quente em um pote de cerâmica. Isso aquecerá o recipiente e resfriará a água para cerca de 69°C. Desfaça os pães assados em alguns pedaços e adicione-os. Acrescente os cereais germinados moídos. Cubra e deixe resfriar lentamente até a temperatura ambiente.

Adicione ½ xícara (125 ml) de *starter* de fermento natural. Cubra com um pano e mexa com frequência.

Deixe fermentar por cerca de dois a três dias.

Coe para retirar os sólidos. Saboreie a *bouza* fresca ou engarrafe-a e deixe fermentar mais um dia para carbonatar. A *bouza* pode ser guardada por mais ou menos uma semana na geladeira.

O "coolship" da cervejaria Cantillon em Bruxelas, na Bélgica, costumava coletar leveduras selvagens transportadas pelo ar.

cerveja africana de sorgo

A cerveja de sorgo é a cerveja tradicional de grande parte da África Subsaariana. Uma suspensão opaca como outras cervejas nativas, a bebida é fresca e convidativa, com um sabor alcóolico doce e azedo. "A cerveja opaca é mais um alimento do que uma bebida", afirma um relatório da Organização das Nações Unidas para Alimentação e Agricultura. "Contém altas proporções de amido e açúcares, além de proteínas, gorduras, vitaminas e minerais."[4]

Tempo: 4 a 5 dias

Recipiente: Pote de cerâmica ou outro recipiente aberto de 4 litros

Ingredientes (para 4 litros):

5 xícaras (1 quilo) de sorgo, dividido em duas partes

Modo de fazer:

Deixe a metade do sorgo germinar, como descrevi em "Maltagem" (p. 268). Vá enxaguando por dois a quatro dias até as caudas ficarem com uns 2 cm de comprimento.

Deixe o sorgo germinado secar ao sol ou use um desidratador, ventilador ou outro método de secagem de baixa temperatura. O sorgo maltado seco é estável para o armazenamento a seco e pode passar vários meses em maturação antes de ser utilizado.

Triture em pedaços irregulares o sorgo maltado seco usando um moedor, pilão ou outro instrumento. Também triture em pedaços irregulares o sorgo não maltado e reserve.

Faça um mingau de sorgo. Ferva 2 litros de água. Misture o sorgo não maltado triturado e vá mexendo até obter uma consistência semelhante à do mingau. Tire do fogo e deixe esfriar até 60°C – o suficiente para tocar sem queimar, mas ainda bem quente.

Adicione metade do sorgo maltado triturado, reservando a outra metade para usar mais tarde. Misture bem o malte no mingau. As enzimas do malte cru podem ser muito ativas a essa temperatura, digerindo carboidratos complexos para formar açúcares simples. Deixe em um local aquecido e isolado, protegido de moscas. Depois de algumas horas, quando a mistura esfriar abaixo dos 43°C, adicione metade do malte restante (reserve a outra metade para adicionar depois) e mexa bem para distribuir.

Deixe fermentar num local não muito frio por 12 a 24 horas (dependendo da temperatura ambiente), período no qual as bactérias ácido-lácticas se proliferarão, baixando o pH.

Cozinhe a mistura acidificada. Combine essa mistura acidificada com 2 litros de água, leve ao fogo, deixe levantar fervura e cozinhe em fogo baixo por duas a três horas para caramelizar os açúcares, adicionando água conforme necessário para manter uma consistência amilácea parecida com o mingau. Deixe resfriar à temperatura corporal e adicione o sorgo maltado cru triturado para introduzir leveduras que farão a fermentação final do álcool (ou substitua por um envelope de levedura).

Deixe fermentar num local não muito frio protegido das moscas. Nos trópicos, o tempo de fermentação é medido em horas, não em dias. Onde eu moro, normalmente deixo fermentando por dois ou três dias, passo em um morim para coar e engarrafo em garrafas PET de refrigerante para fermentar por mais algumas horas e carbonatar. A cerveja de sorgo fresca é uma bebida viva e pressuriza rapidamente, por isso sempre tome cuidado para não carbonatar demais.

Jiuqu, levedura chinesa.

O produtor de cerveja Ben Millstein e as torneiras de sua Kodiak Island Brewing Company.

tesgüino

O *tesgüino* é uma cerveja nativa do México, feita a partir do milho maltado. É deliciosa e fácil de fazer.

Tempo: 1 semana a 10 dias

Recipiente: Pote de cerâmica ou outro recipiente aberto de 4 litros

Ingredientes (para 2 litros):
3 xícaras (500 g) de milho comum orgânico integral

Modo de fazer:

Deixe o milho germinar, como descrevi em "Maltagem" (p. 268). Deixe de molho por pelo menos 24 horas e enxágue por três ou mais dias até os brotos ficarem com cerca de 2,5 cm de comprimento.

Moa o milho maltado em pedaços irregulares para formar uma pasta usando um moedor, processador de alimentos, pilão ou outro instrumento. Reserve cerca de ½ xícara (125 ml) da pasta de malte crua para adicionar depois.

Misture a pasta de milho germinada restante com 2 litros de água quente. Aqueça a água até cerca de 63ºC para ajudar as enzimas a decompor os carboidratos complexos. Deixe esfriar lentamente até a temperatura corporal.

Leve ao fogo e, quando a mistura de milho começar a ferver, cozinhe em fogo baixo por pelo menos seis horas (quanto mais tempo melhor). Mantenha o fogo baixo, mexa com frequência e adicione água conforme necessário. Com o passar das horas, o *tesgüino* vai ficando com um cheiro cada vez melhor.

Coe os pedaços sólidos quando a mistura tiver cozinhado por tempo suficiente.

Transfira o *tesgüino* para um pote de cerâmica ou outro recipiente aberto e deixe esfriar até atingir a temperatura corporal.

Adicione a pasta de malte cru reservada para atuar como uma fonte de leveduras e mexa bem. Esse método sempre deu muito certo para mim. Uma maneira mais tradicional de introduzir leveduras é usar um recipiente só para isso e nunca lavá-lo. Você também pode simplesmente adicionar um envelope de levedura ou um pouco de *starter* de fermento natural ou um lote anterior de *tesgüino*.

Deixe fermentar num local não muito frio, protegido das moscas. Mexa com frequência. Observe o lento desenvolvimento do borbulhamento e a intensificação da atividade. Continue mexendo! Quando o borbulhamento atingir o pico e começar a diminuir, o que deve levar cerca de uma semana após o início da fermentação (talvez menos, talvez mais), o *tesgüino* estará pronto para beber.

Saboreie fresco ou envase em garrafas PET de refrigerante, deixe fermentar por algumas horas para prender a carbonatação e leve à geladeira.

Algumas considerações sobre a cerveja caseira

Os fundamentos da produção de cerveja caseira não diferem muito das últimas receitas. Pegue cevada maltada, triture em pedaços irregulares, adicione em água quente e faça uma mistura. Submeta essa mistura a temperaturas sucessivamente mais altas, nas quais diferentes enzimas são otimizadas, produzindo complexidade de sabor. Quando a mistura atingir cerca de 77°C, coe para retirar os cereais "exauridos" e enxágue-os com cuidado com água quente para obter os açúcares residuais. Ferva o líquido coado doce e aromático, agora chamado de mosto, por uma hora ou mais. Adicione lúpulo e outros sabores em vários estágios da fervura. Deixe esfriar. Adicione leveduras ou use algum outro método de introdução de levedura no mosto resfriado. Deixe fermentar.

O processo de produção de cerveja pode ser feito com instrumentos improvisados, mas deu origem a uma grande inventividade técnica. Sistemas de cervejaria em todas as escalas são verdadeiras maravilhas da engenhosidade humana. Fico um pouco intimidado com os equipamentos, os jargões e a compulsão pela esterilização que acompanham as técnicas modernas. "Muito se fala da necessidade de usar produtos químicos para manter tudo esterilizado, a necessidade de outras substâncias químicas para fazer uma boa cerveja, o requisito fundamental de usar controles de temperatura patenteados da Teutonic e a importância de ter um profundo conhecimento das minúsculas diferenças entre os variados cereais, maltes, lúpulos e leveduras", escreve Stephen Harrod Buhner no livro *Sacred and herbal healing beers*. "Isso costuma afastar muita gente e acaba com a diversão da produção de cerveja."[5]

Sigo o lema de um velho amigo produtor de cerveja caseira, Tom Foolery: "Higiene sim, esterilização não". Se pararmos para pensar, a esterilização caseira não passa de uma fantasia. É bem verdade que existem inúmeros produtos químicos que podem esterilizar por um tempo. Mas depois de enxaguar um objeto esterilizado com água não estéril e secar ao ar ou com

um pano, o objeto deixa de estar esterilizado. É importante manter a higiene, usar recipientes e utensílios limpos e ter uma área de trabalho limpa. Mas uma boa cerveja não requer esterilização e, em alguns casos, expor os ingredientes às bactérias e leveduras do ambiente pode resultar em sabores empolgantes. Não esquente a cabeça. Como Charlie Papazian aconselha em *The complete joy of homebrewing*: "Relaxe. Não se preocupe. Tome uma cerveja caseira. Se preocupar é como pagar juros de uma dívida que não é sua". Um excelente conselho.

Nas primeiras cervejas que fiz, pulei o processo de extrair açúcares dos cereais usando xarope de malte misturado em água quente e cozido com lúpulo e/ou outras ervas, resfriado, inoculado com levedura e fermentado. É um jeito mais fácil de fazer cerveja, mas não satisfazia minha curiosidade sobre os processos fundamentais de transformação. Só aprendi a fazer cerveja a partir dos cereais quando estava escrevendo a primeira edição deste livro. Em março de 2002, meu amigo e colega experimentalista da fermentação, Patrick Ironwood, me mostrou o processo.

Patrick faz cerveja desde os 15 anos de idade, quando seus pais lhe deram um kit de produção caseira e ele fez o primeiro lote de cerveja para eles. Vinte anos depois, Patrick prepara lotes de 120 litros e armazena sua cerveja em barris. A produção de cerveja pode usar muitos equipamentos e parafernálias especializadas, e o pessoal que adota esse *hobbie* tende a ser mais técnico. Patrick e vários outros cervejeiros que conheci chegam a fazer modificações em seus equipamentos. Também conheci muitas microcervejarias e só posso me maravilhar com a complexidade disso tudo!

Participe do movimento das cervejas artesanais. Faça sua cerveja. Saboreie e compartilhe com os amigos. Gosto de encorajar as pessoas a fazer experimentos com a fermentação selvagem ou com culturas mistas para fazer as cervejas rústicas e autênticas que mais me empolgam em vez de usar cepas puras de levedura. Se você quiser explorar a complexidade da produção de cerveja usando malte de cevada, vai precisar de um livro mais especializado do que este. Por sorte, muitos livros excelentes estão disponíveis no mercado.

Para saber mais

B̲u̲h̲n̲e̲r̲, Stephen Harrod. *Sacred and herbal healing beers: the secrets of ancient fermentation.* Boulder: Siris Books, 1998.
M̲o̲s̲h̲e̲r̲, Randy. *Radical brewing.* Boulder: Brewers Publications, 2004.
P̲a̲l̲m̲e̲r̲, John. *How to brew: everything you need to know to brew beer right the first time.* Boulder: Brewers Publications, 2006. Disponível gratuitamente na internet no site www.howtobrew.com.
P̲a̲p̲a̲z̲i̲a̲n̲, Charlie. *The complete joy of homebrewing.* 4. ed. revisada e atualizada. Nova York: William Morrow, 2014.
S̲p̲a̲r̲r̲o̲w̲, Jeff. *Wild brews: beer beyond the influence of brewer's yeast.* Boulder: Brewers Publications, 2005.

Produtor de cerveja em uma vila do Himalaia com o *starter* que usa, o equivalente local do *jiuqu*, a levedura chinesa.

12. Vinagres

A maior parte de minha experiência com a produção de vinagre resulta de vinhos que deram errado. Imagino que foi assim que o vinagre surgiu, já que as bebidas fermentadas alcoólicas em contato com o ar rico em oxigênio inevitavelmente desenvolvem bactérias do gênero *Acetobacter*, que digerem o álcool e o transformam em ácido acético – mas só na presença de oxigênio. A palavra vinagre vem da palavra francesa *vinaigre*: *vin*, de vinho, e *aigre*, de azedo. O vinagre é um excelente consolo caso o vinho que você estiver fazendo não der certo. É um conservante saudável, com muitas deliciosas utilizações na culinária.

Existem diversos tipos de vinagre, em geral diferenciados pela bebida alcoólica que os produz. O vinagre de vinho é feito do vinho; o vinagre de maçã é feito da sidra de maçã; o vinagre de arroz é feito do vinho de arroz; o vinagre de malte é feito de bebidas de cereais maltados, como a cerveja. Tirando esses estilos mais conhecidos, o vinagre pode ser feito de qualquer fruta, como qualquer bebida alcoólica fermentada. Ele pode ser delicioso e bastante variado. Porém o vinagre mais barato e mais usado é incolor e sem muito sabor: o vinagre branco destilado, feito de álcool destilado diluído em água.

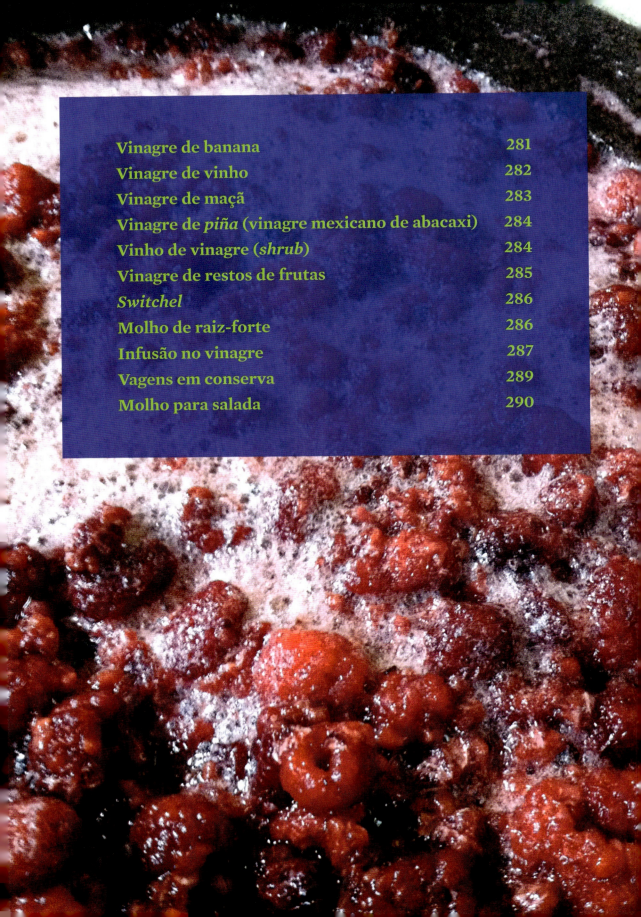

Vinagre de banana	281
Vinagre de vinho	282
Vinagre de maçã	283
Vinagre de *piña* (vinagre mexicano de abacaxi)	284
Vinho de vinagre (*shrub*)	284
Vinagre de restos de frutas	285
Switchel	286
Molho de raiz-forte	286
Infusão no vinagre	287
Vagens em conserva	289
Molho para salada	290

vinagre de banana

Não existe nenhum vinagre mais fácil ou mais rápido de fazer do que o vinagre de banana, que praticamente se faz sozinho. Só banana, sem qualquer outro ingrediente.

Tempo: 5 dias a 1 semana

Ingredientes (para cerca de $1/3$ xícara/80 ml):

3 bananas passadas

Modo de fazer:

Descasque as bananas.
Amasse as bananas para fazer uma pasta.
Deixe as bananas fermentarem em uma tigela coberta com um pano.
Mexa com frequência, renovando a superfície para evitar a formação de bolor.
Observe: A pasta de banana vai começar a se liquefazer e fermentar.
Prove depois de alguns dias. Prove periodicamente até o vinagre ficar ácido o suficiente.
Coe para retirar os sólidos.
Coloque em uma garrafa de pescoço estreito hermeticamente fechada.

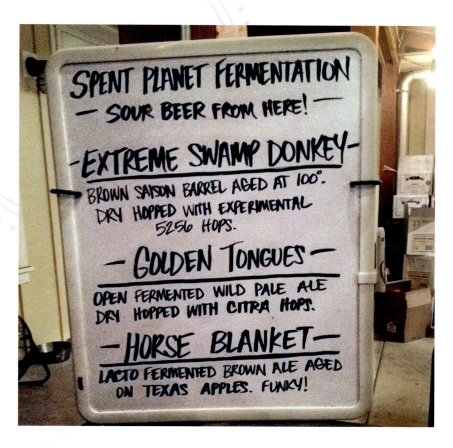

vinagre de vinho

Se você ficar com um pouco de vinho caseiro ou industrializado sobrando no fundo da garrafa no fim do jantar, coloque-o em um recipiente não reativo com uma ampla área de superfície, como uma tigela, um pote de cerâmica ou vidro de conserva. Lembre que a fermentação do vinagre é um processo aeróbico que requer fluxo constante de ar fresco com oxigênio. Deixe fermentar em um recipiente de boca larga aberto, com uma grande área de superfície exposta ao ar. Cubra com um pano para impedir a entrada de moscas e poeira e guarde longe da luz direta e de outros projetos de fermentação de álcool. Para obter resultados melhores, deixe o vinho fermentar completamente usando uma válvula *airlock* antes de expô-lo deliberadamente a organismos aeróbicos do vinagre. E não use os mesmos recipientes que usou para fazer o vinho. Se um de seus vinhos caseiros azedar, basta chamá-lo de vinagre e usá-lo para temperar saladas e outros alimentos.

Meu amigo Hector Black, que plantou um impressionante pomar de mirtilo, produz um espesso e frutado vinagre de vinho de mirtilo em um grande barril de carvalho. Ele deixa o barril deitado para maximizar a área de superfície em contato com o ar e fecha a boca do barril com um morim. Recentemente, Hector usou uma técnica nova para acelerar o processo: colocou uma pequena bomba de ar elétrica de aquário para bombear ar para o vinagre em desenvolvimento. Como os organismos produtores de vinagre são aeróbicos, isso estimula sua atividade.

A acidez do vinagre pronto corresponde ao teor de álcool do vinho do qual ele foi feito (e à concentração de açúcar da solução pré-fermentada original). O tempo que o vinho leva para se transformar em vinagre pode variar muito, dependendo do tipo de açúcar, teor alcoólico, temperatura e aeração. Leva cerca de uma a três semanas no verão e mais no inverno. Prove o vinagre periodicamente para monitorar o progresso. Quando a

maior parte da doçura/álcool se converteu em ácido acético, engarrafe o vinagre em pequenos frascos de gargalo estreito que podem ser hermeticamente fechados. Se o vinagre vivo não for protegido do oxigênio, ele pode começar a desacidificar, pois a acetobactéria consome o ácido acético que acabou de produzir e o metaboliza em água e dióxido de carbono.

Você pode notar um filme ou disco na superfície do vinagre. Esse disco é chamado de mãe do vinagre ou apenas mãe. É uma massa de organismos produtores de vinagre que pode ser transferida ao próximo lote para atuar como *starter*. Não precisa ter medo; ela é inofensiva e até comestível. O vinagre também pode conter sólidos que se soltaram da mãe abaixo da superfície. Você pode coá-los ou consumi-los.

vinagre de maçã

No Capítulo 10, descrevi o processo mais simples de fermentação alcoólica que conheço, deixando a sidra fresca de maçã fermentar espontaneamente para produzir uma sidra seca em menos de uma semana (p. 240). Se você deixar esse mesmo frasco na bancada da sua cozinha por mais uma ou duas semanas, com a sidra exposta ao ar, ela se transformará espontaneamente em vinagre de maçã. Você pode ajudar transferindo a sidra para um recipiente com ampla área de superfície (permitindo mais entrada de oxigênio). Outra maneira de acelerar o processo é introduzir, como *starter*, uma pequena proporção de vinagre não pasteurizado vivo de um lote anterior ou um vinagre orgânico comprado.

A medicina tradicional de muitas culturas usa o vinagre de maçã como um tônico fortificante. Até Hipócrates, o famoso médico da Grécia antiga, prescrevia o vinagre como um remédio.

vinagre de piña (vinagre mexicano de abacaxi)

O vinagre de abacaxi, *vinagre de piña*, é delicioso e superácido. Muitas receitas mexicanas pedem este vinagre, que você pode usar para substituir qualquer outro tipo. Como a receita só usa a casca do abacaxi, você ainda pode saborear a fruta. Esta receita foi adaptada do livro *The cuisines of Mexico*, de Diana Kennedy.

Tempo: 3 a 4 semanas

Ingredientes (para 2 xícaras/ 500 ml):

2 colheres (sopa) de açúcar
Casca de 1 abacaxi orgânico (você também pode usar frutas bem maduras)

Modo de fazer:

Combine o açúcar com 2 xícaras (500 ml) de água em um vidro de conserva ou tigela. Mexa bem para dissolver. Pique a casca de abacaxi em pedaços irregulares e adicione à solução de água. Use um prato pequeno como peso para manter o abacaxi submerso. Cubra com um pano para proteger das moscas.

Deixe fermentar à temperatura ambiente. Mexa diariamente.

Coe para retirar e descartar as cascas de abacaxi depois de cerca de uma semana, quando o líquido começar a escurecer.

Deixe fermentar o líquido por mais duas a três semanas, mexendo ou agitando periodicamente.

Engarrafe e saboreie.

vinho de vinagre (*shrub*)

O vinho de vinagre (*shrub*) é um refrigerante refrescante que foi muito popular nos Estados Unidos antes dos refrigerantes gaseificados industrializados. Ele era feito deixando frutas vermelhas frescas de molho no vinagre por até duas semanas, coando para retirar as frutas e adicionando açúcar ou mel. Este concentrado era armazenado, diluído em água, se necessário, e servido com gelo. Se você tiver um vinho frutado ou vinagre de sidra, pode apenas misturá-lo com suco de frutas. Experimente misturar uma parte de vinagre com três partes de suco de fruta e três partes de água. Você também pode usar água com gás. Ajuste as proporções a gosto. Sabores doces e azedos dão uma boa combinação.

vinagre de restos de frutas

A casca do abacaxi dá um vinagre delicioso. E pode ser feito com restos de frutas: casca e miolo de maçãs que sobrarem depois de fazer uma torta; frutas caídas e machucadas; restos de um cacho de uvas ou frutas vermelhas (depois de comer as melhores). O vinagre é uma excelente oportunidade de reciclagem. Basta despejar uma solução de água com açúcar (2 colheres de sopa de açúcar dissolvidas em 2 xícaras de água) sobre a fruta e seguir as etapas do vinagre de abacaxi. Você pode usar mel no lugar do açúcar, mas o processo pode demorar um pouco mais.

switchel

O *switchel* é outro refrigerante à base de vinagre, normalmente com sabor de gengibre. Pode ser adoçado com xarope de bordo, melaço, sorgo, mel e outros adoçantes. O *switchel* é refrescante e energizante e é associado com a colheita de feno e trabalhos braçais que requerem força e resistência.

Tempo: 15 minutos

Ingredientes (para 2 litros):

- 5 cm (20 g) de gengibre orgânico fresco ralado
- ¾ xícara (185 ml) de vinagre de maçã ou outro vinagre de fruta
- ¾ xícara (185 ml) de xarope de bordo e/ou outros adoçantes
- Água

Modo de fazer:

Combine o gengibre com 3 xícaras (750 ml) de água.

Cozinhe em fogo baixo por uns 10 minutos. Deixe resfriar até atingir mais ou menos a temperatura corporal.

Coe para retirar o gengibre.

Adicione o vinagre e o adoçante. Mexa para dissolver completamente.

Guarde esse concentrado na geladeira.

Sirva gelado, misturando partes iguais de concentrado e água (ou água com gás).

Prove e adicione mais adoçante, vinagre ou água, como preferir.

Variação: O *switchel* é bem parecido com uma bebida tônica restauradora que meu amigo Ha! faz usando vinagre, suco de limão e melaço: misture 1 colher de sopa de melaço, 2 colheres de sopa de vinagre de sidra e 3 colheres de sopa de suco de limão em 1 xícara (250 ml) de água quente. Beba morno.

molho de raiz-forte

A raiz-forte é, como o nome diz, uma raiz forte. Quando você a come, o calor se espalha da boca para o nariz. Aprendi a gostar de raiz-forte na matzá, o substituto do pão no ritual da Páscoa judaica para simbolizar a amargura da opressão. Hoje em dia eu também gosto da raiz-forte em sanduíches e sushis, em molhos, pastas e no *kimchi*.

É muito fácil preparar um molho de raiz-forte: primeiro, rale bem uma raiz-forte fresca. Lembre que os gases liberados ao ralar a raiz-forte são bem intensos. Cuidado para não inalá-los diretamente, especialmente ao abrir o processador de alimentos depois de triturá-la. Salgue a raiz-forte ralada, comprima bem num frasco de vidro, cubra com um pouquinho de vinagre e deixe em infusão por algumas horas ou algumas semanas.

A raiz-forte também pode ser fermentada com um pouco de mel ou água açucarada. Despeje um pouquinho de água com açúcar sobre a raiz-forte ralada. Mexa bem, cubra com um morim e deixe fermentar por três a quatro semanas. Com isso, dois processos de fermentação atuam ao mesmo tempo: a fermentação que produz álcool a partir dos açúcares e a fermentação que produz vinagre a partir do álcool. Gosto de pensar que os micro-organismos da fermentação curtem a raiz-forte tanto quanto eu.

infusão no vinagre

Graças à sua acidez, o vinagre é um bom solvente e conservante para extrair sabores e fitoquímicos de alimentos e ervas. Os sabores e compostos medicinais se fundem ao vinagre. Dependendo dos ingredientes da infusão, o resultado será um vinagre especial para temperar saladas ou um poderoso medicamento fitoterápico (ou ambos). Coloque os ingredientes em um vidro de conserva, cubra com vinagre e feche o frasco. Como o vinagre corrói tampas de metal, use tampas de plástico ou coloque uma camada de papel-manteiga entre o frasco e a tampa de metal. Deixe o vinagre em infusão num local escuro por algumas semanas (ou mais). Coe o vinagre e descarte os ingredientes vegetais exauridos. Se ele estiver transparente, você pode colocar um pouco dos ingredientes frescos ao engarrafá-lo. Coloque em uma garrafa elegante e dê de presente. Empórios chiques estão cheios de belas e caras garrafas de vinagre infundido.

Algumas ideias de ingredientes e ervas para extrair no vinagre: alho, alecrim, tomilho, estragão, pimenta-malagueta, frutas vermelhas, hortelã, manjericão, raiz de dente-de-leão, folhas, flores... o que você quiser.

vagens em conserva

A conserva de alimentos no vinagre não é um processo de fermentação. Na conserva em salmoura, que vimos no Capítulo 5, os vegetais são preservados pelo ácido láctico produzido pela ação dos micro-organismos sobre os vegetais. A conserva em vinagre usa um produto fermentado, o vinagre, mas a acidez dele, juntamente com o processamento pelo calor, impede a ação dos micro-organismos. Os picles em vinagre não contêm culturas vivas. Segundo o Terre Vivante, um centro francês de eco-educação focado em horticultura orgânica e técnicas de preservação de alimentos, "os picles sempre são lacto-fermentados e depois transferidos para o vinagre para estabilizá-los para fins comerciais".[1] De fato, a grande vantagem da conserva em vinagre sobre a conserva pela fermentação láctica é que os picles em vinagre durarão para sempre (bem... quase), enquanto os picles em salmoura durarão semanas ou meses, mas raramente anos, e sem dúvida não para sempre. Como os livros de culinária estão cheios de receitas de picles de vinagre, limito-me a apenas uma: as vagens em conserva que meu pai faz com vagens de sua horta.

Tempo: 6 semanas

Equipamentos: Vidros de conserva que podem ser hermeticamente fechados: o melhor tamanho é de 750 ml, que tem uma altura perfeita para as vagens

Ingredientes:

Vagens
Alho
Sal (meu pai só usa sal grosso *kosher*, mas tudo bem usar sal marinho)
Pimentas-malaguetas secas inteiras
Sementes de aipo
Endro fresco (o melhor são os ramos em flor, ou folhas ou sementes)
Vinagre branco destilado

Modo de fazer:

Prepare os frascos. Separe os frascos necessários. Lave-os e organize-os na pia ou bancada.

Encha os frascos. Coloque 1 dente de alho, 1 colher de chá de sal, 1 pimenta-malagueta inteira, ¼ colher de chá de sementes de aipo, 1 ramo florido de endro (ou 1 pequeno ramo de folhas de endro ou 2 colheres de chá de sementes de endro) em cada frasco. Em seguida, encha-os com as vagens de pé, comprimindo o maior número de vagens que puder.

Prepare a solução de vinagre. Para cada frasco, meça 1 xícara (250 ml) de vinagre e 1 xícara (250 ml) de água. Ferva a mistura de água com vinagre e despeje-a nos frascos sobre as vagens e os condimentos, até 1 cm da boca do frasco.

Aqueça os frascos. Feche os frascos hermeticamente, coloque-os em uma panela grande com água fervente e deixe por 10 minutos para fazer o processamento térmico.

Deixe maturar. Mantenha os frascos fechados maturando por pelo menos seis semanas antes de consumir. Meu pai serve as vagens em conserva como aperitivo. Os picles que passam por esse tratamento térmico podem ficar anos armazenados sem refrigeração.

molho para salada

Esta é minha versão do molho clássico para salada. Foi a primeira coisa que minha mãe me ensinou a fazer e meu trabalho na infância era preparar o molho sempre que comíamos salada. Minha mãe me ensinou a usar a mesma proporção de vinagre e azeite, muita mostarda e muito alho. É tão fácil fazer molho para salada que sempre me surpreendo com pessoas que preferem comprá-lo pronto.

Tempo: 10 minutos

Ingredientes (para 1 xícara/ 250 ml):

¼ xícara (60 ml) de vinagre
¼ xícara (60 ml) de azeite de oliva extravirgem
¼ xícara (60 ml) de salmoura de conserva ou suco de chucrute
4-8 dentes de alho, esmagados em uma pasta
2 colheres (sopa) de mostarda picante
1 colher (sopa) de missô
1 colher (chá) de mostarda em pó
Sal e pimenta a gosto

Modo de fazer:

Combine os ingredientes em um frasco, tampe e agite bem. Eu gosto de fazer esse molho em frascos de mostarda quase no fim, para aproveitar aquele restinho difícil de tirar. Se você deixar seu molho para salada em infusão, ele vai melhorar ainda mais. Gosto de temperar as saladas com esse molho antes de servir e até chego a deixar as verduras murcharem um pouco. Se sobrar molho depois que a salada acabar, devolva-o ao frasco e reutilize-o.

Variações: Você pode adicionar iogurte, quefir ou *tahine* para um molho de vinagre cremoso; adicionar mel para adoçar; adicionar molho de raiz-forte ou óleo de gergelim torrado.

Para saber mais

Diggs, Lawrence J. *Vinegar: the user-friendly standard text reference and guide to appreciating, making, and enjoying vinegar.* Lincoln: Authors Choice Press, 2000.

Malle, Bettina; Schmickl, Helge. *The artisanal vinegar maker's handbook.* Austin: Spikehorn Press, 2015.

Thacker, Emily. *The vinegar book.* Canton: Tresco Publishers, 1996.

13. Renascimento cultural

A fermentação nos ciclos de vida, fertilidade do solo e mudanças sociais

A fermentação inclui muito mais que a transformação de alimentos. Micro-organismos decompõem animais e vegetais mortos para transformá-los em elementos capazes de nutrir as plantas. Como um dos primeiros microbiologistas, Jacob Lipman, afirmou em seu livro de 1908, *Bacteria in relation to country life*, os micro-organismos:

> [...] são o elo entre o mundo dos vivos e o mundo dos mortos. São os saprófagos da natureza, encarregados de colocar de volta em circulação carbono, nitrogênio, hidrogênio, enxofre e outros elementos presos nos cadáveres de plantas e animais. Sem eles, os cadáveres se acumulariam e o reino dos vivos seria substituído pelo reino dos mortos.[1]

Essa imagem me ajuda a aceitar a morte e a decadência. É uma prova clara de que a vida é um processo cíclico, do qual a morte é uma parte indispensável. Sabendo disso, fica mais fácil entender e aceitar a mais dura realidade da vida.

Na mesma época em que fiquei obcecado com a fermentação, passei boa parte do tempo pensando em minha própria decadência e morte. Como evitar esses pensamentos depois de ser diagnosticado como HIV positivo antes da invenção de qualquer tratamento eficaz? Ninguém disse isso com mais eloquência que a finada poeta Audre Lorde:

Vivendo uma vida autoconsciente, sob a pressão do tempo, trabalho com a consciência da morte ao meu lado, não sempre, mas o suficiente para deixar sua marca em todas as decisões e ações de minha vida. E não importa se esta morte virá na próxima semana ou daqui a trinta anos; essa consciência dá à minha vida uma nova qualidade. Ajuda a definir as palavras que eu digo, como eu amo, o que eu faço, a força de minha visão e propósito, a profundidade da minha apreciação pela vida.²

Eu tinha 40 anos quando escrevi a primeira edição deste livro. Amigos da mesma idade falavam da meia-idade. Na época (e agora, mais de uma década depois), não me parecia implausível que eu pudesse estar na metade de minha vida e que eu celebraria meu 80º aniversário no ano 2042. Adoro viver e acredito na infinidade de possibilidades. Mas acredito na observação, no realismo e na probabilidade, e aos 40 me parecia extremamente improvável viver mais 40 anos. Por quantas décadas a mais o tratamento que tem me sustentado continuará funcionando? Os medicamentos afetam muitos sistemas do corpo e poderão se refletir em minha saúde com o tempo. As pessoas com aids estão vivendo mais, porém meus amigos continuam morrendo. Tive muitas oportunidades de me acostumar com a ideia de que este é o último estágio de minha vida. Eu me pergunto: será que fiquei resignado? Será que perdi a vontade de sobreviver?

Repassando este livro aos 53 anos, estou muito aberto a uma vida longa. Meu pai transborda de saúde aos 82 anos e é fácil imaginá-lo com 90, inspirado por um querido amigo nonagenário, Hector Black, e outras potências com mais de 90 anos que permanecem muito engajadas no mundo e claramente acreditam que ainda têm muito o que viver.

Mas, quando se trata de longevidade, nunca se sabe. Todo mundo morre. Pode ser uma morte tranquila aos 112 anos ou pode acontecer de repente quando você menos espera, como em um acidente ou um tiroteio. Pode ser uma experiência individual, como uma doença degenerativa, ou uma tragédia compartilhada, como uma epidemia, guerra ou genocídio. Nunca se sabe o que vai acontecer. Você pode fazer o que quiser em busca de uma vida longa e saudável, mas acaba não tendo muito controle sobre a vida e a morte.

Acho importante fazer as pazes com a ideia da morte. Ela é inevitável. Tudo o que podemos fazer é acolher a vida como pudermos e, quando morrermos, eu creio, eu tenho fé, eu sei... que tudo o que somos continuará fazendo parte do ciclo da vida, fermentando e nutrindo e se transformando numa miríade de outras formas de vida. Minha prática de fermentação é uma confirmação diária dessa crença.

Fazendo amizade com a morte

Nossa sociedade nos distancia da morte. Criamos instituições impessoais para enfrentar a transição. Do que temos tanto medo? Foi um privilégio estar presente quando minha mãe morreu, em casa. Ela ficou uma semana inconsciente, no fim de uma longa batalha contra o câncer; o inchaço de suas pernas já lhe subia aos poucos pelo corpo. Sua respiração estava cada vez mais difícil, com os pulmões se enchendo de fluido. Nossa família se reuniu esperando por sua morte. Sua respiração tornou-se mais superficial e espasmódica, até uma última contração muscular involuntária. Ficamos sentados por um tempo, chorando, tentando entender a enormidade do evento. Os homens que vieram buscar seu corpo no meio da noite eram pálidos e sombrios. Eles fecharam um saco contendo o corpo inchado de minha mãe e a levaram em uma maca para o elevador. Eles tentaram levantar a maca para entrar no elevador e o corpo de minha mãe desabou como um peso morto. A morte não podia ser mais real.

Passei um tempo com outros três corpos *post-mortem*. Um deles foi de Lynda Kubek, uma amiga que morreu de câncer de mama. Participei da equipe que ajudou a cuidar dela. Minha memória mais vívida daquela época foi aplicar compressas de argila em um tumor do tamanho de uma bola de beisebol saindo de sua axila. O câncer é um conceito tão abstrato, tão interno, oculto e envolto em eufemismos, mas aquele tumor era absolutamente concreto.

Quando Lynda morreu, seu corpo foi deixado na cama durante 24 horas antes de ser enterrado em casa. No dia seguinte à sua morte, amigos e parentes fizeram um santuário com flores, incenso, fotos e tecidos. O santuário era lindo e me pareceu uma boa transição entre a vida e o enterro. Ficamos um tempo com o corpo de Lynda. Foi tudo muito sereno. Depois fomos nadar no lago e vi uma pele de cobra boiando na água. Para mim, foi uma grande confirmação da ideia de que a morte faz parte do processo da vida e que não há nada a temer.

O Tennessee é um dos poucos estados americanos que permitem o enterro em casa e os sobrinhos de Lynda passaram o dia cavando sua cova; um amigo carpinteiro fez um caixão de pinho simples. No fim da tarde, amigos e parentes fizeram uma procissão com cânticos e tambores até a sepultura e ela foi enterrada. Nenhum estabelecimento comercial – cemitério, funerária, crematório – foi envolvido. Éramos uma comunidade de amigos cuidando uns dos outros.

O próximo cadáver com quem passei um tempo foi de Russell Morgan. Russell morreu aos 28 anos de aids, mais especificamente, sarcoma de Kaposi nos pulmões, pouco antes da disponibilização de tratamentos eficazes. Eu estava presente na hora de sua morte. Ele tinha passado um tempo entrando e saindo do hospital. Sua respiração estava laboriosa e ele decidiu voltar para o hospital. Ajudei a carregá-lo de sua casa até o carro. Ele nunca voltou para casa. Eu estava no corredor de seu quarto no hospital quando ele morreu. Ele estava com seu parceiro e sua família. Soube que ele tinha morrido quando os ouvi chorando. Russell usava uma máscara de oxigênio e sua respiração estava cada vez mais difícil. Contaram que ele tirou a máscara de oxigênio, jogou-a no chão e disse: "À merda com tudo isso!", e mergulhou com valentia no desconhecido. Admiro sua coragem. A equipe do hospital nos deixou ficar um tempo no quarto com o corpo de Russell. Fizemos um santuário no leito do hospital, tentando criar um ritual de transição naquele ambiente artificial.

Recentemente, ajudei a enterrar meu amigo Crazy Owl; um de meus mentores da fermentação, fez o primeiro missô caseiro que provei. Ele teve uma vida boa e longa e faleceu com mais de 80 anos. Quando a doença se tornou debilitante demais, ele interrompeu sua elaborada rotina diária de tratamento e anunciou: "Estou pronto para partir". Em seu enterro, tivemos a oportunidade de vê-lo, tocá-lo e conversar com ele. Ele parecia mais em paz na morte do que jamais esteve em vida. Compartilhei o momento com um jovem amigo que nunca tinha visto um cadáver e vi como a abstração da morte se transformou em realidade para ele.

Essas experiências me ajudaram a decidir como eu gostaria que minha morte fosse tratada. Seria ótimo viver por muito tempo, mas já pensei muito sobre a morte. Quero que meu corpo tenha um período de transição, para que meus amigos e parentes possam ficar comigo, tocar minha pele fria e se despedir de meu corpo sem vida e aprender a desmistificar um pouco a morte. Quero ser devolvido à terra sem recorrer à indústria impessoal da morte. Basta me colocar num buraco no chão, sem caixão, por favor, e deixar meu corpo se decompor.

A compostagem simplesmente acontece

Adoro ver o composto se decompor. Formas reconhecíveis, cada uma com sua história, como as cascas de cebola da sopa do jantar, gradualmente se dissolvem na unidade da Terra. Para mim, o processo é como uma poesia. Walt Whitman também encontrou inspiração na compostagem:

> A plantação de verão é inocente e desdenhosa por cima de todos estes estratos de mortos azedos.
> Que química!
> Esses ventos não são de fato infecciosos.
>
> . . . .
>
> Tudo está limpo para sempre, eternamente,
> A água fresca do poço é tão saborosa,
> As amoras pretas são tão deliciosas e suculentas,
> Os frutos do pomar de maçãs e do pomar de laranjas, que melões, uvas, pêssegos, ameixas, nenhum deles me envenenarão,
> Quando me deito na relva não contraio nenhuma doença,
> Ainda que, provavelmente, cada haste de relva nasça daquilo que um dia já foi uma doença contagiosa.
> Agora estou aterrorizado com a Terra, tão serena e paciente,
> Ela faz crescer tamanha doçura a partir de tamanha corrupção,
> Gira inofensiva e imaculada em seu eixo, apesar da sucessão de corpos doentes que recebe,
> Destila ventos tão delicados a partir da infusão de fétidos odores,
> Renova com tal aparência impremeditada suas plantações pródigas, anuais, suntuosas,
> Fornece tais matérias divinas aos homens e ao final aceita deles esses restos.[3]

Uso o termo *composto* amplamente, para descrever as pilhas de restos de cozinha, ervas daninhas e galhos podados, pilhas de excremento de cabra, palha, fezes humanas da nossa latrina, misturadas com papel higiênico, serragem e cinzas. Depois de um ou dois anos, todas essas pilhas se transformam numa coisa só. Todas são decompostas em formas mais simples por micro-organismos da fermentação. A compostagem é um processo de fermentação.

As opiniões diferem sobre os melhores métodos de compostagem. Em seu livro *Complete book of composting*, Rodale descreve horticultores que "ficam anos passando de um método a outro, traçando diagramas secretos, construindo caixas estranhas, tubos de ventilação e sistemas de irrigação e medindo meticulosamente cada composto, que deve ser disposto no lugar certo na pilha".[4] É possível manipular alguns fatores para estimular o composto a fermentar mais rápido, com mais calor ou menos cheiro. Mas a compostagem ocorre naturalmente mesmo se você só acumular restos de comida, sem fazer nada. Ninguém pode impedir isso. Os micro-organismos decompõem compostos orgânicos. É este processo que decompõe folhas caídas, fezes e carcaças, árvores e outras plantas mortas e qualquer outra matéria orgânica, regenerando o solo. A ação transformadora dos micro-organismos é a base da fertilidade do solo.

No Capítulo 2, falei de um químico alemão do século XIX chamado Justus von Liebig, que se opunha firmemente à noção de que a fermentação era um processo biológico. Esse mesmo homem lançou a ideia de fertilizar o solo com produtos químicos industrializados. Em 1845, ele publicou uma monografia lançando as bases para os métodos agrícolas químicos hoje amplamente adotados e que estão esgotando rapidamente o solo do planeta como um todo. A fermentação é um processo natural, biológico e autônomo de decomposição que fertiliza o solo e nutre as plantas. A fertilização química pode até ser eficaz em termos de produtividade imediata, mas prejudica o funcionamento do solo como um sistema ecológico autorregulado e biodiverso.

Fico triste e furioso ao pensar na produção em massa de alimentos. Na agricultura química de monoculturas. Na modificação genética das culturas alimentares mais básicas para facilitar a utilização de produtos químicos. Na criação de animais em condições cruéis. Em alimentos ultraprocessados cheios de conservantes químicos, subprodutos industriais e embalagens. A produção de alimentos é só uma das áreas nas quais corporações cada vez maiores extraem lucros da Terra e da humanidade.

A comida sempre foi a conexão mais direta e concreta entre a humanidade e o planeta. Porém

Vapor de uma pilha de compostagem ativa.

cada vez mais ela está se transformando numa coletânea de *commodities* produzidas em massa e agressivamente comercializadas. Este é o hino do progresso: devemos acreditar que fomos libertados, pela tecnologia e pela organização social massificada, do fardo de ter de cultivar ou fazer nossa própria comida. Já basta o trabalho de ir ao supermercado e enfiar a comida no micro-ondas. A maioria das pessoas não sabe de onde vem sua comida nem se interessa em saber.

Mudanças sociais

O leitor já deve ter notado que posso ser um pouco pessimista em relação ao futuro. Muitas tendências atuais inflamam meu pessimismo, não só a

produção em massa de alimentos, mas também as guerras, as mudanças climáticas, a extinção acelerada de espécies, a crescente divisão de classes, o racismo, a xenofobia, o número assustador de pessoas nas prisões, a militarização *high tech* e o controle social, o consumismo como um dever patriótico, a mídia e a política, um mundo impulsionado pela ganância.

O que me dá esperança é saber que nada impede essas tendências de mudar. Na verdade, me parece que elas não têm como se manter. O espírito revolucionário de libertação e esperança sempre sobrevive por toda parte, mesmo se dormente ou confinado a sonhos, como uma levedura dormente, pronta para, nas condições certas, multiplicar-se, desenvolver-se e transformar.

A mudança social é outra forma de fermentação. As ideias fermentam à medida que se espalham, se transformam e inspiram a mudança. Segundo o *Oxford English Dictionary*, fermentação também pode ser: "O estado animado por emoção ou paixão, agitação, empolgação... um estado de agitação tendendo a promover uma condição mais pura, mais saudável ou mais estável". A palavra *fermentar* vem do latim *fervere*, ou ferver. As palavras *fervor* e *fervoroso* têm a mesma raiz. Fermentar e ferver fazem os líquidos borbulhar. A animação nas pessoas pode mobilizar a mesma intensidade para gerar mudanças.

Embora a fermentação seja um fenômeno de transformação, a mudança tende a ser branda, lenta e constante. Compare a fermentação com outro fenômeno natural transformador: o fogo. Em 2015, quando estava revisando este livro, o fogo ficou gravado em minha mente por dois eventos distintos. Primeiro, a casa de meu amigo Dust pegou fogo. Foi à noite, enquanto ele dormia. Ele acordou com a fumaça e conseguiu fugir, mas teve queimaduras graves. Perdeu tudo, exceto a vida. Ele conta a história com profunda gratidão. Se não tivesse acordado, teria sido destruído com a casa.

Depois, outro incêndio destruiu a casa de meus amigos Merril e Gabby. Eles estão na faixa dos 70 anos e construíram eles mesmos a casa rústica, cheia de puxadinhos, décadas atrás, para abrigar sua grande família. Os objetos da casa dariam para encher um museu, lembranças de fascinantes vidas contraculturais, e tudo desapareceu num instante. Por sorte, ninguém estava em casa e ninguém ficou ferido, e eles são gratos por isso. Mas eles sentem a perda quando pensam nos livros, nas cartas, nas fotos, nas obras de arte, nas roupas e em outros objetos queridos que se foram para sempre. O fogo muda tudo, num instante.

No âmbito da mudança social, o fogo é o momento revolucionário da sublevação; desesperadamente buscado, ou temido e evitado, dependendo de quem você é. O fogo se espalha, destruindo o que encontra pelo caminho, e seu caminho é imprevisível. A fermentação não é tão drástica. Ela borbulha em vez de queimar, e sua transformação é branda e lenta. E constante. A fermentação é uma força que não pode ser impedida. Ela recicla a vida, renova a esperança e continua para sempre.

Sua vida, minha vida e nossa morte fazem parte do interminável ciclo biológico de vida, morte e fermentação. A fermentação selvagem ocorre por toda parte, sempre. Aceite esse fato. Trabalhe com os recursos e processos disponíveis. Enquanto os micro-organismos fazem sua magia transformadora e você testemunha os milagres da fermentação, visualize-se como um agente de mudança, agitando e liberando bolhas de transformação. Use as suas guloseimas fermentadas para nutrir a si mesmo, sua família, seus amigos e aliados. O poder de afirmação da vida desses alimentos básicos não tem nada a ver com os alimentos industrializados e sem vida que enchem as prateleiras dos supermercados. Inspire-se na ação das bactérias e leveduras e faça da sua vida um processo de transformação.

Apêndice: Onde encontrar *starters*

Fontes de culturas *starter*

Procure na sua cidade outros entusiastas da fermentação e que compartilhem culturas. As culturas de comunidades simbióticas de bactérias e leveduras (quefir, *kombucha* e quefir de água) crescem sozinhas e as pessoas acabam com mais do que conseguem usar. Alguns bancos de dados on-line atuam como mercados de troca de *starters*, com usuários ao redor do mundo postando a disponibilidade de culturas, como o Kefirhood.com e a International Quefir Community, entre outros.

Com a internet, ficou mais fácil encontrar, comprar e vender culturas. Você poderá encontrá-las em plataformas de venda on-line. Muitas fontes da lista a seguir fazem entregas internacionais.

Fontes de outras culturas *starter*

Cultures for health: *kombucha*, quefir de água, iogurte, quefir, *starter* de *tempeh*, *koji* e mais: www.culturesforhealth.com

GEM Cultures: *kombucha*, quefir de água, quefir, outras culturas lácteas, *koji*, *starter* de *koji* e mais: www.gemcultures.com

Kombucha Kamp: *kombucha*, quefir de água, quefir e mais: www.kombuchakamp.com

Yemoos Nourishing Cultures: *kombucha*, quefir de água, quefir e mais: www.yemoos.com

Green Living Australia: *kombucha*, quefir de água, iogurte, quefir, outras culturas lácteas e mais: www.greenlivingaustralia.com.au

The Kefir Shop (RU): *kombucha*, quefir de água, quefir e mais. www.kefirshop.co.uk

Fontes adicionais de culturas lácteas

New England Cheesemaking Supply: www.cheesemaking.com

Fonte adicional de *koji*

South River Miso Company: www.southrivermiso.com

Fontes adicionais de *starter* de *tempeh*

Short Mountain Cultures (faz o envio internacional de culturas não frescas): www.shortmountaincultures.com

Top Cultures (Bélgica): www.topcultures.com

No Brasil:

Amigos do Kefir: Lista de doadores e vendedores de grão de quefir, grão de quefir de água, cultivo-mãe de *kombucha*, *starter* de iogurte e outros: www.amigosdokefir.com.br

Probióticos Brasil: Lista, por região, doadores de grãos de quefir, grãos de quefir de água, cultivo-mãe de *kombucha* e outros: http://probioticosbrasil.com.br/

Portal do bem: Lista vários grupos de doadores de grãos de quefir, grãos de quefir de água, cultivo-mãe de *kombucha* e outros: http://portaldobem.net/doadores-de-kefir/

Notas

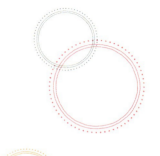

1. Reabilitação cultural: Os vários benefícios dos alimentos e bebidas fermentados

1. AGRICULTURAL SERVICES BULLETIN. Organização das Nações Unidas para Alimentação e Agricultura (FAO). *Fermented Fruits and Vegetables: A Global Perspective*, n. 134, 1998.
2. MOLLISON, Bill. *The Permaculture Book of Ferment and Human Nutrition*. Tyalgum, Austrália: Tagari Publications, 1993. p. 20.
3. Sally Fallon explica a ação do ácido fítico em *Nourishing traditions* (Washington, D.C.: New Trends Publishing, 1999, p. 452). Veja também Paul Pitchford, *Healing with whole foods* (Berkeley: North Atlantic Books, 1993, p. 184).
4. MOLLISON, Bill, *op. cit.*, p. 20.
5. HERBERT, Victor. Vitamin B12: plant sources, requirements, and assay. *American Journal of Clinical Nutrition*, v. 48, n. 3, p. 85258, 1988.
6. SANTIAGO, L. A.; HIRAMATSU, M.; MORI, A. Japanese soybean paste miso scavenges free radicals and inhibits lipid peroxidation. *Journal of Nutrition Science and Vitaminology*, v. 38, n. 3, jun. 1992.
7. BENGMARK, S. Immunonutrition: role of biosurfactants, fiber, and probiotic bacteria. *Nutrition*, v. 14, n. 78, 1998.
8. RYHÄNEN, EevaLiisa et al. Plantderived biomolecules in fermented cabbage. *Journal of Agricultural and Food Chemistry*, v. 50, n. 23, 2002.
9. "New Chapter Health Report", 2000.
10. Citado em JONES, D. Gareth (Ed.). *Exploitation of microorganisms*. Londres: Chapman & Hall, 1993.
11. BINITA, R.; KHETARPAUL, N. Probiotic fermented food mixtures: possible applications in clinical antidiarrhea usage. *Nutritional Health*, v. 12, n. 2, 1998.
12. BENGMARK, op. cit.
13. TAN, L. et al. Use of antimicrobial agents in consumer products. *Archives of dermatology*, v. 138, n. 8, p. 10821086, 2002.
14. Citado por Jane Brody em "Germ paranoia may harm health" (*London Free Press*, 24 jun. 2000).
15. BUHNER, Stephen Harrod. *The lost language of plants*. White River Junction: Chelsea Green Publishing, 2002. p. 134.
16. SANDERS, Mary Ellen. Considerations for use of probiotic bacteria to modulate human health. *Journal of Nutrition*, v. 130, p. 384S390S, 2000.
17. MCKENNA, Terence. *Food of the gods*. Nova York: Bantam, 1992. p. 41. (Edição brasileira: MCKENNA, Terence. O alimento dos deuses. Rio de Janeiro: Record, 1995.)
18. MARGULIS, Lynn; SCHWARTZ, Karlene V. *Five kingdoms*. Nova York: W. H. Freeman, 1999. p. 14. Veja também: MARGULIS, Lynn; FESTER, René (Eds.). *Symbiogenesis as a source of evolutionary innovation*. Cambridge, MA: MIT Press, 1991.

19. METCHNIKOFF, Elie. *The prolongation of life: optimistic studies*. Trad. Chalmers Mitchell. Nova York; Londres: G. P. Putnam's Sons, 1908. p. 182.

2. Teoria cultural: Os seres humanos e o fenômeno da fermentação

1. TOUSSAINT-SAMAT, Maguelonne. *A history of food*. Trad. Anthea Bell. Malden, MA; Oxford, Reino Unido; Melbourne, Austrália: Blackwell Publishing, 1992. p. 34.
2. Claude Lévi-Strauss. *From honey to ashes*. Trad. John e Doreen Weightman. Nova York: Harper & Row, 1973. p. 473. (Edição brasileira: Claude Lévi-Strauss. Do mel às cinzas. Trad. Carlos Eugênio Marcondes de Moura e Beatriz Perrone-Moisés. São Paulo: Cosac Naify, 2005.)
3. BUHNER, Stephen Harrod. *Sacred and herbal healing beers*. Boulder: Siris Books, 1998. p. 141.
4. Ibid., 81-82.
5. NIETZSCHE, Friedrich. *The birth of tragedy*. Trad. W. A. Haussmann. Nova York: MacMillan, 1923. p. 26. (Edição brasileira: NIETZSCHE, Friedrich. O nascimento da tragédia. Tradução, notas e posfácio de Jacó Guinsburg. São Paulo: Companhia de Bolso, 2007.)
6. KATZ, Solomon H.; MAYTAG, Fritz. Brewing an ancient beer. *Archaeology*, v. 44, n. 4, p. 24-33, jul.-ago. 1991. p. 30.
7. *The egyptian book of the dead*. Trad. E. A. Wallis Budge. Nova York: Dover Publications, 1967. p. 23. (Edição brasileira: O livro egípcio dos mortos. São Paulo: Pensamento, 1993.)
8. COE, Sophie D. *America's first cuisines*. Austin: University of Texas Press, 1994. p. 166.
9. American Heritage Dictionary, 2000. (Dicionário Houaiss da língua portuguesa. Rio de Janeiro: Objetiva, 2009.)
10. BRAIDWOOD, R. J. et al. Symposium: Did man once live by beer alone? *American anthropologist*, New Series, v. 55, n. 4, p. 515-526, out. 1953.
11. PASTEUR, Louis. *Fermentation et generations dites spontanées, citado em DEBRE, Patrice. Louis Pasteur*. Trad. Elborg Forster. Baltimore: Johns Hopkins University Press, 1998. (Edição brasileira: DEBRÉ, P. Pasteur. São Paulo: Scritta, 1995.)
12. LEEUWENHOEK, citado em BOORSTIN, Daniel J. *The discoverers: a history of man's search to know his world and himself*. Nova York: Random House, 1983.
13. DEBRE, op. cit., p. 95.
14. LIEBIG, Justus Von. *Traité de chimie organique*, 1840, citado em DEBRE, op. cit., p, 92.
15. PASTEUR, Louis, *Oeuvres de Pasteur, v. 3*, p. 13, citado em DEBRE, op. cit., p. 101.
16. LIPMAN, Jacob G. *Bacteria in relation to country life*. Nova York: MacMillan, 1908. p. vii–viii.
17. PASTEUR, citado em GRANT, Madeleine Parker. *Microbiology and human progress*. Nova York: Rinehart, 1953. p. 59.

3. Homogeneização cultural: Padronização, uniformidade e produção em massa

1. Cocoa Research Institute.
2. GMO Compass. Cocoa. Disponível em: <http://www.gmocompass.org/eng/database/plants/43.cocoa.html>. Acesso em: 25 ago. 2015.
3. PENDERGRAST, Mark. *Uncommon grounds: the history of coffee and how it transformed our world*. Nova York: Basic Books, 1999. p. 6.
4. MCKENNA, Terence, op. cit., p. 186.
5. International Coffee Organization, "Coffee production 2000".
6. Retirei a maior parte das informações históricas sobre o comércio do chá de: HOBHOUSE, Henry. *Seeds of change: five plants that transformed mankind*. Nova York: Harper & Row, 1985. p. 95-137.

7. CHANG, Kaison (Secretary, FAO Intergovernmental Group on Tea). World tea production and trade: Current and future development. Roma: Organização das Nações Unidas para Alimentação e Agricultura, 2015. Disponível em: <http://www.fao.org/3/ai4480e.pdf>.
8. MCKENNA, op. cit., p. 185-186.
9. HOBHOUSE, op. cit., p. 64.
10. MINTZ, Sidney W. *Sweetness and power: the place of sugar in modern history*. Nova York: Viking, 1985. p. 46.
11. Ibid., p. 95.
12. Retirei a maior parte das informações históricas sobre o açúcar de MINTZ, op. cit.
13. Na medicina, o açúcar era aplicado de maneira tópica em feridas e misturado a ervas medicinais de sabor desagradável para torná-las mais palatáveis. Como tempero, era um dos vários condimentos desejados vindos do Oriente e era combinado com eles na culinária para dar um toque especial à monótona e insípida dieta europeia medieval.
14. RAGHAVAN, Sudarsan; CHATTERJEE, Sumana. Slave labor taints sweetness of world chocolate. *Kansas City Star*, 23 jun. 2001.
15. MINTZ, op. cit., p. 214.
16. BOVÉ, José. Who really makes the decisions about what we eat? *The Guardian*, Londres, 13 jun. 2001. (Trecho publicado sob o título "The world is not for sale: farmers against junk food".
17. BERRY, Wendell. *What are people for?* (1990). Trecho publicado sob o título: The pleasures of eating. *The Sun*, p. 18, jan. 2002.
18. SHIVA, Vandana. *Stolen harvest: the hijacking of the global food supply*. Cambridge, MA: South End Press, 2000. p. 127.

4. Manipulação cultural: Faça você mesmo

1. Correspondência pessoal com Fred Breidt, microbiologista da USDA Agricultural Research Service, 19 fev. 2010.
2. AASVED, Mikal. Alcohol, drinking, and intoxication in preindustrial society: theoretical, nutritional, and religious considerations. Dissertação de Ph.D. não publicada, University of California, Santa Barbara, 1988, citada em BUHNER, *Sacred and herbal healing beers*, p. 73.
3. HUBERT, Annie. A strong smell of fish? *Slow 22*, verão 2001, p. 56.

5. Vegetais fermentados

1. WEED, Susun S. *Healing wise*. Woodstock, NY: Ash Tree Publishing, 1989. p. 96.

7. Laticínios fermentados (e alternativas veganas)

1. ADOLFSSON, Oskar et al. Yogurt and gut function. *American Journal of Clinical Nutrition*, v. 80, n. 245, 2004.
2. WEED, Susun S. *Breast cancer? Breast health! The wise woman way*. Woodstock, NY: Ash Tree Publishing, 1996. p. 45.
3. ROMBAUER, Irma S.; BECKER, Marion Rombauer. *The joy of cooking*. Nova York: Signet, 1964. p. 486-487.
4. ANFITEATRO, Dominic N. *Kefir: a probiotic gem cultured with a probiotic jewel*. Adelaide, Austrália: publicação independente, 2001.
5. BILGER, Burkhard. Raw faith. *The New Yorker*, 19 e 26 ago., p. 157, 2002.
6. WAROQUIER, Michel, citado em: BOISARD, Pierre. The future of a tradition: two ways of making Camembert, the foremost cheese of France. *Food and foodways*, v. 4, p. 183-84, 1991.
7. CIMONS, Marlene. Food safety concerns drive FDA review of fine cheeses. *American Society for Microbiology News*, 13 fev. 2001.
8. Aliança Europeia em Prol dos Queijos Artesanais e Tradicionais de Leite Cru. Manifesto in defense of rawmilk cheese. Disponível em: <www.bestofbridgestone.com/mb/nr/nr00/rmc.html>.
9. STEINGARTEN, Jeffrey. Cheese crisis. *Vogue*, p. 269, jun. 2000.

10. Citado em BILGER, op. cit., p. 157.

8. Cereais fermentados (mingaus, refrigerantes naturais, sopas e pães)

1. POLLAN, Michael. *The botany of desire: a plant'seye view of the world*. Nova York: Random House, 2001. p. 204.
2. SHIVA, op. cit., p. 17.
3. Disponível em: <http://sekituwahnation.tripod.com/index/recipes.htm#hominydrink>; <http://web.archive.org/web/20090426080317/http://www.wisdomkeepers.org/nativeway/soup/nwsh0004.html>.
4. KATZ, Solomon H.; HEDIGER, M. L.; VALLEROY, L. A. Traditional maize processing techniques in the New World. *Science*, v. 184, 17 mai. 1974.
5. COE, op. cit., p. 14.
6. LATOUR, Bruno. *The pasteurization of France*. Trad. Alan Sheridan e John Law. Cambridge, MA: Harvard University Press, 1988. p. 82.
7. ALLMAN, Ruth. *Alaska sourdough: the real stuff by a real Alaskan*. Anchorage: Alaska Northwest Publishing, 1976.
8. SCHUMANN, Peter. *Bread*. Glover, VT: Bread and Puppet, 1984.

9. Leguminosas fermentadas

1. Os Analectos de Confúcio, pergaminho 2, Capítulo 10, citado em SHURTLEFF, William; AOYAGI, Akiko. *The book of miso*. Berkeley: Ten Speed Press, 2001. p. 214.
2. Weed, *Healing wise*, p. 224.

10. Vinhos (incluindo hidromel, sidra e outras bebidas alcoólicas feitas a partir de açúcares simples)

1. TOUSSAINT-SAMAT, op. cit., p. 36.
2. BUHNER, *Sacred and herbal healing beers*, p. 67.
3. Vegetarian Resource Group, <www.vrg.org>.
4. WATSON, Ben. *Cider, hard and sweet*. Woodstock, VT: The Countryman Press, 1999. p. 89.
5. Ibid., p. 25.

11. Cervejas

1. Citado em STEINKRAUS, Keith (Ed.). *Handbook of indigenous fermented foods*. Nova York: Marcel Dekker, 1983.
2. GELLER, Jeremy. Bread and beer in fourthmillennium Egypt. *Food and foodways*, v. 5, p. 255267, 1993.
3. KATZ, Solomon H.; Fritz Maytag. Brewing an ancient beer. *Archaeology*, p. 27, jul.ago. 1991.
4. Organização das Nações Unidas para Alimentação e Agricultura. Sorghum and millets in human nutrition. FAO Food and Nutrition Series, n. 27, 1995. Disponível em: <www.fao.org/docrep/T0818E/T0818E00.htm>. Acesso em: 30 nov. 2010.
5. BUHNER, *Sacred and herbal healing beers*, p. 429.

12. Vinagres

1. The Gardeners and Farmers of Terre Vivante. *Keeping food fresh: Old world techniques and recipes*. White River Junction: Chelsea Green Publishing, 1999. p. 110.

13. Renascimento cultural: A fermentação nos ciclos de vida, fertilidade do solo e mudanças sociais

1. LIPMAN, *op. cit.*, p. 136-137.
2. LORDE, Audre. *The cancer journals*. São Francisco: Aunt Lute Books, 1980. p. 16.
3. Citação de WHITMAN, Walt, "This compost", *Leaves of grass*, 1881. [WHITMAN, Walt. Folhas de relva. 3. ed. São Paulo: Iluminuras, 2015.]
4. RODALE, J. I. (Ed.). *The complete book of composting*. Emmaus, PA: Rodale Books, 1960. p. 44.

Imagens

As fotos não indicadas abaixo pertencem ao acervo pessoal do autor.

p. 6 Barry Blitt
p. 8 Andrew Syred / Science Source
p. 18 © Catherine Opie
pp. 33-34 Kate Berry
p. 41 Mural por Noah Church, da coleção de Sandor Ellix Katz
p. 56 Science Source, colorizado por Mary Martin
p. 87 Kate Berry
p. 91 Jessieca Leo
p. 102 Chris Baker, Isaac Plant, Tim Roth, and Denise Sirias
p. 124 Kate Berry
p. 130 Milos Kalab
p. 132 Bread and Puppet Press
p. 150-151 Joseph Shuldiner
p. 239 Alison LePage
p. 280 Eileen Richardson
p. 282-283 Pauline Lévêque / New Zealand Festival
p. 304 David Scharf / Science Source

Imagens das páginas 26, 37, 44-45, 62-63, 75, 78-79, 92-93, 100-101, 103, 116, 122-123, 136, 147, 158, 178-179, 250-251, e 288 são cortesia de Jacqueline Schlossman / READYLUCK.

Imagens das páginas 14, 20-21, 22, 28-29, 30, 69, 95, 106, 119, 154-155, 162, 164-165, 170-171, 184, 197, 213, 228-229, 236-237, 246-247, 276-277, 295, 296, 299, e 302 são cortesia de Shane Carpenter.

Índice remissivo

A

açafrão,
    starter à base de 110
acelga 89, 90, 96
Acetobacter 279
acidez do vinagre 282
ácido algínico 220
ácido fítico 24
ácido fólico 24
ácido-lácticas, bactérias 24, 25, 27, 34, 42, 68, 71, 74, 80, 86, 89, 109, 112, 131, 166, 179, 180, 181, 267, 272
ácido láctico 23, 24, 82, 100, 113, 131, 135, 179, 289
ácido oxálico 24
ácido prússico 24
açúcar *ver* adoçantes
Addey, Etain 195
adoçantes 116, 126, 186, 251
    mel 286
    melaço 286
    sorgo 286
    xarope de bordo 286
agave (*aguamiel*) 116, *241*, 251
agentes antimicrobianos 30
agricultores no Himalaia *204*
agricultura 39, 52, 165, 172, 298
água 68
água sem cloro 166
aids 115, 293, 294
    veja também HIV

aipo 80
airlock
    válvulas 58, 67, 242
alcaparras 86
alcaparras falsas de vagens de asclépia 86
alga
    Laminaria digitata 220
    kombu 98
    marinha 80, 220, 221
algam suyu 101
algodão puro, tecido de 145
alho 85
alho em conserva na salmoura 85
alho, vinho de 250
alimentos industrializados 55
alimentos e bebidas fermentadas, benefícios 23
alimentos fermentados 9
alimentos fermentados de cultura viva 27
alimentos naturais 34
Allagash Brewing Company 263
Allman, Ruth 185
alternativas veganas aos laticínios 129
amazake 202, 215, 261
Analectos, Os 207
Anfiteatro, Dominic 120
anticarcinogênicos 25
antioxidantes 25
Aoyagi, Akiko 215

arenque fermentado
    (*surströmming*) 61
arrolhador 245
arroz 261
arroz, cerveja de 266
aspecto do alimento 65
Aspergillus oryzae 202, 215
ativismo 17

B

bactérias 10, 17, 18, 20, 23, 24, 25, 27, 30, 31, 32, 42, 64, 65, 71, 73, 80, 302
bactérias ácido-lácticas 24, 25, 27, 34, 42, 68, 71, 80, 86, 89
bactérias intestinais 31
bactérias, medo das 57
bactérias probióticas 19
baechu kimchi (*kimchi* de repolho) 90
balché 38
balde plástico para alimentos 67
Baldes e barris de plástico para alimentos 66, 76
Banco Mundial 52
Barchorov, Bek-Mirza 140
bardana (*Arctium lappa*) 94
base de *nuka* 99
batata-doce 176
    ensopado de amendoim e 176
bebida
    azeda cherokee de milho
    (gvnohenv) 168

bebida fermentada 38, 107, 233, 235
    de batata-doce 113
    envasamento de 107, 111, 234, 235, 238, 244, 245, 248
bebidas alcoólicas 38, 39, 67, 233, 235, 240, 242, 244, 248
    envasamento de 248
    fermentadas 233
bebidas levemente fermentadas 105
Bek-Mirza Barchorov 140
bem-estar 10, 25, 34
Berry, Wendell 55
beterraba 100, 251
    álcool de 41
    fermentação da 42
    kvass de 100
    vinho de 250
bexiga (alternativa à válvula *airlock*) 242
bicarbonato de sódio 143, 185
bichinho do gengibre (*starter*) 110
Bilger, Burkhard 144
Bill Mollison, Bill 24, 70
biodisponibilidade dos minerais 24
biodiversidade 32, 54, 165, 179
biotina 24
Black, Hector 293
bolachas salgadas de centeio e trigo-sarraceno 200
bolas de leveduras chinesas (*jiuqu*) 266
bolor 65, 71, 261
botulismo 57
bouza (cerveja egípcia) 270
Bové, José 55
Buhner, Stephen Harrod 31, 36, 251, 276
buttermilk (leitelho) 131, 139, 143, 166

C

cabra 131
cacau 47, 48, 49, 52
    grão 47, 50, 53
    manteiga de 48
    polpa 47
    suco de 54
    vagens 47
cacaueiro 46, 48
café 19, 47, 48, 51, 115
café da manhã 102
cal 172
cálcio 24, 133, 172
Camellia sinensis 49, 115
caminho espiritual 17
Campbell, Ron 237
cana-de-açúcar 52
capim-limão 239
caqui 125
carbonatação 106, 107, 111, 113, 118, 125, 234, 248, 275
carne 23, 60
    fermentação de 61
    fermentada 98
Carpenter, Meaghan 95
casca de ovo 113, 120
cenouras roxas 101
Centro de Adaptação Genética e Resistência a Drogas da Universidade de Tufts 30
cereais 161, 261, 268
    farinha de 163
    métodos de fermentação 165, 166
    mingau de 163
    fermentação de 161
cerveja 43, 163, 178, 261
    bouza (cerveja egípcia) 270
    caseira 276
    chicha 264
    de arroz 266
    de arroz com batata-doce 266
    de fermentação selvagem 235
    de gengibre 111
    de mandioca 235
    de painço 235
    de sorgo 9, 272
    indígena 39
    produção de 276
    produtor no Himalaia 278
cerveja africana de sorgo 272
cervejaria Cantillon, 271
chá 47, 49, 51, 52
challah (pão judaico) 196
Chamberlain, Lesley 187
champanhe de gengibre 258
chá preto 49
cheiro do alimento ou bebida 65
cherokee 169
chicha (cerveja andina de milho mastigado) 264
    starter de 254, 269
chocolate 47, 48, 51
chorote 59
choucroute fromage roulades 103
chucrute 9, 20, 21, 23, 46, 71, 73, 81, 89, 100, 102, 103
Church, Noan
    mural pintado por 41
chutney de coco 211
cianeto 24
ciclo biológico 302
ciclos de vida 291
clima 60
cloro 68
Coca-Cola 43, 60
coco, iogurte de 158
Coe, Sophie D. 172
Coffea arabica 48
comida industrializada 55
commodities 4 6, 47, 52, 54, 131, 300
comodificação 54, 55
comodificação da cultura 54
compostagem 65, 77, 100, 142, 219, 297, 298
compostos antibacterianos 30
compostos orgânicos 298
compostos tóxicos encontrados em alimentos 24
comunidades microbianas 25, 112, 144, 179, 189

concurso de picles do Boston Fermentation Festival 99
Conscious Catering 177
Cook, Frank 66, 212
Cook, James 23
country wine 250
creme azedo de girassol 159
creme de nata, produção 143
criação de animais em condições cruéis 298
culinária zen budista japonesa 20
cultura maia 48
culturas vivas ativas 166
Cultured Pickle Shop 118
cutura asteca 48

D

decomposição 41
Defiler, Mat 203
Descartes, René 40
desenvolvimento de técnicas e ferramentas para produzir o álcool pela fermentação 36
diarreia 27
dieta ocidental 9
digestão 9, 20, 24, 25, 71, 161, 220, 261
digestão do glúten 179
digestão, melhora da 20, 21, 24, 25, 71
Diospyros virginiana (caqui) 125
dióxido de carbono 242
disenteria 27
doenças digestivas 27
doogh (refrigerante persa de iogurte) 139
dosas 204
dosas e idlis 204, 209

E

ecoimunonutrição 27
Eller, Connor 213
embriaguez 36, 38
ensopado de amendoim e batata-doce 176

envasamento de bebidas alcoólicas para carbonatação 248
envasamento de bebidas fermentadas 107, 111, 234, 235, 238, 244, 245, 248
equipamentos básicos para fermentação 66, 67
erva-cidreira 239
ervilha 207
escorbuto 23
escravidão 52
espumantes 258
extinção de espécies 32

F

faça você mesmo 58
Fallon, Sally 112
falsas alcaparras de vagens de asclépia 86
farelo de arroz 98
farelo de trigo 98
farmer cheese 146
fast food 59
feijão 207
fermentação 298, 301, 302
  vegetais 25, 66, 71, 75, 108, 161
  de vinho e cerveja 235
  equipamentos básicos 65, 66, 67
  natural 179, 189
  por imersão 24
  secundária 106, 115, 117, 118, 120, 121
  selvagem 34, 46
fermento em pó 185
fermento natural 178, 180, 182, 184, 185, 188, 190
fermentos lácteos 140
ferro 24, 98, 183, 185, 200
fertilidade do solo 7, 291, 298
fertilização química 298
fibras vegetais (prebióticos) 27
fogo 286, 301
Foolery, Tom 276
freiras em Tacate, México 25

frutas 23
frutillada 264
função imunológica 21, 25, 27
  melhora da 25
Fundo Monetário Internacional 52
fungo 10, 17, 23, 148, 178, 179, 202, 261, 263
  Saccharomyces cerevisiae 178
  Penicillium 144
  Trichothecium roseum 144
  Rhizopus oligosporus 225

G

garrafas PET 107
gengibre 98
gengibre, bichinho do 110
geração espontânea 40
  teoria da 39
germes 27, 31, 264
glicosídeos 24
globalização 54
glúten 24
gobô 94
grão de bico 207
grãos de *quefir* 140
gundruk 97
gv-no-he-nv (bebida cherokee) 168, 169, 172

H

Hibiscus tiliaceus 224
hidromel 35, 36, 233, 238
  de ervas (metheglin) 239
  de hibisco 239
  envasamento 244
  t'ej 238
higiene 27, 30, 31, 64, 277
Hipócrates 283
HIV 11, 20, 31, 291
  veja também aids
Hobhouse, Henry 51
Hollander, Tobye 196
homogeneização cultural 46, 54, 55, 56, 155
homogeneização da cultura

homo sapiens 42
Hubert, Annie 64

I

identidade e da expressão de gênero 64
identidade sexual 64
idlis 204
imigrantes 179
indol-3-carbinol 25
industrialização do suprimento de alimentos 9
injera (pão-de-ló etíope) 174
inoculação 10
intoxicação alimentar 57, 65
iogurte 34, 112, 133, 140
   de coco 158
   de soja 158
   efeito benéfico do 133
   molhos salgados 137
   não lácteo 158
   queijo de 136
Ironwood, Patrick 277
isotiocianatos 25

J

jiangs 207
jiuqu 266, *273*
Jote, Daniel 238

K

kaanji 101
Kennedy, Diana 173, 284
kimchi 71, 89, 102, 286
   de frutas 96
   de rabanete e tubérculos 94
kimchi jjigae 102
Kimmons, Joel 32
kishk 138, 204
kneidelach 209
Kodiak Island Brewing Company 274
koji 202, *212*, 215, 261
kombucha 9, 106, 115, 116, 117, 118, 128, 186
   cultivo-mãe 115

indústria 115
   refrigerante 118
Kubek, Lynda 294
kvass 108, 186
   sopa fria de (*okroshka*) 187, 188
   de beterraba 100, 109
   de morango 109

L

labneh (queijo de iogurte) 136
lactose 24
ladainha científica 25
Laminaria digitata 220
laticínios fermentados 129
Latour, Bruno 178
leguminosas 207
   ervilha 207
   feijão 207
   grão de bico 207
   lentilha 207
   fermentação de 207
leite 23, 24, 39
leite cru, queijo de 155
leite de ovelha 152
leite de semente de abóbora e quefir 157
leite fresco 131
leitelho ver *buttermilk*
lentilha 207
levedura 41, 126, 178, 179, 235, 276, 302
   Saccharomyces cerevisiae 140
Lévi-Strauss, Claude 36
Levy, Stuart 30
Lipman, Jacob 291
listeriose 155
longevidade 34, 214, 293
Love, Brett 116
lúpulo 276

M

macrobiótica 20
magnésio 24
maias, cerimônias 38
maltagem 261, 268
malte 276
   de cevada 116

mandioca 9, 24, 235
Manglesdorf, Paul 39
manjericão-limão 239
Margulis, Lynn 31
maria-louca (vinho de cadeia) 237
mauby 112
McDonald's 43, 46, 55
McKennam Terence 31, 51
medicamentos 12, 21, 31, 293
medicamentos antirretrovirais 12, 21
medicina ocidental 31
mel 35, 36, 116
   bebida fermentada de 38
Metchnikoff, Elie 34
metheglin (hidromel de ervas) 239
métodos de fermentação 165, 166
microbiodiversidade 32
microbiologia 42, 144
microbiota 18, 19, 27, 163
micro-organismos 17, 18, 19, 27, 30, 31, 32, 34, 40, 42, 49, 57, 58, 68, 70, 73, 140, 144, 179, 287, 289, 291, 297, 298, 302
milho 48, 172, 264, 275
   nixtamal 173
   pozole 173
milho e nixtamalização 172
mingau 102
   de aveia 167
   de painço (ogi) 168
Mintz, Sidney W. 51, 54
missô 10, 20, 23, 24, 34, 46, 98, 202, 204, 214, 261
   doce 217
   nattoh 217
   produção na South River Miso *219*
   vermelho 218
missoshiro 220
modificação genética das culturas alimentares 298
moedor de grãos 67
molho de peixe 60

molho de raiz-forte 286
molho de soja 24, 202
molho para salada 290
Morgan, Russell 294
morim 145
morte 16, 42, 64, 155, 291, 292, 293, 294, 295, 302
mudanças climáticas 301
mudanças sociais 7, 291, 301

N

nabo 77, 97
niacina 24, 172
Nietzsche, Friedrich 38
Nigella sativa (sementes de cominho-preto) 198
Ninkasi, deusa da cerveja 38
Nitritos 24
nitrosaminas 24
nixtamalização 162, 172, 173
noni afghani (pão afegão) 198
nuka, base de 98, 99
nukazukê 98
nutrição 20, 23, 32, 70, 179, 207
nutrientes 18, 23, 24, 31, 32, 39, 64, 67, 94, 120, 131, 161, 207, 222, 263

O

ogi (mingau de painço) 168
okroshka (sopa fria de *kvass*) 187, 188
oleaginosas 156, 157
ômega-3 25
ópio 51
ordenha 129, 131
Organização Mundial do Comércio 52
organolépticas, qualidades 64
Owl, Crazy 294

P

palestra na Picle Party 150-151
paneer 147
panquecas de fermento natural dos pioneiros do alasca 184
panquecas salgadas de fermento natural e vegetais 182
pão 43, 161, 163, 179, 190, 192
  sonnenblumenkernbrot 194
  100% de centeio 192
  afegão (*noni afghani*) 198
  alemão (*sonnenblumenkernbrot*) 194
  caseiro 189
  de cereais "reciclados" 190
  de trigo-sarraceno 177
  judaico (*challah*) 196
papago 36
Papazian, Charlie 277
pasta de missô com tahine 222
pasteurização 155
Pasteur, Louis 41, 42
peixe 23, 60, 61
peixe, fermentação de 61
peixes fermentados 9
Penicillium, 144
pepino 82
  maior do mundo 83
picles 10, 20, 82, 98, 102
  azedos 82
  de missô e tamari 223
  de vegetais mistos 85
pimenta malagueta 48
Pinkerton, David J. 150
plástico, recipientes de 67
poi 24
Pollan, Michael 43, 161
pote de cerâmica 76
povos amazônicos 48
prebióticos 27
pré-digestão 24, 161, 166, 167
pré-história 39
preservação
  das sementes 165
  de alimentos 17, 179, 289
prevenção do câncer 71
priming 248
probióticos 25, 71
  suplementos 32
procariontes 31, 32

produção de queijo, equipamentos 145
produção em massa de alimentos 298
produtos fermentados industrializados 43
proteína da soja 24
puer 49
pulque 260

Q

quefir 112, 140
  de água 120, 124
  de leite 112, 140
  de leite de coco 156
  grãos de 140
  história 140
queijo 9, 23, 43, 61, 144
  adaptações veganas 156
  ambiente de maturação 145
  artesanais 144
  Camembert 144
  Cheddar 144
  de cabra 149
  de leite cru, regulamentação 155
  equipamentos 145
  farmer cheese 146
  feta 152
  não pasteurizados 155
  paneer 147
  produção de 145
  ricota 153
  Saint-Nectaire 144
  Velveeta 144
queijos envelhecendo no porão de Jasper Hill *148*

R

rabanete 87, 93
racismo 52, 301
raita (molho salgado de iogurte) 137
rassol'nik 86
reciclagem de alimentos 190
recipientes

de gargalo estreito 67
metálicos 67
refrigerante
   de *kombucha* 118
   de quefir de água com caqui 125
   de quefir de água com uva 124
   probióticos 105
regulamentação do queijo de leite cru 155
rejuvelac 203
Renascimento cultural 291
renina 112
renina vegetal (quimosina) 148
repolho 73, 77, 103
revivalistas da fermentação 67
Rhamnus prinoides 239
Rhizopus oligosporus 225
riboflavina 24
ricota 153
Roguszys 20
Roma antiga 61

S

Saccharomyces cerevisiae 178
Saccharum officinarum 52
Sacharoff, Shanta Nimbark 211
sal 68, 80
salame 60
salga seca 73, 81, 89, 100
saliva 20, 65, 261, 264, 265
salmonela 155
salmoura 81, 89
   como tônico digestivo e caldo para sopas 86
sambar 212
sanduíche de *tempeh* 232
saquê 202, 266
sauerrüben 77
Schumann, Peter 192
Schwartz, Karlene V. 32
segurança alimentar 57
sementes
   métodos de fermentação 165
   preservação das 165
sementes de cominho-preto (*Nigella sativa*) 198

serotonina 31
Shiva, Vandana 56, 165, *175*
Shurtleff, William 215
sidra 233, 240, 249
   de maçã 283
   envase 248
sidra ou vinho de fermentação espontânea 240
sidras 248
sifonagem 244
sistema imunológico 18, 25, 31, 115, 254
soja 24, 207
   iogurte de 158
Solano-Ugalde, Alejandro 46
sonnenblumenkernbrot (pão alemão de semente de girassol) 194
sopa borsch 101
sopa de borra de vinho 260
sorgo, cerveja de 272
soro de leite 100
sourdoughs 184
starter 100, 105, 108, 110, 166, 179, 189, 237
   bichinho do gengibre 110
   de fermento natural 180
   jiuqu 266
   kombucha 115
   leveduras 126
   soro 112
Stechmeyer, Betty 64
Steingarten, Jeffrey 155
Steinkraus, Keith 70
suco de repolho 101
sumérios 38
surströmming 61
sushi 61
switchel 286

T

técnicas para armazenar alimentos 23
t'ej (hidromel ao estilo etíope) 238, 244
tempeh 24, 204, 225

de feijão-fradinho e aveia 204, 230
de soja 226
picante caramelizado com brócolis e nabo japonês 231
mãe *224*
produtores de *232*
terapia antirretroviral altamente ativa 31
termômetro 67
Terra Madre, evento em Torino 40
tesgüino 275
Theobroma cacao ver cacau
tiamina 24
tibicos ver *kombucha*
tibis ver *kombucha*
tiswin 36
tofu 57
tomilho-limão 239
Toussaint-Samat, Maguelonne 35
toxinas alimentares 24
tradição judaica 38
Trichothecium roseum 144
triclosano 30
trigo-sarraceno 200
triguilho 138, 139
tsatsiki (molho salgado de iogurte) 137
tubérculos 94
tupinambo (*Helianthus tuberosus*) 94

V

vagens de cacau 47
vagens em conserva 289
válvulas *airlock* 58, 67, 242
vasilhas de fermentação de *kimchi* 91
van Helmont, Jean Baptista 40
van Leeuwenhoek, Anton 40
vegetais 23
   fermentados 71, 102
vinagre 279
   de abacaxi 284

de arroz 279
de banana 281
de maçã 279, 283
de malte 279
de piña 284
de piña (vinagre mexicano de abacaxi) 284
de restos de frutas 285
de vinho 279, 282
de vinho de mirtilo 282
 infusão no 287
vinho 233, 240
   country wine 250
   de ameixa 250
   de amora 250
   de arroz 266
   de cadeia (maria-louca) 237
   de caqui 250
   de cereja doce 250
   de dente-de-leão 256
   de flores 256
   de flores e ervas 250
   de ginja 250
   de maçã 250
   de melão 250
   de mirtilo 250
   de morango 253
   de morango com hibisco 250
   de muscadínea 250
   de nectarina 250
   de palma 235
   de sabugueiro 254
   de vegetais 250
   fermentando *243*
   envasamento do 244, 245
vírus 31

vitamina B12 na soja 25
von Liebig, Justus 41, 298

W

Waroquier, Michel 145
Watson, Ben 249
Whitsitt, Tara *59*
Wigmore, Ann 203

X

xarope de bordo 116
xenofobia 301

Z

zinco 24
zoyers 19, 20
zur (ou *zurek*) 188

Sobre o autor

© Catherine Opie

Sandor Ellix Katz é um revivalista da fermentação. Esse experimentalista autodidata mora no campo, no estado americano do Tennessee, e suas explorações no campo da fermentação têm raízes em seus interesses em culinária, nutrição e jardinagem. Este livro (publicado originalmente em 2003), ao lado de *A arte da fermentação* (2012) e das centenas de workshops que o autor conduziu ao redor do mundo, ajudou a consolidar o ressurgimento da arte da fermentação. A *Newsweek* caracterizou este livro como "a Bíblia da fermentação". De acordo com o *The New York Times*, Sandor é "uma estrela improvável no cenário gastronômico norte-americano". Para saber mais, visite o site www.wildfermentation.com.

Este livro foi composto em Mercury e impresso em
couche 115 g/m² pela gráfica Nywgraf em outubro de 2018